FAZHANYUKUNHUO

XIBUWENMINGJINCHENGZHONGDEMINZUCHUANTONGTIYUCHANYEYANJIU

发展与困惑

西部文明进程中的民族传统体育产业研究

钟海平　著

民族出版社

们认识到民族传统体育文化是伴随政治、经济发展的一种意识形态现象，是从属于物质发展的一种精神现象，它伴随着人类对内在的精神实质和自我生命质量的追求，在经验与科学相结合、民族与世界相统一、福利与产业相依存、自我与组织相适应、专业与社会相借鉴、民俗与法制相匹配等方面迈出新的步伐，越来越凸现它在人类社会生活中的重要地位和价值。

民族传统体育产业是社会分工细化的产物，是人类思想解放和市场经济发展的产物，是科学技术发展的产物。它有两种发展模式即虚文化发展模式和实文化发展模式，它具有二重性，人的精神、智慧和思想是民族传统体育产业永远的沃土，它是物化的精神和精神的物化，特殊的亲和力和生命力是民族传统体育产业的核心能力；民族传统体育产业的需求条件原则即市场决定民族传统体育产业的生存需求，决定民族传统体育产业的发展；民族传统体育产业生产的增值条件原则即民族传统体育文化商品只要进入市场化运作，生产者的投入就要得到回报，没有效益就会使生产者不再生产。民族传统体育文化产品作为一种社会产品，具有深刻的社会属性，它内在地规定民族传统体育文化的存在与发展不仅仅是对于个人的、群体的或经济的、政治的意义和作用，更主要的是对于整个社会存在的意义和作用；民族传统体育文化活动及产品不是单一的个体行为或群体行为，也不是纯粹的经济行为或政治行为，它有着广泛的外部性、社会性；民族传统体育文化消费须与社会经济增长、社会成员文化水平相适应，同社会的文化氛围、价值取向和制度相关联，由低级向高级发展。

与自然资源相比较，民族传统体育文化资源具有综合性、整体性、时代性、地域性、民族性、竞技性、娱乐性、变异性、可重复性、持续利用性、使用价值的不可存储性、交叉性、互补性等特点。评价民族传统体育文化资源须先对其要素构成进行分析，对其资源进行特色分析、成因分析和量化分析，给出定量综合评价，进而建立了民族传统体育文化资源综合定量评价模型，分别就一级因子“民族传统体育文化资源”，二级因子“资源品质、产品市场、预期效益、开发条件”以及20个三级因子的定量综合评价表；在对民族传统体育文化资源进行定量综合评价的基础上设计了民族传统体育产业评价指标体系，首先拟定了综合评价指标体系的设计原则即综合性原则、科学性原则、可比性原则和可操作性原则，然后设计了12个一级指标，即总量规模、人均水平、发展速度、人力资本、投资结构、经济效益、经济贡献、可持续发展、产品消费能力、产品市场化程度、产品对外影响程度、产业规模和48个二级指标，设计了统计核算指标体系和综合评价方法以及综合评价的程序。

在资源评价的基础上设计了评价民族传统体育产业竞争力的理论模型，该模型运用波特的竞争力优势理论，借鉴世界经济论坛和瑞士国际管理发展学院的多指标综合评价方法，结合我国民族传统体育产业发展现状，对民族传统体育产业的竞争力进行了整体性研究。其理论模型的主要内容有生产要素系统、需求状况系统、相关辅助产业系统、民族传统体育文化企业战略系统、政府行为系统等。它界定了民族传统体育产业竞争力的内涵即民族传统体育文化企业通过生产和销售其产品，提供其服务，占有市场和获取利润，创造出更多的有效财富增加值的能力，它包括两个结构功能即竞争力模块功能和竞争力要素功能，其中竞争力模块功能由核心竞争力、基础竞争力和环境竞争力构成，竞争力要素功能由生产要素、需求状况、相关产业集群、企业战略、政府行为等构成，建立了民族传统体育产业竞争力系统构成。

科学技术对塑造文化主体的作用即科学技术通过科学知识、科学的思维方式、科学的工作方法和科学精神等四个方面对塑造民族传统体育文化的主体发挥着重要作用，分析了科学技术与民族传统体育产业生产力要素之间的关系，指出推进民族传统体育产业发展，科学技术的作用突出表现在提高人的素质，提供价值判断，发展民族传统体育产业，传播民族传统体育文化，保护民族传统体育文化资源，促进科学决策和技术进步等五个方面，指出了在推进民族传统体育产业发展的过程中充分发挥科学技术的作用应注意的几个问题。

人文精神作为一种人格力量的体现，既是一个现代文明人所应当具备的基本素质，也是现代化社会发展之成熟程度的基本标志。社会主义精神文明建设具有易变性、过渡性、渗透性、交融性，呈现出复杂性、多样性、探索性、建设性等时代特点；分析了民族传统体育产业当前所面临的社会经济环境和主要问题和它所面临的历史机遇：发展社会主义先进文化、构建和谐社会为其提供政策环境，国家西部大开发和国民经济持续、稳定、高速增长提供了物质基础以及科学发展观为民族传统体育产业发展规范了发展路径。当前，民族传统体育产业发展应该紧紧抓住这个历史机遇，把握发展民族传统体育产业的技术手段、基础工程建设、产业的突破口以及实施精品战略等四个方面的内容，在发展民族传统体育产业的进程中促进社会主义精神文明建设。

有价值就存在对价值的选择问题，民族传统体育产业的文化价值与经济价值在满足人的全面发展的需要和获得经济利益方面具有统一性，社会主义市场经济同其基本经济制度、基本政治制度和精神文明建设结合在一起，从宏观角度对民族传统体育产业的文化价值与经济价值平衡关系的实现提供了保证。

民族传统体育产业的文化规律与经济规律之间是并行不悖的，并且是辩证统一的，它与价值规律和供求规律的普遍作用相关，民族传统体育产业的生产活动就像其他商品的生产活动一样受到价值规律的制约，规定着其运动变化的一般曲线，遵循供求规律是民族传统体育产业发展与西部民族地区文明进程获得有限平衡的契合点；民族传统体育产业的文化资本和经济资本在社会主义市场经济条件下既相互排斥又彼此结合，二者在市场中实现价值增值，达到有限平衡；民族传统体育产业的文化资本与经济资本一样在其发展过程中发挥着战略性的作用。

民族传统体育产业的发展与西部民族地区文明进程的互动发展是一种有限平衡的关系，它以经济与社会发展的普遍规律为前提，它是指一种状态，介于动态与静态之间，这种“有限”是指其平衡关系并非是绝对的，而是相对的，是不稳固且极易被破坏的，是模糊的，而非绝对对称、对等或成比例的，它具有一定的抽象性，它应内化在发展民族传统体育产业的经济价值、社会价值和体育价值从而促进西部民族地区文明进程的过程之中。

最后，要特别感谢国家社科规划办为本项目提供资助，湖南省委宣传部副巡视员肖均华博士为本课题的研究提供指导，吉首大学副校长白晋湘教授对本课题的研究给予的关心，民族出版社的龚黔兰、杨蜀艳女士对本书的修改、定稿提出了许多宝贵的意见和建议，并为本书的尽快出版付出了辛勤的劳动。还有我病中的妻子张丽霞对本课题的研究工作给予的支持，在此一并表达衷心的谢意。

由于本书涉及的问题，无论是在观点上还是在材料上都有一定的难度，再加上作者水平有限，缺点错误在所难免，祈望读者不吝赐教。

钟海平

2009年10月27日于吉首大学

目　录

第一章　导　论

第一节　产　业

一、相关经济学基础

产业经济研究是经济学研究的一个分支学科。现代西方经济学是由宏观经济学和微观经济学两大部分组成的，它们是产业经济研究的理论基础。

宏观经济学主要研究一国总产出水平和一般物价水平的决定问题。宏观经济学研究的一个基本出发点是认为在一国范围内存在着资源的闲置现象，因而宏观经济学研究的主题是提高一国资源的利用程度，并把闲置资源利用到生产中去，从而达到更高的产出水平。在提高一国资源利用程度的过程中，可能会引起物价总水平的波动。因此，宏观经济学的第二个主题就是维护物价总水平的稳定。

资源闲置等现象是人们的经济行为所产生的后果，所以宏观经济学也对人的经济行为加以研究。它研究的是“一国总的行为”，如总消费行为、总储蓄行为、总投资行为、总货币需求行为等。这就是说，宏观经济学研究的是带有总量意义的范畴或变量，如一国总产出、一国总收入、一国总支出（总消费支出和总投资支出）、总劳动供给、总劳动需求、总货币需求、总量生产函数等。

微观经济学研究单个消费者的行为和单个厂商企业的行为，研究单个产品或要素的价格与数量的决定。微观经济学的主题是资源配置问题。具体地说，资源的数量是定量即稀缺或有限的，如何安排对有限资源的使用，使资源的使用效率达到最优，即有限资源的最佳配置，是微观经济学研究的主要内容。

微观经济学认为，在市场经济中，价格指挥着全社会的资源配置。因此，价格是微观经济学的中心范畴。为解决个别产品或要素的价格决定问题，首先要解决个别产品或要素的市场需求和市场供给问题。也就是说，微观经济学研究的范畴或变量主要包括效用、消费者收入、经济规律均衡、个别产品需求、生产函数、个别产品的成本、收益、利润、个别产品供给、均衡价格、完全竞争、垄断、个别要素的需求、个别要素的供给等。

产业经济学研究要以宏观经济学和微观经济学等研究的基本理论为基础，但产业经济又有其自身的研究对象和研究领域，因为产业既不是微观经济的概念，也不是宏观经济的概念，而是介于两者之间的中观概念。即产业经济学是以市场经济基本理论为基础，研究产业及其形成和发展规律的经济学。

二、产业的概念

产业有多种定义，它可泛指各行业、部门、工业、实业、动产和不动产等。在一般经济学和产业经济学教材中对产业的定义主要如下：

1. 产业是指存在并发展于社会生产劳动过程中的技术、物质和资金等要素以及相互构成的社会生产的基本组织结构体系，即可简单概括为社会生产劳动的基本组织体系。

2. 现代经济生活中从事生产或作业的各行业、各部门以及企业和私人服务单位的集合，或者说是为国民经济提供产品或劳务的组织或部门的总称。

3. 产业是生产同类产品或提供类似服务的经营单位的集合。产业的外延是各种行业以及相似行业的国民经济部门。

4. 产业是由国民经济中具有同一性质，承担一定社会经济功能的生产或其他经济活动单元构成的，具有相当规模和社会影响的组织结构体系。

5. 产业是居于微观经济细胞即企业和家庭与宏观经济单位即国民经济之间的一个“集合概念”，即产业是具有某种同一属性的企业的集合。

广义的产业，是指从事国民经济中相同性质的生产或其他经济社会活动的企业、事业单位、机关团体和个体的总和。

狭义的产业，主要是指直接从事同类经济活动的企业、事业单位和个体的总和。

从上述可以看到，因所探讨的角度和范围不同，对“产业”这一概念的表述也不完全相同。实际上，在国民经济中，从各类物质生产部门到提供各种服务的各行各业都可被称之为产业。分析产业的概念，既要考虑构成产业的同一性，又应当反映出构成产业的内在要求和基本条件，因而产业的构成应强调以下几方面的规定性：

第一，产业构成的规模规定性，单一的企业不一定能构成某一产业，多个企事业单元也不一定形成产业。构成产业的企业数量、产出量等都必须达到一定规模。

第二，产业构成的职业化规定性，在社会各职业中已形成了专门从事这一产业活动的职业和专业人员，由此而形成相对稳定的社会群体。

第三，产业构成的社会功能规定性，即该产业一经形成，就要在社会经济活动中承担一定的角色，并担任着必不可少的社会功能。

同时，产业的构成还应有专门化的生产技术设备和技术经济特点。

满足以上各规定性的企业单元的集合才能被称为某一产业。因此，产业是指国民经济中以社会分工为基础，在产品或劳务的生产与经营上具有某些相同特征的企业或单位及其活动的集合。

三、产业分类

产业分类是把具有不同特点的产业按照一定的标准划分为各种不同的类型。对产业进行分类，是为了研究产业之间的内在联系。产业的分类方法较多，各种分类均从不同的角度分析探讨产业的结构及其发展变化，它们各有用途，同时也相互补充。

（一）按社会再生产过程不同功能、结构因素划分

1．按社会再生产中的经济职能分类

例如，物质资源生产部门与非物质资源生产部门；基本生产部门和基础结构部门；生产资源生产部门与消费资源生产部门；生产部门、流通部门和服务部门等等，即依据生产部门在经济发展和运行中的不同功能作用来加以划分。这种分类属于最高层次的划分方法，是对社会分工中的一般分工从不同角度进行划分，其目的是揭示各产业部门在社会再生产过程中各环节的相互关系。

2．按三次产业分类法分类

所谓三次产业分类法，就是把全部国民经济部门分别划归为第一产业、

第二产业和第三产业。三次产业分类法是以人们生产活动发展的阶段性为依据，以资本流向为主要标准，把产业分为三个层次：将人们主要取决于自然界的初级阶段的生产活动称为第一产业，包括农业、畜牧业、林业、渔业和狩猎业等；将人们对取自于自然界的物质资源进行继续加工的生产阶段称为第二产业，主要包括采矿业、制造业、建筑业等；将其余的所有部门统称为第三产业，主要包括商业、金融及保险业、饮食业、科学教育、文化体育以及政府部门等各项事业。

3. 按生产结构分类

生产结构分类法是以研究物质生产部门在社会再生产过程中的产业关系和比例关系为目的的产业划分方法。马克思就曾把社会生产分为生产资料生产和消费资料生产两大部类，这是生产结构分析最基本的分类方法。在实践中，通常通过农业、轻工业与重工业的区别，按农、轻、重的划分来研究生产结构关系。这种分类方法与前两大部类分类法有密切的联系，即重工业生产的产品大多为生产资源，轻工业和农业产品则大部分是消费品，因而农、轻、重的关系大致体现两大部类之间的关系。

4. 按社会再生产的阶段序列结构分类

这种分类方法把社会生产看成是一个连续的，并由不同生产加工阶段所组成的过程。从自然界取得物资资源开始，到生产出可供生活消费的产品为止，整个的生产过程可分为初级生产阶段、中间生产阶段、最终生产阶段，与此相对应，各个生产阶段的产品称为初级产品、中间产品与最终产品。按这种阶段关系，可安排不同生产阶段的比例和产业部门之间“上游产品”与“下游产品”的衔接。

5. 按生产要素集中程度分类

这种分类方法又称为资源密集度分类法。所谓资源是指投入生产活动的生产要素，如资本、劳动力、技术、自然资源等。根据产业对生产要素依赖程度的差别，将产业分为资金密集型产业、劳动密集型产业和知识技术密集型产业等。当然，这种依据生产要素密集度的产业划分只是相对的，因为绝对的划分标准是不存在的。

（二）按产品和企业的生产同类性标准划分

1. 按照产品和企业的同类性标准划分产业类别，主要是用于物质资料生产部门中的工业建筑业和农业等产业部门内部的进一步细分，这也是最基本的具体分类方法。

按生产同类性标准划分的标准有三种：一是生产产品的经济用途相同，如食品工业部门、建筑材料工业部门等就是按产品的用途标准划分的；二是生产所使用的主要原材料相同，如橡胶工业与皮革工业的划分等；三是生产工艺过程的性质相同，如冶金工业、化工工业的划分等。当然，三种标准在对产业进行划分时，也可以并用。

2. 按企业生产同类性原则划分产业部门，是指以企业为基本单元来划分产业，即划分企业部门而不是产品部门。对同种产品集合的产业部门的划分，是按照产品的同类性标准来划分的，其划分的标准主要是考虑其产品的经济用途相同、产品的原材料消耗结构和工艺生产过程相同等，是按照产品而不是按照企业来划分的。

（三）现阶段联合国和我国的产业分类

为使世界各国的产业分类较为统一，联合国曾颁布了《全部经济活动的国际标准产业分类索引》。其中先把全部经济活动分解为 10 个大项，每一大项又分若干中项，每个中项下又分若干小项，最后又把小项分解为若干细项，形成了大、中、小、细四级，而且每一大中小细项都有其编号，并用统一编码加以规定。这十个大项是：农业、狩猎业、林业、渔业；矿业和采石业；制造业；电力、煤气、供水业；建筑业；批发与零售业、餐馆与旅店业；运输业、仓储业和邮电业；金融业、不动产业、保险业及商业性服务业；社会团体、社会及个人的服务；不能分类的其他活动。

这一分类的特点是与第三次产业分类法保持稳定的联系，因为国际标准产业分类中的大项很容易组成农、工、商三大部分，所以基本上与三次产业分类法相一致。

1985 年，国家统计局发布了《经济行为分类标准》，基本上参照国际标准产业分类法，以三次产业为基点制定，但也根据我国的一些具体情况作了必要的调整和更改。例如，就工业而言，对全部工业作了 4 个层次的分类，第一层次是把工业分为了采掘业和制造业；第二个层次把采掘业和制造业又分为 41 个大类，其中采掘业 9 个大类，制造业包括了 32 个大类；第三层次是将上述 41 个大类细分为 212 个中类；第四个层次则继续把这些中类细分为548个小类。

2002年7月，新的《国民经济行业分类》国家标准修订完成，此次修订大量充实了第三产业的新兴活动。2003年5月14日，国家统计局正式印发了《三次产业划分规定》，新标准调整了过去标准中与分类原则不相符合的内容，在第三产业中新增了“信息传输、计算机服务和软件业”、“住宿和餐饮业”、“租赁和商业服务业”、“水利、环境和公共设施管理业”、“教育”、“国际组织”6个门类。修订后的三次产业划分将体育产业与文化和娱乐业一起组成“文化、体育和娱乐业”，体育产业中包括了体育组织、体育场馆和其他体育三个门类；娱乐业中包括休闲健身娱乐活动，即主要指面向社会开放的休闲健身娱乐场所和综合体育娱乐场所的管理活动等。经过调整与修改，新标准中的第三产业共有行业门类20个，行业大类95个，行业中类396个，行业细类913个。

新标准按照国际通行的经济活动同质性原则划分行业，进一步打破了部门管理界限，对原标准中不符合这一原则的分类进行了调整，对新标准中的每一个行业细类，通过软件可使我国的标准直接转换到国际标准，实现与国际标准的兼容，改变了我国统计资源与国际难以直接对比的状况。新标准在国家标准化管理委员会批准后，已在该年度统计年报中正式实施。为保证对经济活动的正确归类，国家统计局还在新行业分类标准的基础上，配套编制了《国民经济行业分类注释》，对每个行业细类的涵括范围作出了详细说明。

从以上所述可以看出，关于产业的分类标准是多种多样的，而产业分类标准又与产业分类方法紧密联系。所确定的产业分类标准不同，会出现产业分类方法的不同。不同的产业分类方法又是以不同的产业分类标准为前提，因而产业分类方法是产业分类标准的具体运用（表1-1）。

表1-1　产业分类标准与产业分类方法

产业分类标准	产业分类方法
产品的最终用途不同	同马克思两部类分类法
物质生产的特点不同	农、轻、重分类法
工业生产的特点不同	霍夫曼分类法
产业发展层次顺序及其与自然界的关系	三次产业分类法

续表

产业分类标准	产业分类方法
生产要素集约程度不同	生产要素集约分类法
产业在国民经济中的地位和作用不同	产业地位分类法
产业技术先进程度与发展趋势	产业发展状况分类法
统计标准	标准产业分类法

四、产业类型

（一）按产业发展层次顺序分类

第一产业，指产品直接取自于自然的物质生产部门，即广义的农业。

第二产业，指加工取自自然物质的物质生产部门，即广义的制造业或工业。

第三产业，指派生于有形物质财富生产活动之上的无形财富的生产部门，即广义的服务业。

（二）按生产要素密集程度分类

劳动密集型产业，指在生产过程中对劳动力的需求依赖程度较大的产业，或者说是资本有机构成水平较低，在其生产的产品中活劳动尤其是体力劳动所占比例较大的产业。

技术密集型产业，指在生产过程中对技术的需求依赖程度较大的产业，或者说是在其生产和产品中技术含量高、脑力劳动所占比例较大的产业。

知识密集型产业，是指在生产和服务过程中对知识的需求依赖程度较大的产业，或者说是以知识的生产和传播为主体的产业。

（三）按产业地位分类

基础产业，是指在产业结构体系中为其他产业的发展提供基本条件并为大多数产业提供服务的产业。

瓶颈产业，指在产业结构体系中应得以发展但尚未得到发展并已严重制约其他产业甚至整个国民经济发展的产业。

支柱产业，指在产业结构体系的总产出中占有较大比例的产业，即一国财政收入的主要来源，对国民生产总值的增长和整个国民经济的发展起重要作用的产业。

主导产业，指在产业结构体系中处于主体地位，产业关联性强并起着产业发展的引导和支撑作用的产业。

先行产业，指在产业结构体系中因关系到国民经济发展而需优先发展的产业。在广义的先行产业中包括了狭义的先行产业先导产业。狭义的先行产业是指根据产业结构发展的内在规律必须先行发展，以免阻碍其他产业发展的产业，它包括瓶颈产业和基础产业；先导产业则是指根据国民经济发展的需要，必须先行发展而又能够带动和引导其他产业发展的产业。

（四）按产业发展状况分类

1. 按技术先进程度来确定不同发展状况的产业

传统产业，是指其所应用的技术并不代表现代新技术的发展，在经济发展中增长缓慢甚至呈下降趋势的产业。

高新技术产业，是高技术产业和新技术产业的统称，指其所应用的技术代表了世界高水平和新的发展趋势，并在经济发展中增长较快的产业。

2. 按发展趋势来确定不同发展状况的产业

夕阳产业，又称衰退产业，是指其产品需求量逐步下降，产业增长率低于国民经济各产业的平均增长率并呈下降趋势，在国民经济和整个产业结构中的地位与作用在不断降低的产业。

朝阳产业，又称新兴产业，是指其产品需求量逐步上升，产业增长率高于国民经济各产业的平均增长率并呈上升趋势，在国民经济和整个产业结构中的地位与作用在不断上升的产业。

3. 按产品供求量情况来确定不同发展状况的产业

长线产业，是指生产规模较大，产品已经满足市场需求甚至过剩的产业，长线产业一般是由重复投资、重复建设和重复生产所造成的，它会造成投资的重大浪费。

短线产业，指生产规模较小，产品还不能满足需求的产业。短线产业也可能是瓶颈产业，如我国目前的能源、交通等基础产业仍是需要重点支持的短线产业。

（五）两大部类产业

第一部类，这是指专门生产生产资料的部门或行业，其目的是要满足社会生产消费的需要。第一部类又分两个副类：一是为生产生产资料提供生产资料的部门；二是为生产生活资源提供生产资料的部门。

第二部类，这是指专门生产生活资料的部门，目的是为了满足社会消费需求。第二部类也可分两个副类：一是生产必要消费品的部门，以满足基本生活需要；二是生产奢侈消费品的部门，以满足发展和享受的生活需要。

第二节 文化与文化产业

一、文化的含义

“文化”一词，在世界各民族的早期词汇中便已出现。我国的《周易·贲卦》中有“观乎人文，以化成天下”的说法，文化即由其中的“人文化成”简化而来，意思是指人类区别于动物的一切活动及其成果。“文化”一词最早出现在西汉刘向的《说苑·指武》：“圣人之治天下也，先文德而后武力。凡武之兴，为不服也；文化不改，然后加株。”晋代束晰《补亡诗·由仪》中有“文化内辑，武功外悠”。南齐王融《曲水诗序》中有“设神理以景俗，敷文化以柔远”。在中国古籍中“文化”被理解为统治者的施政方法而与“武力”、“武功”相对立。成为“文治”与“教化”的总称，主要包括思想观念和礼乐制度建设及对人的教育感化。

在欧洲，现代英文和法文的 culture，德文的 kultur，均来源于拉丁文的 cultura，原意为对土地的耕耘和对植物的栽培，后引申为对人的身体和精神两方面的培育。罗马思想家西赛罗指出“精神文化是哲学”，认为如同农民耕种土地一样，对理智也要进行加工。另外，“文化”一词还在知识水平、教育程度、思想修养的意义上被使用着。19 世纪 70 年代英国学者泰勒在《原始文化》中将文化定义为“包括知识、信仰、艺术、道德、法律、习惯以及其他人类作为社会的成员而获得的种种能力、习性在内的一种复合的整体”。这一定义得到学术界的广泛认同。但人们对“文化”的探讨远没有结束。古迪纳夫说道："文化这个词长期以来对不同的人意味着不同的事物。"威廉姆斯指出："文化是英语中两三个最复杂词之一。之所以如此，部分是因为它在几种语言中的盘根错节的历史发端，但主要是因为，它现在已被一些不同学科和一些不同且不兼容的思想体系用作重要概念。"① 到现在，文化概念已成为各种文献中出现频率最高、歧义最多的一个词，据不完全统计，各类不同的对"文化"的定义已有200多个。

尽管现代意义上的文化的内涵与其初始用法相去甚远，不同民族、不同学科、不同研究角度对"文化"的理解和界定也存在着明显的差异，但却有着共同性，即文化是由人创造的、为人所特有的东西，一切文化都是属于人的，是人类精神的、观念的范畴，是人类本质的对象化和行为化，"自然"的东西不属于文化范畴。

总的来说，现在学术界对文化一词一般有广义和狭义之分。广义的文化指"人类创造的物质财富和精神财富的总和，特指精神财富"。文化即"人化"，是人类所创造的"人工世界"及其人化形式的一方面。它既包括无形的语言、习俗、礼仪、信仰、道德、宗教、艺术等精神财富，也包括有形的书籍、陶瓷、雕塑、建筑、铁路、飞机、电脑、通讯卫星等物质财富。广义的文化内涵既体现在人们的活动成果和活动方式中，也体现在人们的精神生产、观念形态和思维方式中，也就是说，文化渗透在人类社会的一切方面。我们所使用的文化概念就是广义上的文化概念。狭义的文化指"以社会意识形态为主要内容的观念体系，是由政治思想、道德、艺术、宗教、哲学等意识形态所构成的领域"②。在某种语境条件下，文化又专指教育、科学、艺术、卫生、体育等方面的知识和设施，以与世界观、政治思想、道德等社会意识形态相区别。它既包括科学、哲学、文学、艺术、风俗、习惯等精神文化，也包括与特定社会历史阶段相适应的经济体制、政治制度、法律体系、家庭结构、社团模式等制度文化。

在文化的本质方面，人们的认识是一致的。人是文化的主体，文化是由人创造并传承的。人类作为由血缘和地缘结合而成的不同民族的群体，

---

① 威廉姆斯：《世界文化报告（1998）——文化、创新与市场》，关士杰等译，37页，北京，北京大学出版社，2000。

② 李秀林等主编：《辩证唯物主义和历史唯物主义》，407页，北京，中国人民大学出版社，1995。

有着自己特有的生存方式、生产方式、生活方式、组织方式、行为方式、思维方式和社会遗传方式。每个民族在其生存和发展过程中，不断地创造和积累本民族的语言、文字、信仰、礼仪、科学、艺术、风俗、习惯等。所以文化是人类在改造世界的对象性活动中所展现出来的体现人的本质、力量、尺度的方面及其成果。人类创造了文化，也享受着文化，同时也受约束于文化，最终又不断地改造文化。人类既是文化的创作者和继承者，又是文化的享受者和改造者。由此我们可以得出，文化的本质是“人化”，是精神创造，是人类通过劳动将精神生产中沉积着的科技知识、思维方式、抒情方式、价值观念等转化为物质形式或物质形式的对象。因此，不能将文化仅仅理解为通常所说的精神文化，长城、金字塔、埃菲尔铁塔、自由女神像以至花卉盆景等一切精神和物质相结合的产品，都包含着精神创造，属于文化的范畴。

二、文化的特征

文化内涵和本质不是空洞的，它通过文化的特征和活动表现出来。文化的特征主要有三个方面。

（一）文化的地理性

文化是人类社会的附属物，它随着人类社会的出现和发展而产生、拓延。人类是在不同的地域上出现、生存和发展的，不同的人群在各自不同的区域内按照各自不同的方式来创造自己的文化。他们的语言、风俗、习惯、思维方式等等各不相同，这就孕育了不同文化，也就形成了文化的地理性。一般说来，除了大量的各种小区域文化系统外，世界主要存在四大区域文化系统，即中华区域文化系统、印度区域文化系统、阿拉伯区域文化系统、希腊区域文化系统。即使在当今的信息时代，广播、网络、通信导致人类生活的空间相结缩小到所谓的“地球村”，人们生活的区域界限仍然存在，每个人也都是在一定的文化环境中生存、发展，也就存在着区域性的文化。文化的地理性使世界文化变得丰富多彩，同时也为各区域文化的发展提供了借鉴和动因。

（二）文化的历史性

文化总是伴随着人类社会的产生、发展、延续而运动，文化必然带着历史的烙印。文化发展的内外因的相互作用促成了文化的历史性。自然条件、生产方式和社会制度对文化的发展提供外在的推动力。文化的内部诸要素（各种心理、知识等）之间的矛盾运动，作为直接的动因推动着文化的发展。因此，文化的发展经历创新、吸收、扬弃的过程，从而使文化具有鲜明的时代特征和历史性特征。这一历史时期的文化与另一历史时期的文化，存在着明显的差别，所以有原始文化、中世纪文化、近代文化和现代文化的区别。研究文化的历史性使人们对文化的认识更加深刻，从而明确文化发展的历史方向，提倡和发展先进文化。

（三）文化的凝聚性

文化的形成过程决定了其具有极强的弹性和张力，这就形成了文化的凝聚性。文化的凝聚性，是指文化以其浓厚的内涵和强大的亲和力吸引凝聚着在特定文化背景下生活过的人们。文化是在一定地域和时代，随着共同语言的形成、共同风俗习惯的流行、共同心理素质的同化而逐渐丰裕发展起来的。而这又反过来成为联系人们的牢固纽带，使具有相同或相近文化的人类群体具有共同的认同感和归属感，也使之有较多的沟通和交往。而不同文化的人们总是需要逐步交往，才能了解和接受。文化的凝聚性是文化生命力的源泉，是文化延承的前提和基础。

文化的地理性、历史性、凝聚性决定了文化的传承品格。此外，文化还具有多样性、阶级性、超时空性、渗透性和共融性等特征。

三、文化的社会功能

文化在社会生活中的作用是非常重要的，它具有多方面的功能。

（一）信息功能

文化传递社会经验，从而维持社会历史的连续性，人类社会优越于动物世界的根本之处，在于实现了由生物遗传机制向社会遗传机制的飞跃。文化是人类的“社会遗传密码”，它把社会和人本身按一定的方式不断复制出来。

（二）教化、培育和塑造功能

文化由人创造，人创造的文化反过来塑造人。文化的重要意义，就在于通过知识体系、行为方式等规范人的行为，使人有效地适应社会环境和人际关系，成为社会的人。文化造就每一代人，每一代人又创造和丰富着文化的新形式，从而推动着人的发展，人是文化的存在物。

（三）促进社会发展的动力功能

文化作为人与自然、人与人之间关系的中介推动着社会的前进。人创造出改造外部世界的手段，并通过对外部世界的改造来满足自己的需要，这种改造外部世界的基本手段就是文化活动模式。人类就是在基本需要—文化活动模式—新的高级需要—新的文化活动模式的不断循环中进步发展的。

（四）认识功能

人类的认识过程总是受到文化的制约和规范。文化扩大了认识的主体性，使认识主体由个人提升为人类。文化还提供了人的认识背景，形成特定的文化认识背景。同时，文化还是各民族自我认识、自我意识的重要途径。

四、文化产业的产生与发展

（一）文化与文化产业

文化作为人类认识和改造自然活动的历史沉淀，记录着人类的智慧、文明和进步，同时也展示着人类社会和自然环境的绚丽多彩以及人与自然的协调共存。文化通过各种载体，比如人类的意识和文明成果，自然地发展、传播与扩散、失范，并被新的文化替代。文明成果中蕴含着文化的缩影，文化在其中凝结和保存。人类的发展过程也是文化不断发展，文化模式不断更迭、螺旋前进的过程。当文化发展到一定阶段就出现专门从事文化活动的个体和组织；文化活动包括文化的提炼与凝结、文化作品的创作与文化的存储、文化的传播、文化的消费、文化的促进等。文化活动发展到一定规模就促成产业的出现，并按照产业的运作规则促进文化活动的发展，进而生产出优秀的精神文化消费品。

（二）文化产业的产生与发展历程

文化产业是向消费者提供精神产品或服务的行业，同时，文化产业也有着经济过程的性质。文化产业不包括所有的文化活动，但文化产业对文化的发展有着极大的促进作用，并且涉及文化活动的很大一部分内容。文化产业作为概念包含三个发展阶段：第一阶段，法兰克福学派所批判的文化工业，当时欧洲知识界称美国文化为“文化工业”；第二阶段，以20世纪90年代华纳合并为标志，美国开始实施对各类传媒的“非管制化”政策，使得像时代华纳这样的特大型文化产业组织出现了大规模的合并趋势，并开始进军国际市场；第三阶段在经济全球化，特别是以美国为首的新经济发展趋势下，世界各国都已经把文化发展战略变成了一种国家发展战略。文化发展、文化产业的发展作为国家发展战略开始被世界各国所认可。就我国而言，文化产业是文化事业与市场经济结合，并受世界经济和文化大环境催生的产物，是文化事业按照市场规则运作演变而来的。

在我国，1985年国务院转发统计局《关于建立第三产业统计的报告》把文化艺术作为第三产业的一个组成部分列入统计项目，首次确认了文化艺术的“产业”性质。1991年国务院批转《文化部关于文化事业若干经济政策意见的报告》中正式提出“文化经济”的概念。1992年国务院办公厅综合司编著的《重大战略决策——加快发展第三产业》一书中，明确提出“文化产业”概念。1999年时任国家发展计划委员会主任的曾培炎在《关于1998年国民经济和社会发展计划执行情况与1999年国民经济和社会发展计划草案报告》中明确提出“推进文化、教育、非义务教育和基本医疗保障的产业化”，文化产业正式纳入国家发展计划。

五、文化与作为产业形态的文化的关系

通过前面对文化的含义、特征和功能的分析，我们基本上弄清楚了文化的“人化”本质。从文化的多样性、渗透性和共融性等存在特征看，随着社会分工的细密和商品市场领域的扩大，文化与经济、文化与市场的渗透与共融成为必然趋势。文化的物化形式开始作为商品生产、流通、营销。作为商品生产、流通、营销的文化就是产业化形态的文化。产业化形态的文化不仅具备精神属性，同时还是经济的重要内容；不仅属于上层建筑，更是经济基础的组成部分。

从社会学的角度看，文化的享用应当具有广泛性和平等性，这就要求文化产品的大量复制与传播。但从文化的发展史上看，在生产力发展的一

定阶段，文化产品的生产并不足以满足所有人的需要，而是作为所谓“精英”文化而存在，“阳春白雪，和者盖寡”。随着现代科学技术的迅猛发展，人们开始作为“社会主人”而存在、生活，对文化的需求也与日俱增。人人都需要啜饮文化的精髓，享受现代文明之甘醇，“大众”文化应运而生。文化的穿透力和“大众”对文化的需求促成了文化产业的勃起与兴盛。

探究文化和作为产业形态的文化的关系问题是研究文化产业及其发展规律的基础和逻辑起点。

广义的文化包括作为产业形态的文化，但并不是文化都可以作为产业化的形态来运作发展的。文化作为人类所创造的精神财富和物质财富，不可能全部成为经济学意义上的产业。哪些文化可以作为产业化的形态而进行经营呢？只有那些能够作为商品（或有偿服务）的文化产品（服务）才是产业形态的文化，才可以作为产业经营运作。当然，随着人类文明的进步，任何商品都凝结着一定的文化内涵、文化附加值和文化特色，并且随着经济文化一体化的发展，社会消费对商品中的文化含量的需求越来越高，这是文化力量对市场经济作用的表现，并不说明文化都可以成为产业形态。一般来说，代表国家意志和社会主流意识形态、维护国家文化安全和体现国家文化形象，以及旨在提高全民思想道德素质和科学文化素质的文化领域，都具有公众性、公益性和导向性，它代表一个国家、一个社会的文化本质，是一个民族的灵魂，是一个国家发展的动力，如国家的义务教育、国防教育，国家设立的科研机构，国家的新闻社、广播、电视，国家设立的纪念馆、博物馆、图书馆、美术馆、文化馆等等。这些都是国家为全民提供的公共文化产品，代表着国家文化导向和国家文化形象，应当由政府投入或由政府根据相关的文化政策予以扶持并由国家控制。这类文化产品属于无偿供给型或称为事业型，它的运作主体是政府，一般不能成为以营利为目的的市场化、产业化行为，但它们当中也有可以市场化产业化的部分，如广播电视中的广告等。能作为产业形态的文化是那些有偿供给型的文化产品，即文化产业部门向社会和消费者提供的，人们必须经过购买才能得到的文化商品或文化服务，如图书、报刊、音像带、碟片、书画作品、电影、戏剧、艺术演出以及旅游、运动休闲、娱乐、歌舞厅、游乐园、音乐茶座等休闲娱乐用品及活动。这类文化商品，从生产者和运作者来看，营利是其主要目的；从消费者角度来看，都是以一定价格为条件，以货币支出来满足自身的文化需求。它是一种等价交换，是与市场经济活动直接联系在一起的，是市场经济的重要组成部分，因而要遵循市场经济的基本原则来运作。与无偿供给型文化产品的运作主体不同，它的运作主体是投资家、企业家。

六、经济学视域中的文化产业

（一）产业的概念及其产业的经济学分类

产业是国民经济的载体。在西方经济学的有关文献中，使用 Industry 一词来表示“产业”，因而往往与狭义的“工业”（英文中也是 Industry）相混淆。根据新版《辞海》中载：产业是指各种生产的事业。根据经济学的观点，产业有以下几种规定：①产业是一个经济活动或经济行为。②产业是指向生产领域的生产劳动和这种生产劳动在这种领域的延伸。③产业是对同一属性企业的归类，即指具有类似的生产技术结构，生产或提供在技术上可以互相替代的商品或服务并有同样的收入来源的一群生产或营利性的企业机构，是企业集合概念，包括行业。

一般来说，对产业的解释分为广义和狭义两种。狭义的产业是指生产物质产品的集合体，包括农业、工业、交通运输业等部门，但是不包括商业。广义的产业泛指一切生产产品和提供服务活动的集合体，包括农业、工业、交通运输业、邮电通信业、商业、饮食服务业和文教卫生等部门，包括有形产品的生产和文化、精神等无形产品的生产。尽管从不同角度会得出不同的产业概念，但我们必须注意到，生产和提供商品或服务即商品化，是产业本质内涵，营利则是产业发展的根本目的。如果不提供商品或服务，或虽提供产品或服务而非营利性的，那就不能成其为产业。另外，产业的一个基本特征是，产业整体具有独立生产和扩大再生产能力，产业内部具有强大的自我协调和自我积累能力，产业内部各行业之间形成一个完整而不是相互断裂的链条。

产业分类是指依据经济分析的一定目的，选择某些特定的特征，将经济实体划分成不同的集合。不同的产业分析目的可能会有不同的产业分类法，而不同的产业分类法所对应的产业结构也是不同的。正是这种“产业规定的实用性”原则，为产业分类以及研究各种类型的产业结构打下了基础。

产业的分类大致有以下几种：第一种，马克思从产品的最终用途上把产业划分为生产生产资料的产业和生产消费资料的产业。第二种，按照生产要素的集中度划分可分为三类：第一类为劳动密集型产业，指在所投入的生产要素中劳动占有突出比重，如纺织、服务等；资本密集型产业为第二类，是指在所投入的生产要素中资本占有的比重相对大的产业，如一般的重工业、钢铁、汽车、机器制造等；第三类则是技术密集型产业，是指在所投入的生产要素中科技的比重相对大的产业，如软件业等。第三种，现在通行的分类法是1931年英国经济学家费希尔在《安全与进步》中作出的三次产业的分类法。他从人类经济发展史研究产业分类，把人类社会的经济活动分为三个阶段，并据此把产业划分为三次产业。我国仍采用三次产业的划分方法，根据国家统计局2003年公布的《三次产业划分规定》，第一产业是指农、林、牧、渔业；第二产业是指采矿业、制造业、电力、燃气及水的生产和供应业、建筑业；第三产业是指除第一、二产业以外的其他行业，包括：交通运输、仓储和邮政业，信息传输、计算机服务和软件业，批发和零售业，住宿和餐饮业，金融业，房地产业，租赁和商务服务业，科学研究、技术服务和地质勘察业，水利、环境和公共设施管理业，居民服务和其他服务业，教育、卫生、社会保障和社会福利业，文化、体育和娱乐业，公共管理和社会组织，国家组织。显然，从传统的观点看，文化产业属于第三产业。

（二）关于文化产业的种种界定

关于文化产业的定义及其范围，众说纷纭，存在多种解释，这主要是因为文化产业刚刚兴起有待发展的缘故。下面简单介绍当今较流行的关于文化产业的不同界定。

第一，国际经济学界对文化产业的研究与界定。经济与文化研究的前沿人物施罗斯比（Throsby）在其所著的《经济学与文化》一书中首先定义了文化的商品与服务，再以此为核心而界定了若干层次的文化产业。他指出文化产业是以创造性思想为核心的向外延伸与扩大，是以“创造”为核心并与其他各种投入相结合而组成各类文化产品的经济集合。

第二，全国政协与文化部所组成的文化产业联合调查组对文化产业的界定。文化产业联合调查组于2001年对我国国内二省一直辖市所属九个市的实地考察，在总结各省实践的基础上，对文化产业作了如下的界定："文化产业是指从事文化产品和提供文化服务的经营性行为。文化产业是文化建设的重要组成部分，有关文化产业和公益事业两者共同构成了文化建设的内容。调查组初步认为文化产业主要包括文化艺术、文化出版、广播影视、文化旅游等四个领域，具体行业的划分尚待进一步研究。"[①] 联合调查组对文化产业的界定与国际经济学家的探索基本是相吻合的。

第三，联合国教科文组织对文化产业的界定。联合国教科文组织在蒙特利尔会议上把文化产业定义为：文化产业就是按照工业标准，生产、再生产、储存以及分配文化产品和服务的一系列活动。这里值得注意的是"按照工业标准"。文化的产品和文化的服务向来就有，是按照小农经济的方法去进行还是按照工业标准的方法去生产，这就是一个标志。联合国教科文组织认为，小规模的、零散的、没有按照生产、流通、销售、消费这样一个循环去生产文化产品就不属于文化产业，只有按照工业标准进行生产、再生产、储存以及分配才是文化产业。也就是要批量地、有规模地、连续不断地去生产。

第四，《2001—2002 年：中国文化产业发展报告》中的界定。报告课题组认为：就所提供产品的性质而言，文化产业可以被理解为是向消费者提供精神产品或服务的行业；就其经济过程的性质而言，文化产业可以被定义为"按照工业标准生产、再生产、储存以及分配文化产品和服务的一系列活动"[②]；在我们这个特定的制度环境下文化产业除了具有一般产业属性之外，还具有某些特殊的社会和意识形态。

另外，还有众多有关文化产业的界定。如，从文化产业的存在及其过程来认识，文化产业是"以文化产品的生产、流通、消费和文化娱乐服务与消费为主体对象的产业门类"；从文化产业与文化事业的关系上界定文化产业，文化产业是"产业化、社会化的文化事业"；从文化产业发展的动力和手段上加以界定，文化产业是"商业文化凭借现代科技手段大规模地复制、传播的大众娱乐文化体系"；从文化与产业的关系上界定，文化产业

---

① 江蓝生、谢绳武主编：《文化的蓝皮书——2001—2002 中国文化产业发展报告》，100 页，北京，社会科学文献出版社，2004。

② 同①，7 页。

“既成为文化，又是产业，具有两栖性”；从文化产业的运营方式上看，文化产业是指“通过产业化和商业化方式所进行的文化产品和文化服务的生产、再生产、供应和传播”；从文化产业部门的性质上定义，文化产业是把“生活消费、工作、娱乐、消遣等活动统统与文化结合在一起，通过各种文化活动，刺激和增加人们的大量消费，即能满足人们的文化和爱好的产业部门”①。

以上各种观点，分别从不同角度界定文化产业，指出了文化产业的不同层次和侧面，都有一定道理，但在经济学视域中文化产业的界定还需进一步研究。

（三）经济学所理解的文化产业

文化产业首先是产业，属于经济学研究的范畴，更确切地说属于文化经济学的概念。

文化经济学的最初创始人是19世纪初出生于英国的约翰·儒斯凯恩。他的思想核心是，正面反对把金钱作为标准评价人和产业的做法。就文化经济学这个概念得以产生并被学术界和社会所接受，是从19世纪60年代后半期开始的，是经过美国的阿尔文·托夫勒、威廉·巴马勒和威廉·波纹等几位经济学家的努力使之具备了学术体系。他们认为，艺术已大众化、日常生活化，复制艺术成了一个大市场，与艺术和文化相关联的产业活动成了现代产业的重要组成部分，文化的大众性消费活动是与经济的新生活化相密切联系的。他们还认为文化艺术事业是无法通过营利性组织得到发展的，所以应由非营利性组织推进。

文化经济学的出现是消费者的文化欲望、企业的文化意向，以及区域发展的文化政策等要素促成的。经济学家们都看到了“由文化推动经济发展”已成为一种趋势。也就是说，文化产业是现代经济形态的存在方式之一，既是经济发展的一部分，又推动着整个经济的发展。

文化产业又不同于其他产业，从文化产业概念的内涵上看，它必须具有文化的属性。文化产业的本质特征在于它是从事物质和精神文化产品的生产、流通和以文化为内涵的各种服务活动或部门的集合。它为社会提供

① 梁向阳：《我国文化产业的发展透视》，载《中山大学学报论丛》，1997（6）。

精神产品和服务的同时，为国民经济发展创造物质财富；在不断满足人民群众日益增长的精神文化需求的同时，全面提升人的生活质量，促进全社会文明程度的整体提高。从文化产业概念的外延上看，它涵盖了生产、营销、消费的各个环节，文化产业之树，长于第三产业，而它的枝、茎已蔓延至第二产业。它包括出版业、影视业、网络信息业、广播业、音像业、博物馆业等。此外，还应包括一些与文化艺术相关度很高的产业部门，如广告业、装饰业、设计业（包括现代工业设计、环境设计、企业形象设计、个人形象设计）、时装业等。

由此可以看出，文化产业的概念是一个层次化的关系。

1. 狭义概念

“文化创作业”，即文化艺术作品的创作、销售、展示，到接受活动。文化产业包括文学艺术创作、音乐创作、摄影、舞蹈、工业设计与建筑设计，以及其他各种创造性的艺术活动领域。它还包括文化艺术活动的生产和销售系统，如艺术场馆、博物馆、展览馆、艺术拍卖，以及各种形式的文化娱乐、演出、教育活动。

2. 扩展概念

“文化制作与传播业”，即对应于“文化工业”的概念。文化产品经过纸介质、磁介质、电子介质、光介质四种媒体的发展，逐步地实现其“文化产业”的性质。将文化产品的生产、交换和消费的过程用记录和传播的技术扩大开来，转化为工业过程，变为工业化生产活动。这个概念下的文化产业包括新闻出版业、广播业、影视业、音像业、网络业等。

3. 一般概念

“以文化意义为基础的产业”，这个概念所包含的产业包括所有具有文化标记的产品，无论是传统的还是现代的。从服装业，到具有现代商标的一切产品。现代经济已经开始在总体上以“文化意义”为基础了，现代经济活动、社会活动与文化活动的界限已经不那么清楚了。

现代的文化产业有下列基本特征：

1. 文化发展的时代特征

文化发展在进入以信息技术、网络技术为特征，以科技创新为动力的知识经济时代，采取了新的发展方式，文化发展的根本动力、现实途径、服务方向、实现目的等各方面与知识经济密切相关，在相当程度上，文化产业采纳和顺应了市场经济产业化的发展道路，成为知识经济发展的重要组成部分。

2. 文化发展的状态

文化的发展与各种资源配置建立了日益紧密的联系，文化产品日益商品化、市场化，成为满足人们精神与物质双重需求不可或缺的内容，而且文化发展越来越受到市场需求强有力的推动，市场在决定文化发展的智力、物力、财力投入的方向和力度上起到越来越大的作用，文化走产业发展的道路也是市场运行规则的必然结果。

3. 经济增长的一般规律

经济增长必然不断拓展深度和广度，必须不断发现新的领域，必须更新和引导新的市场需求。文化在知识经济的作用下，展示了十分广阔的增长空间。在发达国家，文化产业在国民经济中占有十分重要的地位。旅游、体育、传媒、影视等行业已成为许多国家的支柱产业。

4. 市场需求

文化资源的挖掘与配置，文化产品的开发与利用，文化经济的超常规发展，文化产业的巨大潜在能量，都表现出市场经济扩容、增值的强烈需求。随着人们生活质量的进一步提高，市场对于文化的需求必将获得更快的增长，文化产业在市场需求的刺激下，必将获得巨大的发展空间和发展动力。

总结以上几点，把这种具有知识经济时代特征的，从文化发展的角度推动经济增长，用产业手段发展文化，以文化为主要资源进行生产，向社会提供文化类服务和贸易，主要目的在于满足人们日益增长的精神文化生活需求的新兴产业，称之为文化产业。文化产业是文化与经济结合的产物，文化通过产业化运作得以繁荣；同时，文化又通过对经济的促进作用推动经济的发展，并使自身成为国民经济的重要组成部分。

文化事业是与文化产业相对应的另一个关于文化的重要概念。文化事业是国家为了规避文化产业经济属性的短期行为，满足以营利为目的的文化产业企业不愿涉及、没有能力涉及、不能涉及或尚未产业化的文化领域的需求而从事的文化活动，比如贫困地区的文化教育普及等。文化事业不是本书所要涉及的内容，这里简述只是为了明确文化产业的概念和涉及范围。

文化产业企业，简称文化企业，是从事于文化产品生产和文化服务的企业集团，是文化资源与企业资本结合的产物。文化企业利用企业资本开发文化资源，将文化承载于文化产品，通过文化产品和文化服务满足消费者的文化需求，促进文化市场的繁荣和文化的发展，同时，企业资本通过文化活动得到增值，并促进经济发展。文化事业单位是指受国家各级文化行政部门直接管理的，生产文化产品和提供文化服务的独立的社会组织。文化事业单位不以资本增长，而以服务社会公众和国家为目的。

文化产业同一般产业相比，有其自身的特殊性。这些特殊性表现在：

1. 文化产业的产品是满足人们的精神需求的。人们的消费能力越强，对文化产品的需求越多。

2. 文化产业的生产包括文化的创造、利用文化资源开发和生产文化产品、围绕文化而开展的服务，在文化产业生产中劳动的支付主要以脑力劳动为主，以体力劳动为辅。

3. 文化产业是通过创造文化和开采文化资源来培育和创造消费需求，文化的创造和文化产品的生产具有很大的不确定性。

4. 文化产业与其他产业有共生性和融合性。任何产业形态都融入了不同的文化内涵，如饮食文化、汽车文化、家居文化、校园文化等，不同的产业都蕴含着不同的价值取向。另外，文化产业借助其他产业提供的工具促进自身的发展，比如信息产业提供的网络工具极大地促进了文化的扩散。

5. 文化产业通过有形的文化产品（如图书、音像制品等）和无形的文化服务（如会展、旅游、教育、体育、传媒等）承载文化的内涵和传播文化。文化产业不同于一般产业，它的核心是满足人们精神需求的文化。

6. 文化服务具有服务的所有特殊性，如易逝性、即时性、无形性和异质性等。

第三节　体育产业

一、体育产业的界定

关于体育产业的界定，目前国内外学术界尚未达成基本共识。鲍明晓先生在2000年出版的《体育产业：新的经济增长点》一书中已经对有代表性的四种观点作了详细的评述。从总体上看，国内学者在阐释体育产业概念时受体育事业转型和体育产业发展水平的影响，主要着眼于体育管理体制的改革和运行机制的转换，从体育事业与第三产业的关系、体育事业与体育产业的关系以及社会主义市场经济体制下体育事业如何有效运行的角度对体育产业作概念化抽象。所以给出的界定更多的是基于当前工作的操作性定义，而不是学理范畴的规范定义。

界定体育产业涉及两个关键词：一个是体育，一个产业。一般认为体育是人们有目的、有意识参与的一种身体活动。体育从本质上讲属于文化范畴。产业一般是指市场上生产同类产品的企业集合体。产业属于经济范畴。体育与产业的叠加与融合，一方面使体育的文化范畴衍生出经济维度；另一方面也使得产业的经济范畴衍生出文化维度。因此，体育产业属文化经济范畴。这是体育产业的质的规定性。

明确文化经济是体育产业的本质属性，对于科学界定体育产业概念至关重要。首先，这一定位明确了体育产业是文化与经济互动与融合的产物，单纯的文化视角或经济视角都不能摄取体育产业的全貌。其次，体育产业是大文化经济的组成部分，是文化娱乐业的新业态，是一类具有相似特征的经济行为的聚合体。阐释体育产业概念就是要指出什么是这样的经济行为，并对这种经济行为作概念化的抽象。

体育产业是近现代人类经济社会出现的一种新的产业形态，它是体育运动由原来的自给自足的自为模式向组织化、生产化、消费化和营利化的产业运营模式转变的产物。而这种转变最显著的特征就是体育商品，包括体育物化商品和体育服务商品的大量涌现，以及大众体育消费的活跃和体育专业化市场的形成，体育商品的生产者、推广者、经营者和消费者组成了一个完整的产业链，并对一个国家或地区的经济总量和结构产生影响。因此，笔者认为，所谓体育产业就是指生产和经营体育商品的企业集合体。发展体育产业就是要搞活体育商品的产、供、销，并使这一类经济行为对拉动经济增长，促进产业结构调整与升级，扩大就业渠道和增加就业岗位，以及提升国民素质和生活质量方面发挥重要的作用。

二、体育产业分类

国内关于体育产业分类有代表性的观点源于国家体育总局 1996 年颁发

的《体育产业发展纲要》，该《纲要》把体育产业分为三类：第一类为体育主体产业，也叫本体产业，指由体育部门归口管理的、发挥体育自身价值和功能的、以提供体育服务为主的体育产业经营活动。如竞技体育产业、群众体育产业、体育教育科技产业、体育彩票和体育赞助等；第二类为体育相关产业，指与体育有关的其他产业的生产经营活动，如体育场地、器材、服装、食品、饮料、广告和传媒的生产和经营；第三类为体办产业，指体育部门为创收和补助体育事业发展而开展的体育主体产业以外的各类生产经营活动。

国外关于体育产业分类有代表性的观点主要有三种：一是皮兹模式（Pitts，1994）。该模式把体育产业分为体育表演、体育生产和体育推广三个亚类。二是米克模式（Meek，1997）。该模式把体育产业分为体育娱乐、体育产品和体育支持性组织三个部分。三是苏珊模式（Susan，2001）。该模式把体育产业分为体育生产和体育支持两个大类，其中体育支持类又进一步细分为六个子类，即联邦和地方政府内相关的体育机构、各级种类的体育协会、体育管理公司、体育媒体、体育用品的制造和销售以及体育设施的建设与运营。

对体育产业进行分类可以有多种标准，至于哪一种标准更科学，一是要看分类标准是否具有学理上的合逻辑性，即概念与分类要有内在的逻辑关联，要符合事物的本质属性；二是要看分类标准是否具有应用上的引导性和可操作性，即分类的目的在于应用，所作的分类应该有利于引导和推动体育产业实践的发展。基于这样的认识，目前主要采用两种标准对体育产业进行分类。

第一种标准是根据体育商品不同的性质对体育产业进行分类。按这种标准，体育产业可以分为提供体育服务产品的体育服务业和提供体育物质产品的体育配套业。其中体育服务业可以细分为健身娱乐、竞赛表演、体育中介、体育培训、体育博彩、体育媒体、体育旅游、体育康复保健等；体育配套业可以细分为体育服装、体育器材、体育食品、饮料、体育建筑等。这种分类方法的优点是体育产业的概念与分类有内在的逻辑关联，学理上有合逻辑性。同时，在应用上也具有可操作性，有利于分类培育、发展和管理各类体育市场。

第二种标准是根据体育产业链上下游关系对体育产业进行分类。按这种标准体育产业可以分为上游产业、中游产业和下游产业。其中上游产业是体育产业的原产业，反映体育产业的原生态，它包括健身娱乐业和竞赛表演业；中游产业是直接为健身娱乐业和竞赛表演业服务的支持性产业，它包括体育中介、体育培训、体育媒体、体育保健康复、体育服装、鞋帽、器材、体育场馆运营等；下游产业是间接为上游和中间产业服务的相关产业，但缺少这些产业也不会影响原产业的生存和运作，它包括体育食品、饮料、体育旅游、体育博彩、体育建筑、体育房地产等。

这种分类方法的优点是阐明了体育产业是以体育活动为原点的生产、经营和开发的产业链。在市场经济条件下，发生在群众体育领域里的体育活动由于组织方式和参与方式的变革产生了健身娱乐业，发生在竞技体育领域里的体育活动由于竞赛组织的商业化和运动员、教练员、裁判员的职业化产生了竞赛表演业。而围绕这两个主业的经营又产生了一系列的配套性的衍生产业。因此这种分类方法告诉我们，发展体育产业一定不能舍本逐末，必须把两大主业作为发展的重中之重，这是整个体育产业的源头，只有上游产业做优、做强、做大，中游和下游产业才能顺势继发，整个体育产业链才有内在的活力和张力。

三、体育产业属性

体育产业是市场经济条件下体育活动组织专业化、参与消费化、运作营利化孕育的新型产业形态。它的内核是按照市场机制来运作的体育活动，外显形式是体育商品的大量涌现、体育商品生产和经营企业在数量与规模上的不断扩张。尽管体育商品有服务产品和物质产品之分，但是判定体育产业的基本属性关键还是看其价值内核。体育产业的价值内核是按市场机制运作的体育活动，抽去这一内核，体育产业就不复存在，因此，体育产业的基本属性只能是隶属于第三产业的现代娱乐业，属于大文化产业范畴。

所以，对体育产业基本属性的理解要透过现象看本质，一方面要坚持娱乐是体育产业的基本属性，是质的规定性；另一方面也不能把体育产业限定在只提供体育服务产品的一维空间，割裂产业上下游之间的必然联系。只有这样，才能在真正意义上把握体育产业的本质，促进和加快体育产业的培育与发展。

四、体育市场

（一）体育市场的性质

体育市场的性质可以从以下三个方面加以归纳：

第一，体育市场是消费品市场的组成部分。社会主义市场体系是指以公有制为主体的社会主义生产方式中，由具有不同功能的各类市场，在相互关联制约的共生关系中，所生成的多元市场结构和复杂市场机制的有机统一体，它包括商品市场、技术市场、信息市场、资金市场、劳动力市场和房地产市场。体育市场属于其中的商品市场，是商品市场的一部分。

第二，体育市场是大文化市场的一部分。体育是大文化的一部分，大文化中包括教育、文化即文学、艺术、新闻、出版、广播、电视、电影、文物、科学研究、体育等。在文化中除了基础教育、基础研究等一般不能进入市场外，其他各部分都在不同程度上进入了市场。体育市场与狭义的文化市场、电视市场等一样，都是大文化市场的组成部分，但又有与其他文化市场不同的特点。美国、加拿大和大部分欧洲国家都是把体育市场纳入大文化娱乐市场来加以管理和调控的。在 WTO 的框架内，体育市场的交易活动受服务贸易相关条款的规约。

第三，体育市场既是消费者市场，又是体育经营者市场。市场按购买者的任务和目的不同，可以划分为消费者市场、生产者市场、经营者市场和政府市场。体育市场主要是提供满足个人消费服务需求的市场，其消费者就是购买者本人或其家庭成员，因而具有消费者市场的性质。但各类体育消费资料又可以成为经营者买卖的对象。体育经营者市场主要有体育用品市场、体育健身娱乐市场、体育竞赛表演市场、体育中介市场、体育博彩市场等。培育和发展体育市场既要着眼于消费者市场，又要着眼于经营者市场，只有这样，才能把体育生产和消费有效地连接起来，才能从根本上促进体育消费的繁荣。

（二）体育市场的分类

从逻辑关系上看，消费决定市场，有什么样的消费就有什么样的市场。体育消费有体育物质产品的消费和体育服务产品的消费两类，体育市场由此也可以分为体育物质产品市场和体育服务产品市场两类。

从流通区域上看，体育市场可划分为国际体育市场和国内体育市场两大类，其中后者又可以细分为全国性体育市场、区域性体育市场和地方性体育市场以及城市体育市场和农村体育市场。

从体育产业性质看，体育市场可划分为体育用品市场、体育健身娱乐市场、体育竞赛表演市场、体育中介市场、体育博彩市场、体育旅游市场、体育媒体市场和体育保险市场。

从当代体育产业构成上看，体育市场又可以根据体育产业构成划分为核心市场、中介市场和外围市场三类。

（三）体育市场的特点

体育市场是社会主义市场体系的有机部分，是现代服务业中一个正在崛起的新兴市场。与其他市场相比，它除了具有作为市场的共性特征，还有区别于其他市场的特殊性。这种特殊性主要表现在：

第一，在工业化和城市化双重驱动下形成的市场。从体育市场形成的动力机制上看，工业化和城市化双轮驱动是催生这一市场形成的直接动因。工业化为体育市场的形成奠定了必要的物质基础，而城市化则创造了体育消费的环境、氛围和基本需求。一个国家体育市场的发育程度不仅与该国工业化和城市化各自的水平成正比，而且还与两者的匹配水平成正比。工业化水平低，城市化水平高，或者工业化水平高，城市化水平低，都将影响体育市场的形成和发展。当前我国体育市场发育程度低，除了现有的工业化和城市化水平与发达国家有差距之外，还有一个重要的原因就是城市化滞后于工业化。因此，把握体育市场形成和发展的这一特点，对于制定我国体育市场发展战略，优化体育市场的发展环境有实际意义。

第二，满足消费者健康和娱乐双重需求的市场。在性质和功能上体育市场与保健市场、狭义的文化市场或娱乐市场有相似之处，但不同在于，保健市场是向消费者提供健康产品和服务，娱乐市场是向消费者提供娱乐产品和服务，而体育市场则是能满足消费者健康和娱乐双重需求的市场。体育市场的主导产品——健身服务是典型的复合产品，它让消费者在愉悦中追求和达成健康，在追求和达成健康的进程中不断地享受快乐。

第三，市场边界交叉、重叠和不断拓展的市场。体育市场作为一个新兴市场，其核心部分是健身娱乐和竞赛表演。但是在现代社会，由于体育具有天然的亲和力和积极健康的形象，再加之买方市场的形成和消费者主权时代的来临，许多企业为打开市场，激发消费者的购买欲望，不得不在原有产品中添加一些流行“元素”，使之具有时代感。于是在时下体育市场中，我们就看到了越来越多的贴上体育标签的新产品，如各类运动食品、运动饮料、运动服装、运动鞋帽以及各式各样的体育报纸、体育杂志、体育网站和体育频道，甚至和体育关联不大的房地产也大打体育牌，不断推出以运动、健身、娱乐为卖点的楼盘和户型，并取得了良好的销售业绩。伴随着这种趋势的不断推演，体育市场传统意义上的边界不断被突破，它在与其他市场的互动、融合中不断拓展的特点也日益彰显。

第四，以体育文化为内核的市场。体育产品包括有形的物质产品和无形的服务产品两类。体育服务产品本质上属于精神产品，其内核为体育文化。体育物质产品，如体育画刊、体育音像制品，包括运动服装、鞋帽，尽管有物的外壳，但决定这类产品本质的，不是它的物质载体，而是凝聚其间的体育文化内涵和独特的审美价值。体育画刊、体育音像制品是精神产品的物质化或者说是物化的精神产品。尽管不能把运动服装、鞋帽简单地归结为物化的精神产品，但是它们区别于普通服装、鞋帽产品的特质仍然是其间蕴含的体育文化。因此，无论是有形产品，还是无形产品，其内核均为体育文化。这也是体育市场区别于其他市场的一个显著特征。

第五，作为城市文明标志的市场。体育是城市文明孕育的产儿。现代体育的形成与发展都与城市文明的演进有着直接关系。随着后工业时代的来临，都市经济的实体部分正在外移，经济结构日益显现出“轻型化”的特征。人气在这一时代具有特别重要的意义。体育市场是最能反映人气指数的场所，它的景气度在一定程度上反映了一个城市经济结构的优劣、社会整体发展水平的高低以及居民生活质量的状况。如果说工业时代都市文明的标志是烟囱的数量和高低，那么后工业时代都市文明的标志就是体育市场的繁荣程度，尤其是作为城市名片的著名职业体育俱乐部数量的多少。

五、体育消费

（一）体育消费分类

在体育产业研究中，体育消费种类主要是根据个人有支付能力的、可以从体育市场中购得的体育消费资料的不同来区分的，主要有两类：

第一，实物型体育消费。实物型体育消费是指人们用货币购买各种与体育活动有关的体育物质消费资料的行为。根据物质产品的用途，实物型体育消费主要包括运动服装、运动护具、运动器材、户外休闲运动装备、运动食品、运动饮料、体育纪念品、体育出版物以及体育彩票等。实物型体育消费是人们体育消费的有机组成部分，是衡量体育消费水平的重要指标。尽管它在功能上与同类物质产品有一定的替代性，但是消费者购买的主要动机是为了参与体育运动，并且随着人们生活水平的不断提高，这类产品与一般生活用品的替代性将逐步降低。

第二，非实物型体育消费。非实物型体育消费是指人们用货币购买各类体育服务消费资料的行为。它又可以分为两类：

观赏型体育消费，观赏型体育消费是指人们用货币购买各种入场券、门票，以观看、欣赏达到视觉神经满足和精神愉悦的各种有关的影视录像、展览等。观赏型体育消费不仅直接产生竞赛表演市场，而且它的规模和结构也从根本上决定了竞赛表演业的规模和结构。

参与型体育消费，参与型体育消费是指人们用货币购买参加体育活动权利、享受相应服务的消费行为。如购买会员卡成为某一个健身健美俱乐部的成员，定期或不定期地接受俱乐部提供的各类服务，或者缴费参加某一个运动项目的培训班，接受专业知识和技能的培训，或者去保龄球馆、台球房、高尔夫球场打球消遣等。参与型体育消费的核心内容，也是最能反映体育消费特质的一类消费。衡量一个国家体育消费水平的高低主要是看参与型体育消费占整个体育消费比重的大小，比重大说明消费水平高，比重小说明尚处在初级阶段。参与型体育消费直接形成健身娱乐市场，它的规模和结构也同样决定了健身娱乐业的规模和结构。

当然，不同类型的体育消费在现实生活中是相互交叉的。一般情况下，人们既有实物型体育消费也有非实物型体育消费，既有参与型消费又有观赏型消费，只进行一类消费的现象并不多见。体育消费的分类是体育市场分类的理论前提，也是各类体育企业产品营销和服务营销的理论基础。

（二）体育消费特点

体育消费尽管也包含少量对物质产品的消费，但就总体而言，它属于服务产品消费，是文化消费的一种。分析体育消费的特点，就是要区分它与物质消费的不同。一般来说，体育消费具有以下几个特点：

第一，体育消费具有非迫切性。体育消费主要是满足人们享受和发展需要的消费，它不是生存必需的消费。体育消费是一种需求弹性很大的消费，具有明显的非迫切性。

第二，体育消费具有能力的层次性。体育消费能力不同，体育消费的对象往往很不相同，即使是相同的体育消费对象，由于能力的不同也会表现出极大的反差，这说明体育消费具有明显的层次性。体育消费能力强的消费者，能够消费多样化的体育产品；而体育消费能力弱的消费者则只能消费浅显、单一的体育产品。在现实生活中，我们经常会发现很多人因为受消费能力的制约而不能消费他们喜爱的体育产品。

第三，体育消费具有时间的延伸性。在物质消费活动中，消费效率的提高表现为时间的节省，而在体育消费活动中，消费效益的提高表现为时间的延伸，这是体育消费在时间方面区别于一般物质消费的显著特征。体育消费的发展与时间的消耗成正比，也就是说，体育消费水平越高，人们花费的时间越多。这是因为，体育消费以满足人们健身、娱乐需要为主，属于高层次的文化需求。随着社会的发展、余暇时间的增多，人们用于体育消费的时间将会日益增多。

第四，体育消费具有一定的盲目性。与物质消费相比，体育消费有明显的盲目性，而这种盲目性是由于体育服务产品的无形性造成的。尽管消费者对物质产品的消费，由于缺乏相应的商品知识也会产生一定的盲目性，但是消费者毕竟购买的是有形产品，他可以通过触摸、观察和接受售货员的商品展示与介绍等途径来对商品进行选择与比较，最后作出购买与否的决策。但体育服务产品的不可触摸性使得消费者在接受服务之前很难判断服务产品的质量。因此，体育消费比物质消费的盲目性更大。

第五，体育消费具有不均衡性。受消费者个人生活习惯、时间安排、兴趣爱好等因素的影响，在不同时间、地区，消费者对体育服务的需求呈现出不均衡性。因此，如何使体育消费的不均衡性与体育企业的生产能力相协调，是体育企业在服务营销方面必须着力解决的问题。

第六，体育消费具有文明的进步性。体育消费是体现社会精神文明建设程度的消费，是人类社会进步和发展的标志。体育虽然是建立在物质消费基础上的第二位消费，它的状况要受到物质文明发展程度的制约，人们只有首先满足衣、食、用等最基本的物质消费才能有体育消费。但是，由于体育消费是人类独具的创造成果，体现着文明的进步性，因而它比物质消费具有更深远的意义。首先，体育消费能增进和维护人的健康，提高人的身心素质，从而能促进劳动力在更高的素质上不断被再生产出来。其次，体育消费是现代社会人际交往的一个手段，能加强人际交流，提高社会的亲和力和凝聚力，从而有利于社会精神文明建设。最后，体育消费不仅能健身、娱乐，还能提高人的审美情趣和能力，从而也有利于形成科学、健康、文明的生活方式。由此可见，体育消费比一般物质消费更能显示出一个国家、社会和民族的精神风貌，具有显著的文明进步性。

第二章　民族传统体育文化

第一节　民族传统体育文化的本质

民族传统体育文化作为人类文化的一个重要组成部分，同人、社会和人们的社会实践活动有着必然的联系。文化是人的本质和本质力量的展现，离开人、社会和人的社会活动，就无法清楚地认识到文化的本质。笔者认为，民族传统体育文化就是人在体育生活和体育实践过程中，其智慧和创造能力的对象化。所谓对象化，就是人的本质在实践过程中以一定的外在形式表现出来，正如人的思维、观念、意识这些主观的内容通过客观的、物质的语言表现出来一样。民族传统体育文化不是自然的东西，是深深打上人的印记的人化物，与自然存在的东西不同，不能由构成其中的自然材料和元素来加以说明和阐释。构成民族传统体育文化一般表现的动作、口令、器材等只不过是民族传统体育文化内容得以存在的自然物质外壳。当然，我们不是说民族传统体育文化可以离开塑造它的那个自然环境和物质外壳而存在，与自然毫无关系。仅有人的智慧和创造力，而没有外在的物质表现形式，也就没有所谓文化的产生、存在和发展。民族传统体育文化是以身体形态、动作技能、口令等为主要表现形式来反映和表现人类的运动属性的文化，是人类生存的运动本能，是好奇心、攻击、创造与破坏等人性的外在反映。

组成民族传统体育文化的要素、特质很多，我们把民族传统体育文化要素分为原发型要素和融合要素。要研究民族传统体育文化的本质就必须着重研究民族传统体育文化初期就已经构型的要素，即原发型要素。这些原发型要素以一定的方式形成民族传统体育文化的硬核和模板，它决定着民族传统体育文化后天的发展方向。加强对原发型要素的研究，是我们研究民族传统体育文化本质的一条捷径。军事文化、宗教文化、游戏文化，甚至是劳动等都是人类在形成过程中发展起来的，从人体自身的文化是人类文化先声的观点来看，军事、宗教、教育、游戏等都是晚于民族传统体育文化产生的。因此，在这些起源中不可能寻找到民族传统体育文化的原发型要素，只有人本身性质的形成，才是民族传统体育文化原发型要素的源头。

第二节 民族传统体育文化的特征

一、民族性和时代性

民族传统体育文化形态是在具体历史演进中抽象出来的一般历史过程，在具体表现方法上，总是还原为一定的民族文化形态。体育民族文化形态反映了体育在特定历史条件下的演进状况和特点，在空间上呈现出不同民族所选择的具体存在方式与独特的发展道路。不论是在具体的历史过程还是在某一特定的发展阶段，都存在不同的民族差异，即民族传统体育文化的民族性。任何时代的体育，总是要反映出一定的发展水平，表现出一定的时代特征。任何时代的体育，总是以一定的民族文化形态具体地存在于不同的民族地区之中，呈现出各具特色的发展道路和存在方式。由于发展程度的差异，同一地区或不同地区都会存在不同发展水平的民族传统体育文化。在世界范围内则呈现出不同发展水平的体育文化和不同民族特征的体育文化共生的现存态势。

一个国家或民族大多有反映本民族传统的体育文化，这些传统的体育文化规范着人们的体育行为，影响着人们的体育和价值观的发展。依据文化传统，人们形成反映本民族文化精神的体育文化，形成区别于其他国家的民族传统体育文化，区别于其他具体文化的体育文化个性。

所谓民族性是指一个民族的体育文化在其发展过程中，形成的民族群体共有的并区别于其他民族体育文化的特征。体育文化的民族性渗透在文化的各个层面，它能成为一种精神、一种行为制度、一种规范、一种习惯，模塑本民族的新一代人，使之作出符合民族体育价值观和民族体育心理的文化选择。在民族传统体育文化的物质层面、行为制度层面和精神层面上都能反映出体育文化的民族性。武术是一种具体的运动项目，人们可以从它的动作、动作结构、技法等方面看出它的中华民族特征；瑜珈功法反映了印度的民族体育特征；相扑反映了日本国的民族自大精神和意识。一般来说，民族传统体育文化的精神层面是对民族性最内在、最深刻、最本质的反映。

民族传统体育文化的民族性体现在它的各个文化层面上，从民族传统体育文化的精神层面、行为制度层面和物质层面都可以看出体育的民族性来。民族传统体育文化具有民族性，同时任何一个民族的体育又具有时代性。时代性使不同的民族体育文化反映共同的时代特征。特别是进入现代社会以后，国际社会呈现出趋同性，全球化趋势正在形成，各民族、国家的文化都表现出相近或相同的时代特征。当民族体育发展到一定的历史阶段时，民族传统体育文化的时代性，使民族体育文化走向沟通和交流，出现民族性和世界性的统一。

民族传统体育文化的时代性是指民族传统体育文化对时代特征的反映，直接或间接地反映一定历史时期社会政治、经济和文化的发展水平。什么是时代，简单地说，时代不只是一个时间概念，它是指一定历史阶段社会政治、经济、文化、意识形态等方面的总和。比如我们讲中国20世纪70年代，那就是指中国20世纪70年代的生产力发展状况、经济发展水平、政治思想状况和文化发展程度的总和。由此可见，民族传统体育文化对时代特征的反映实质是对一定历史时期的政治、思想、经济、文化总特征的反映。

民族传统体育文化的时代性根源于人们的社会意识形态和生产关系的发展与变革。民族传统体育文化，尤其是民族传统体育文化的精神层面依赖于那个时代的主流文化，受时代主流文化的影响和制约，可以说民族传统体育文化是一个时代精神的晴雨表。

一个民族的体育文化总是要反映这个民族的文化精神，形成体育文化的民族性。同时，任何一个民族的体育文化又必须处在一定的历史阶段上。体育文化的民族性、时代性是并存的、统一的。体育文化的民族性和时代性的统一，实际是继承和创新的统一。体育文化的民族性意味着体育文化对传统体育的继续，而时代性意味着民族传统体育文化必须充实、融合现实的新内容，形成新时代的特征，也就是新的历史条件下民族传统体育文化的创新。从另一个角度来看，体育文化民族性和时代性的统一，也就是体育文化民族性和世界性的统一，任何一个民族都具有自己独立的体育文化特性，而时代性是同一个历史阶段各民族共同拥有的特性，可见，各民族体育文化在反映时代性的过程中，表现了民族传统体育文化的世界性。

二、积极性和进步性

民族传统体育文化的发展过程孕育了自身的艺术性，它的表现形式和组织方式灵活多样，十分容易被人们接受和采纳，特别是大量衍生的轻体育的出现，为民族传统体育文化影响和作用于大众文化提供了更多的途径和方法。人们接受和选择民族传统体育文化，有益于人的身心健康和身心发展，产生了社会文化乐于接受民族传统体育文化的心理倾向。

民族传统体育文化能满足人们自我实现的需要并从中获得满足感，民族传统体育文化活动中，所有的参与者在其过程中都能获得一种自我实现和超越自我的感受，这种感受在其他文化形式中获得的人群范围是受到局限的。比如表演中的自我实现和超越感只是几个表演艺术家的事，经济生活中的成功感受只有几个经营得当的企业家和老板才能获得，而民族传统体育文化在地域亲近心理的支配下，一场比赛中所有的观众都能感受比赛过程中的悲与乐。世界杯上一场足球赛至少牵动两个国家的观众。人们可能因胜利而狂欢，也可能因球队的失败而悲伤，甚至导致暴力事件等。

民族传统体育文化的积极性和先进性，决定了民族传统体育文化在大众社会中的重要地位。体育始终坚持以自身的文化优势改善和充实大众文化。由于大众文化缺乏个性，为大众社会普遍接受，因此大众文化有着先天的难以克服的文化弱点。从世界各国的实践情况来看，民族传统体育文化是充实大众文化、引导大众文化健康发展的主要方法和手段，各种各样的文体活动成为大众生活的重要组成部分，特别是在现代生活中，人们对民族传统体育文化所营造的健康的文化环境已经产生了一定的依赖性，甚至成为他们的一种健康向上的生活方式。

三、泛道德性

大多数文化具有泛道德性。道德对政治、法律、制度乃至文化和艺术等都有深远的影响和重要的指导意义。道德的理性发展之后，使之常有取代政治法律而起作用的趋势，人们的日常行为在不涉及法律时，大部分依靠道德来规范。

民族传统体育文化的泛道德性，常使其成为教化民心的一种方法和手段。例如中国“女排精神”对20世纪80年代青年人工作热情的鼓舞，女足精神对20世纪90年代年轻一代爱国情怀的促动等。从民族传统体育文化的泛道德性的角度看，民族传统体育文化具有一定程度上的执行意识形态功能的作用。古往今来，政治家十分重视民族传统体育文化的泛道德性，常常利用民族传统体育文化教化民心，实施统治阶级的统治意志。也正因为如此，民族传统体育文化在其文化的发展过程中常会出现过度政治化的现象。体育的过度政治化会使民族传统体育文化的精神走向反面，体育就会成为政治集团贯彻其政治意图的一种手段。现代体育的政治化，常常还伴随着经济利益的冲突，使体育成为政治和经济的牺牲品。当然，民族传统体育文化的泛道德性，首先表现为对自身的道德压缩。不仅如此，未来的体育将借助于具有强制实施力的体育立法来解决民族传统体育文化泛道德性约束之外的约束。

当然，民族传统体育文化的道德约束力是有限的，不可能解决体育现象中的所有问题，甚至是体育本身的道德问题。因此，体育立法是民族传统体育文化发展到一定阶段的必然结果，通过具有强制实施力的法律去规范体育发展过程中现在和未来出现的问题。但是，在现行的社会条件下，体育立法的作用并不明显，或者说它只能在一国、一个共同体内部起作用。目前，世界上没有一部通行的体育国际法，法律的实体作用仍局限于国家之内。可见，国家和共同体内部的体育立法是必要的，但并不是解决所有体育问题的通行原则。体育立法必须走向国际化、实体化，必须与体育道德作用相结合，才能完成它们的文化使命。从另一个方面看，任何一个国家想把世界体育纳入自己的法律轨道、价值观念下发展都是不符合民族传统体育文化发展自身规律的。

值得注意的是不能因为民族传统体育文化具有泛道德性而认为民族传统体育文化是有阶级性的。民族传统体育文化的本质中并无阶级性，只是在社会发展的历史阶段中，民族传统体育文化的表现形态、社会文化功能等方面具有阶级性，并随着民族传统体育文化要素的不断更新和发展，“有阶级性的民族传统体育文化”的“阶级要素”不断地脱落而发展成为无阶级性的大众化的现代民族传统体育文化。

四、依赖性

人类早期的体育属于自然形态的体育，民族传统体育文化以一种依附的、不独立的性状存在于宗教、军事、教育、娱乐和医疗等各项社会活动之中，民族传统体育文化的价值也不能够明显地呈现出来，或依赖其他文化形态表现出来。甚至可以说，没有其他文化形态的存在，民族传统体育文化大部分价值就失去了依附的基础。祭祀、娱神中的舞蹈和竞赛活动，没有宗教文化显然就失去了文化存在的载体和基础；君子七技中的“骑”、“棋”、“射”离不开封建等级教育制度；军事体育离不开军事实践。民族传统体育文化在文化形态没有独立之前的前民族传统体育文化形态时期，对社会文化中的主要文化丛结表现出很强的依赖性，尤其是民族传统体育文化行为制度层面和物质层面的依赖性更强。

民族传统体育文化的发展要受到主流文化中的其他文化丛结的影响和作用，在经济落后国家的生存权和安全权没有保障之前，民族传统体育文化的功能和作用必然受到抑制。财力物力首先投到保障公民生存权和维护国家安全，民族传统体育文化的发展自然是次要的，是滞后发展的。民族传统体育文化与主流文化中其他文化丛结间存在互动作用和依附的关系，民族传统体育文化的发展不能超出国民经济的发展水平。特别是体育市场化、产业化之后，背离经济规律发展体育是要受到经济规律的惩罚的。1999年，中国政府提出“社会主义初级阶段仍然以增强国民素质为主”的口号，是符合中国社会主义初级阶段的经济发展水平的，也符合民族传统体育文化的发展规律。民族传统体育文化的发展必须依赖社会的政治、经济和文化等发展水平并与之相适应。

五、世界性

现代奥林匹克运动会的许多正式比赛项目，诸如足球、田径、举重、游泳、摔跤、击剑、射箭、滑冰等，其运动形式都可以在中国民族传统体育中找到，而且有些项目在中国的历史比在西方要长得多。众所周知，足球在中国传统体育中被称为蹴鞠，早在2000多年前的战国时期就已经流行了；摔跤在中国古代被称为角抵，也是早在秦汉时期就已流行的一项运动；

射箭的源头可以追溯到远古人类的狩猎活动，在距今2万多年前的山西峙峪人遗址中，已经发现有石制的箭头；扛鼎、拓关、举石都是中国古代的举重运动，只是因为所举物品分别为鼎、关、石制品而有不同的名称。这一切充分说明，体育作为一种人类共同的强身健体运动，并未因东西方所处的地域不同而存在多少差异。

中国民族传统体育中的许多项目，都有极为丰富的文化内涵。如与现代赛艇运动类似的龙舟竞渡活动，主要源于春秋战国时期，它是为了纪念当时的楚国著名诗人屈原而产生的，数千年来，这项活动在中国历史上一直传承不绝，并且产生了许多佳话；作为中国传统登山项目的重阳登高活动，其名称源于《周易》，其起源涉及神仙故事，中间又演绎出了插茱萸、赏菊花、吃花糕等民俗活动；源于远古时期狩猎活动的射箭，在西周时发展出仪式复杂的射礼，至明清时则又有射鹄、射钱等不同名目，极大地丰富了人们的业余生活；在中国民族传统体育中占有极重要地位的武术运动，更是与医学、养生、舞蹈等结合在一起，成为人类健身运动的一道风景。

中国民族传统体育中的许多项目，都没有像西方体育那样走上纯粹竞技的路子，而是更多地作为一种娱乐活动，在不同的场合进行表演。如剑术在中国有十分悠久的历史，早在战国时期的《庄子》一书中，就有关于剑道的精彩论述，但是作为体育项目的剑术，却常常是在宴饮场合作为一种助兴表演，而没有发展成为西方流行的比赛规则严谨的击剑运动；游泳运动在中国一直兴盛，但始终没有演变成为有组织的游泳比赛；在明末清初时，我国就已发明了一种被称为乌拉滑子的滑冰鞋，但它一直被人们用于冰上游乐嬉戏活动；与现代单杠活动相似，在清代我国也有一种称为杠子的运动，但它主要是人们在传统节日或农闲时节作为杂技项目进行表演。种种情形使人们极容易想到作为中国古代四大发明之一的火药，中国人发明火药后，主要是把它制成爆竹，用于节日庆典，而西方人见到火药后，则将它制作出了威力巨大的杀伤性武器。中国民族传统体育的这一特点充分说明中国传统文化是一种讲究内敛、祥和的文化。

江泽民同志在哈佛大学演讲时，对文化曾作过如下的论述："阳光包括七种色彩，世界也是异彩纷呈。每个国家、每个民族都有自己的历史文化传统，都有自己的长处和优点，应该互相尊敬，互相学习，取长补短，共同进步。”体育全球化背景下的民族传统体育发展，我们首先应该建立足够的信心，确立民族传统体育是中华民族文化的重要遗产这样一个坚实的理念，并且坚信民族传统体育同样具有鲜明的普世性。

时代性、民族性、世界性是任何文化形式所共有的特征，在民族传统体育文化系统内，它的多重性也是非常鲜明的，就其内部本身而言，由于中华民族组成的多样性，民族传统体育也同样具有两重性。不同区域的民族传统体育项目，其发展的要因应归属于不同民族的民族意识和社会生活状况及其变革。聚集地区的不同，社会发展的不平衡及其生产方式、自然环境以及文化传统的制约产生和形成了内容和形式各异的民族传统体育项目，而这些个性鲜明的体育项目在其发展过程中又不断受到外来区域和其他民族文化的影响，因而形成了独特的文化特征，既是中华民族体育文化的组成部分，又有本区域、本民族传统方式和社会发展水平的承续与演进，也会与不同文化进行交流，在异质文化的影响下，也会改变其内容和形式，如竞技武术竞赛方式的产生，花毽变为毽球运动，就是我们应该认可的改变；但文化又是稳定的、延续的，在不断的发展过程中，文化中具有普遍性的内容会保存和延续下来，成为整个发展过程中的基本精神、基本特点，形成文化的传统，这是我们应该追求的不变。发展民族传统体育，弘扬其优秀文化不只是忠于它的过去，更是忠于它的将来；不只是在解救它的生存危机，更要承担起将其加快发展并推向成熟和全球化的历史责任。

第三节 民族传统体育文化的构成

一、要素和结构

人的行为是内在精神外现的一种主要方式。一个人有什么样的思想、情感和意志，便有什么样的行为。人的体态、坐的方式、站的姿势、手的位置、头的姿态都是人的内在要素的一种外观。昂首挺胸显得十分精神，两眼望天表现一股傲气，举止高雅说明很有修养等，这些外部表现肯定包含某些特定的内在构成要素。人的行为中所反映的是人的内在的东西，即人的内在文化要素，而“外观”则是内在文化的外在要素，我们通常所提及的文化包括民族传统体育文化都是指外在要素。

一般情况下，文化包括心理、行为、物质三个方面的要素，或者说三个不同的层面。民族传统体育文化也不外乎这三个层面：民族传统体育文化的心理要素，也就是文化的精神、观念层面，有时称之为精神文化；民族传统体育文化的行为要素，也就是民族传统体育文化的行为方式，制度规范层面，有时称之为行为制度文化；民族传统体育文化的物质要素，也是文化的物质的实体层面，有时又称为物质文化，包括凝结民族传统体育文化特质的各种物质产品。

一般而言，物质文化是最外表的层面，行为制度文化次之。体育的精神文化是内核，即体育的精神文化是内在文化，行为文化和物质文化为外在文化，但这仅是相对而言的。

在民族传统体育文化结构中，同一个层次要素的地位和作用并不完全相同。在民族传统体育文化的精神层面中，体育价值观、体育精神和体育审美观在文化精神层面发挥着不同的作用。体育的价值观表现体育与人之间的价值关系，着重建立民族传统体育文化的评价体系。体育精神主要反映的是体育伦理，着重规范和调节体育生活和体育行为。而体育审美观表现了人的体育美趣，着重建立一个完善的审美体系。在体育的物质层面中，这个道理更为清晰。场馆是用于比赛的，奖牌是用于奖励优胜者的。

在民族传统体育文化体系中，由于各种主客观原因，文化要素之间的关系也显现出错综复杂的变化。当然，这些变化也是有规律可循的。如果从文化要素在文化发展过程中的先后和作用来分析和研究，我们就会发现，有些文化要素，在民族传统体育文化的形成初期就已经构型，这些民族传统体育文化要素可称为原发型要素。原发型要素以一定方式形成和发展了民族传统体育文化体系的硬核或模板，它决定着民族传统体育文化体系的发展和表现，也是我们研究民族传统体育文化过程中必须弄清的要素。像“民族传统体育文化本质要素”、“民族传统体育文化的一般表现要素”等。

融合要素是在民族传统体育文化的发展过程中形成的，是社会文化的特质和要素融入民族传统体育文化之中的结果，与民族传统体育文化的原发型要素互动、整合后，形成新的融合要素。民族传统体育文化的融合要素可分为两种，即融入民族传统体育文化精神层面或核心层面的融合要素，和融入民族传统体育文化行为物质层面或者文化外层的融合要素。融入民族传统体育文化核心层面的融合要素，即核心融合要素，虽然不比原发型要素那么重要，但是它作为已经融入文化核心的要素，其强大的文化辐射能力也是不容忽视的。如民族传统体育文化精神层面中被融入社会文化体系中的“爱国主义”、“和平”等文化要素。

民族传统体育文化和其他文化一样，除了有核心要素、一般结构要素外，还有一部分非结构要素存在。任何一个事物或一种文化都不可能是完全结构化，总会或多或少地存在一部分游离于模式结构之外的要素。在民族传统体育文化中也有，如运动会的徽标、纪念章、吉祥物、开幕式、闭幕式等非结构要素看上去好像没有什么用处，但民族传统体育文化中如果缺少了这些非结构要素就会变得呆板，没有生气。有些非结构要素经过文化的发展、整合是可以转化为融合要素的，如奥林匹克五环标志。当然，也有一些非结构要素会在文化的发展过程中湮灭，如早期的现代奥运会上的一些宗教性的仪式。民族传统体育文化要素的三个层面的形成过程就像一个发育的桃子，先发育外层的桃皮、桃肉，桃核最后成熟，成为一个成熟的果实。民族传统体育文化也是从外层要素即物质文化、行为制度文化首先发展的，在民族传统体育文化的一般结构要素的生长过程中逐步向行为制度文化和精神文化过渡，形成成熟的民族传统体育文化。

二、时空层次

民族传统体育文化既是一个稳定的结构体，又是一个在时间和空间中运动和发展的文化体系。众多的民族传统体育文化特质和文化丛结构成的民族传统体育文化，在空间上形成不同的文化个性，在时间上存在着不同的文化层。反过来说，就是不同地域、不同民族、不同时代的体育文化产生质的差异和不同的发展趋势。

（一）民族传统体育文化特质

特质是文化的最小单位，也是最基本的因素，就像物理学中的基本粒子不能再分一样。民族传统体育文化的精神层面、行为制度层面和物质层面都由民族传统体育文化特质遵循一定规律组合而成，一个完整的民族传统体育文化体质也都是这些文化特质的有机结合。

人的内在文化在人的体育生活各个方面的反映和具体体现都是一种文

化特质。体现在民族传统体育文化精神上的有体育的价值观、体育伦理等，体现在具体的体育活动中的有皮划艇、乒乓球拍等。一种或几种文化特质就会表现为一种具体的民族传统体育文化现象。民族传统体育文化特质在有机组成民族传统体育文化体系时，与整个文化体系形成两种关系。一是民族传统体育文化特质的产生和消失，都会逐渐影响文化系统的变化和发展。个别文化特质的变化对民族传统体育文化的质的改变是微小的，众多的文化特质的变化会引起民族传统体育文化整体性的改变。二是民族传统体育文化特质的存在，要受到民族传统体育文化整体结构的制约，文化特质的功能也是在民族传统体育文化体系的认同下发挥作用的。随着民族传统体育文化的发展，一些不合民族传统体育文化主体结构逻辑的文化特质逐步消失，同时另一些符合民族传统体育文化结构逻辑的文化特质又相继产生。

（二）民族传统体育文化丛结

民族传统体育文化丛结是指一定民族传统体育文化特质的集合和组合。一种民族传统体育文化特质不会单独存在，往往是几个或几十个有相关关系的文化特质共同存在。如南方人善于游泳，与南方有很多的河流、南方天气热相关联；北方人喜欢吃面食的习惯与北方人农耕种植、小麦栽培、麦子的收割、面粉的加工等特质相关联；中国人习武，与武术传统、尚武精神等特质相关联；如此这般，不同的文化特质在一定的条件下形成一定的文化丛结。

民族传统体育文化丛结不是文化特质机械的堆积，而是文化特质有机的组合。跑的文化丛结中不可能产生出一个“赛车”，跳的文化丛结中不可能产生出一个“竹子舞”。民族传统体育文化丛结是在一定条件下的人们的体育生活的形成和发展，是人们对“跑”、“跳”等的认识逐步发展，根据民族传统体育文化自身日益扩展的物质和精神的需要，不断创造出新的民族传统体育文化特质。民族传统体育文化丛结可以是根据某个“动作”、某个“精神观念”发展起来的，也可以是某个特质或几个特质与其他文化特质融合而发展起来的。

组成民族传统体育文化有无数的文化特质和丛结，但民族传统体育文化仍没有上升到一个社会群体在整体上的文化状况和风貌的高度，民族传统体育文化只是组成文化模式这个稳定结构体的一个部分，在文化模式的发展过程中，民族传统体育文化在这个稳定结构体中的位置会有不同的表现。当民族传统体育文化处于社会文化的亚文化层时，民族传统体育文化在文化模式中是次要的组成部分，组成民族传统体育文化的特质、丛结很容易被其他文化影响和改变，体育的文化要素中很容易融入诸如军事、政治、经济、宗教等文化要素，在民族传统体育文化的表现上体现出文化的“军事性”、“政治性”、“宗教性”等。当现代民族传统体育文化步入社会文化的主流时，民族传统体育文化在文化模式中是重要的组成部分，民族传统体育文化在参与社会模式的组成过程中，形成自身发展的稳定结构体。组成民族传统体育文化的若干文化特质、丛结在这个稳定结构体的作用下也形成了自身的稳定性，自觉地抵制一些不利于民族传统体育文化发展的文化要素的融入。

三、分类

社会文化体系原是一个多层次的复杂结构体，组成这个结构体的有不同的文化特质和文化丛结。如果这些文化特质、文化丛结是属于人类社会共同的文化特质、文化丛结，那么称之为主文化。反之，如果是一个或少数几个社会群体认同的文化特质、文化丛结则称之为亚文化。如果把文化的范围缩小到一个民族、一个国家，那么这个民族、国家共同的文化称之为主文化。反之，称为亚文化。这个概念还可以引申为多群体共有的文化称为主文化，少部分群体认同的文化称为亚文化。西方体育相对于非洲的舞蹈、印度的瑜珈、日本的柔道等，西方体育就是主文化。

主文化和亚文化的差别不是绝对的，社会的变革、生活方式的变化都会引起主文化和亚文化之间交流与冲突，引起变动。在阶级冲突、民族冲突严重的民族和国家中，政治和民族问题决定绝大部分社会成员的行为方式、思维方式和价值观等，那么这类文化为主文化，而民族传统体育文化就会成为亚文化。

主文化和亚文化的区别在于，把一个文化作为亚文化看待，是强调这种文化的依赖性、文化体系的不独立和不完整性。在人类社会的近代以前，民族传统体育文化是作为亚文化出现的，民族传统体育文化要依赖于当时的政治、军事，民族传统体育文化形态也不独立，依赖于其他文化形式来表现和表达。

体育文化可以分为东方体育文化与西方体育文化。西方体育文化主要是指欧洲体育文化，也可以包括美国、俄罗斯、澳大利亚、新西兰等。东方体育文化主要是指中国和印度的体育文化。这是个地理性的概念。西方体育在近代走向极盛的过程中，逐步传播到世界各地，并成为现代体育文化的主流。东方体育由于近代社会的落后，体育思想、观念、价值观的落伍，近代的东方体育主要以民族体育为主，并在与西方体育文化整合的过程中，形成了新的东方体育文化。把体育文化分为东西方的概念，显然是不能涵盖全世界的体育文化的。

人类社会文化的分类可以说明民族传统体育文化在人类社会文化中的地位。社会文化有雅文化和俗文化之分，一般而言，雅俗之分是由于人的文化表达能力和传递工具的能力差异造成的文化差异。但是，雅俗之分只是相对而言的。民族传统体育文化从中国古代的“君子七技”、日本的“武士文化”、欧洲的“宫廷运动”等高雅文化逐步走向美国的“拳击”、“橄榄球”等通俗文化。近代体育在向现代体育的过渡中，体育逐渐走向民众、走向普及、走向通俗，成为雅俗共赏的、人们喜欢的文化形式。在阶级社会中，文化可分为统治阶级的文化和被统治阶级的文化，从总体上看，社会文化不可能不带有阶级性，尤其是文化的精神层面。民族传统体育文化在阶级社会里也打上了阶级的烙印，尽管民族传统体育文化的一般表现不带有阶级的倾向，但是民族传统体育文化在融合社会文化要素的过程中，形成民族传统体育文化的泛道德性，并对人类社会生活有一定的示范和导向作用。因此，作为一种道德文化，在阶级社会里，必然要成为执行统治阶级意识形态的工具之一。所以，在阶级社会中，常有人把民族传统体育文化视为统治阶级的文化。

综上所述，民族传统体育文化的分类只是研究民族传统体育文化的一种需要，通过不同的分类，我们可以认清民族传统体育文化在人类文化中的社会地位及其发展变化的情况。民族传统体育文化在不同社会时期文化地位的确定，有益于我们正确认识民族传统体育文化的发展规律。

前面我们已经讨论了民族传统体育文化的本质、特征和构成，民族传统体育文化作为体育文化的一个重要组成部分，在人类文明的历史长河中，它也有一个逐渐发展的过程，各民族的祖先逐渐从动物运动和本能创造为一般认同的人类运动和竞争形式的民族传统体育活动，孕育和发展出丰富多彩的民族传统体育文化。

对民族传统体育文化的概念我们主要从以下几个方面来理解：

1. 民族传统体育文化是人类社会的产物，是一种社会现象，与纯物质产品和自然现象有很大的区别，它的存在与发展，与人和社会的存在和发展有必然的内在联系。日月星辰、山川河流等一切自然物，不能体现人的智慧，它的存在与人类的存在没有关系，因而它们不是文化现象，而体育是人的属性和属性形成过程中的某个侧面的反映，表现了人的智慧和创造能力。简单地说，民族传统体育是人工制品，是人创造出来的一种文化现象。

2. 民族传统体育文化是人们社会活动创造的产物。民族传统体育是人的体育，人是社会的人，人的体育行为是作为一种社会活动来进行的。体育是人类个体通过体育活动联系社会，实现社会化的一种主要手段和方法。正因为如此，民族传统体育文化常常体现在一般的社会生活方式、体育现象、社会习惯、体育习惯、社会风俗之中，体现在人类的精神创造物即思想、政治、社会意识形态、价值观等之中，以及物质产品之中。也可以说，民族传统体育文化在社会实践中得到创造，并表现在社会实践基础上形成的活动方式中，在社会实践的“产品”即物质产品和精神产品中得到体现。

3. 民族传统体育文化是一个总括性的概念，它反映人们在身体教育和发展以及与其相关的各种社会行为方面的总成绩。它是物质文化、行为制度文化和精神文化多层面的辩证统一，也是不同层面文化因素之间的有机整合。

4. 我们讲民族传统体育文化，主要是肯定民族传统体育的精神性。过去，在民族传统体育文化的发展过程中，人们主要感受到的是民族传统体育文化物质层面上的东西，忽视民族传统体育文化精神层面的存在，忽视了对民族传统体育文化自身价值的认定。我们肯定民族传统体育文化的精神性，并不是否认物质对精神的作用，而是只有通过对民族传统体育文化精神性的分析，才能使我们客观地了解民族传统体育文化的本质和特征，才能使我们认识到民族传统体育文化是伴随经济、政治发展的一种社会意识形态现象，从属于物质发展的一种精神现象。当然，不能夸大民族传统体育文化的精神性，从而看不到民族传统体育文化精神层面对民族传统体育生活、民族传统体育现象的依赖性。

第四节　民族传统体育文化的结构

一、内部结构

作为一种社会历史现象，民族传统体育文化的运动绝不是完全整体地进行的，而是从结构要素的运动出发的。因此，对民族传统体育文化结构的解剖是研究民族传统体育文化运动规律的首要程序和基础。

根据系统论的观点，民族传统体育文化是指民族传统体育文化系统内部相互联系、相互作用的诸要素在一定的排列组合后形成的一种相对稳定的整体。民族传统体育文化结构可以分为内部结构和外部结构。其内部结构是指民族传统体育文化自身的有机体。其外部结构是民族传统体育文化与自然和社会互不干涉的结构关系。人们常说的民族传统体育文化结构通常指内部结构。

根据人与自然存在和社会存在关系的三个基本层次，民族传统体育文化可以分为物质文化、制度文化、观念文化三个部分，作为一个有机的整体，民族传统体育文化的三个构成要素都处于互涵共摄的状态之中。民族传统体育文化的运作就是这三个要素相互作用及其与外部环境作用的结果。物质文化子系统是整个民族传统体育文化系统的基础，是制度文化子系统和精神文化子系统存在和发展的前提；制度文化子系统是民族传统体育文化系统运作中的中介和关键，合理的体育制度文化可以保证体育物质文化和体育精神文明协调发展；精神文化子系统是整个民族传统体育文化系统的主导，保证和决定体育物质文化和体育制度文化的发展方向。

（一）民族传统体育物质文化

民族传统体育物质文化是人类以体育为目的的一切民族传统体育活动内容、方式及其物质形态，各个部分之间的联系是十分紧密的。民族传统体育物质文化可以分为以下三个部分。

1. 为直接顺应和满足体育需要而创造的各种体育器材和场地设施

在整个人类发展的进程中，把自身力量作用于客观物质是最基本的一项活动。这是人类为了满足自身的各种需要而进行创造的产物。不过，体育需要作为一种以精神为内核的需要，它的出现从逻辑上说是晚于其他人类的诸如吃饭、穿衣、住宿等需要的。但这并不能影响人类满足自身全面发展需要的创造欲望。由于体育活动的特点，这类体育物质文化往往比其他物质文化更加具有象征性。随着人类需求的丰富和升华，满足高层次的精神需要的创造动力将愈加强劲，这必将极大地推动民族传统体育物质用品和设施的发展。

2. 以改造人的身心为目的而进行的体育活动方式

运动是人类发展的生生不息的灵魂，各种运动方式是人类改造和完善自身的理想所系。插秧、耕田、锄草、纺织、印染、锻造等各种工业和农业的劳动动作是人类满足基本生活的活动方式。从逻辑上说，以追求身心健康为目的的体育活动方式既不能脱离人类的劳动方式，又是对人类劳动方式的一种补偿。早期原始人为了获得食物的攀爬、跳跃、奔跑既是劳动方式，又孕育体育活动方式。今天，随着人类文明的进步，为了提高劳动和工作效率与能力作准备的纯粹体育活动方式日益繁荣，体育活动方式已经成为满足各种精神需要的极具生命力的一种活动方式。

3. 为促进民族传统体育发展而创造且形成了物质的各种思想物化品

为促进民族传统体育发展而创造且形成了物质的各种思想物化品是民族传统体育物质文化中最高层次的部分。人类的文化成果是在人类意识支配下创造的产物。如果从历史和逻辑相统一的角度看，我们可以把一切人类活动及其产物都视为人类思想的产物。但是，在所有的人类物质成果中，其受思想支配的程度深浅和影响大小是不一致的，因此也是可以区分的。民族传统体育物质文化中由人们的体育意识和观念直接形成的物质产物也归属于体育物质文化的范畴，它高于直接充当体育活动方式载体的体育设施和用品。

民族传统体育物质文化从总体上来说是指在体育文化诸现象实际存在、有形有色、可直接感知的事物。它不仅包括各种体育器材、用品和场地，而且包含具有深刻思想内涵的物质成果。当然，它与民族传统体育制度文化和精神文化相比还是有明显区别的，主要体现在形态的物质性、功能的基础性、表现的易显性三个方面。

（二）民族传统体育制度文化

民族传统体育制度文化是人类通过体育运动改造和完善自身的活动方

式及其制度的产物，是调控和规范民族传统体育运动中人们各种社会关系的组织机构和规章制度的总称，可分为以下几个部分：

1. 在体育运动中人的角色、地位以及各种体育活动的组织形式

人人都有自己的社会角色和地位，也不时地在各类活动中充当临时或固定、长期或短期的各类角色。这不仅是由人的能力差异所决定的，也是由活动的组织形式需要多种不同的角色所决定的。体育运动中也存在裁判、教练、队长、队员、游击手、投手等角色差异和单淘汰制、双淘汰制、混合交叉淘汰制等赛制，这属于体育制度文化中最基本的内容。几乎没有一生只充当一个角色的人，运动员可能是子女、父母、兄弟姊妹，教师可能充当足球场上的队长、家庭的父母。这些各种各样的角色在一定的组织形式的制约下共同维持活动的开展。与工作、生活中的角色有所不同的是，运动场上的角色具有更大的自由度、随意性，为人父母者的角色不能随意变更，做人老师的角色也不会轻易改变，两者分别受制于家庭制度和学校的教育制度。而运动场上的队长却可以具有变更的较大自由，因为他所依托的制度具有相对的灵活性。足球场上就常常出现队长换下场后立即有人接替的情况。

2. 为促进体育发展而形成的各种组织机构

组织机构是人类社会逐步发展的产物，它对于合理和高效地发挥人类群体的力量起着重要作用。人类的个体活动和集体活动都离不开组织机构的作用。体育活动作为一种人类改造自身、促进社会进步的文化产物，各种社会组织和它自身的各种组织机构是不可缺少的。运动竞赛组织、学校体育组织、民众健身娱乐组织、世界体育组织、大洲体育组织、国家体育组织等构成了体育制度文化的重要组成部分。体育组织机构一方面受制于社会制度和政治制度等宏观条件，另一方面是体育运动本身发展的需要。

当然，在人类成立各种体育组织机构的过程中，应该在考虑符合社会背景的同时更多地关注体育活动组织化发展的需要和要求，这样才能真正推动体育运动向着合乎民族传统体育文化规律性的方向发展。

3. 人们围绕体育而创造的各种直接影响体育活动的原则制度

在人类的组织制度文化体系中，组织机构的原则、制度等是至关重要的，它决定着组织的性质、活动方式和发展方向，是制度文化中与精神文化关系最为直接、层次最高的一部分。正如一个企业、学校都有自己的制

度一样，一个体育社团和体育群体一般也拥有自己的特有制度。

总体看来，民族传统体育制度文化是在体育活动中人类活动本身及其人际关系构成的文化，它不仅包含基本的体育运作方法，具体的体育组织机构，还包括体育的制度和体育伦理道德、群体风尚、风俗习惯等。具有鲜明的时代性、恒定的连续性、稳定的俗成性、深刻的内化性。

（三）民族传统体育精神文化

民族传统体育精神文化是人类借助或通过民族传统体育改造主观世界的活动方式及其精神产物。可分为以下四个部分：

1. 围绕体育改造人的精神世界的物质内涵和行为准则

人类进行活动需要遵循一定的规律，这些规律是人类活动的指导思想，其中直接物化的部分往往形成物质文化并逐渐遵循自然的规律和要求去发展。如一本杂志，其内容属于精神文化的内容，是人的思想意识的直接产物，而杂志的纸张、印刷、装订等因素则更多地受到客观物质的影响。体育精神文化与一般文化有所不同，它的物质文化与精神文化、制度文化之间的联系更紧密。因为它本身就是一种身体活动行为。体育服饰、体育谚语、运动训练、体育选材等都属于这一层次的体育精神文化。它属于行为文化的范畴，与前述第一层次的体育物质文化以及第二层次的体育制度文化的区别十分微妙。当我们看一件运动服装，对它的质地、型号、颜色等进行鉴别时，注重的是体育物质文化；当我们注意其展示的体育民族个性、审美情趣等因素时，注重的是体育精神文化。当我们谈及运动训练，注意它的外在身体运动的场面表现时，关注的是体育物质文化；注意它的教学传授方式与人际关系时，关注的是体育制度文化；注意它的训练原则与指导思想时，关注的是它的精神文化。在这里，民族传统体育的物质、制度、精神文化从一个角度和层面是无法区分清楚的。

2. 依托体育改造人的精神的思想观念及理论体系

人类的个体活动以及人类社会组织的活动不可能是无意识和无目的的。人类活动领域的划分与活动方式的形成都受到人类思想观念的指引。各种具体的学科往往就是针对人类活动的某一个或大或小、或宏观或微观的领域进行探究的理论产物，这是人类有意识地指导自身实践的思想观念的结果。体育作为一项改造人的身心进而促进适合发展的活动，无疑需要在多个方面和层次上作出科学的阐释。体育学科就是在体育活动的理论需要背景下产生的。如体育经济学研究体育中的经济活动现象及其规律，解决体育经济的地位、方法、发展规律等问题；体育史学揭示人类体育产生发展的历史过程及其规律，引导人们在现实的体育实践中趋利避害。这些体育学科和一些目前尚未成立学科的体育研究领域大多以书面文化的形式来体现。一门体育学科的发展往往以出版该学科的专著为重要标志。

3. 通过抽象的声音、色彩等表现体育精神的艺术文化

人类把握世界不仅仅只有物质的和精神的单一形式，还有把精神物化的产物。这些文化形式表面看是实实在在的物质，但它十分直接地蕴含着人类的情感、意志和灵魂。这类方式以文艺为杰出典范。体育活动的直观、激越、宏大等特性使得它往往成为文艺表现的对象。如体育诗歌、小说、漫画、相声、小品、体育邮票、体育歌曲等体育文艺都属于体育精神文化的范畴。同样必须指明的是，我们在这里所谈论的体育文艺并不是体育物质文化意义上的体育文艺。当我们探究一幅体育物质文化的画面所表现出来的体育思想、情感时，关注的是它的体育精神文化方面。体育精神文化是这个层面属于艺术文化的一部分。

4. 依托体育改造人的主观世界的各种想法和打算

人类的文化中的物质文化和精神文化是并行不悖的。但在诸多的人类文化中，改造人的主观世界的文化的程度和范围是存在较大差异的。文学和艺术直接指向人的主观精神世界，它的产生源于人类精神世界的需求，它的实现方式往往贴近人的悲喜情感、欢愁情绪等精神内容，这些文化被认为是属于意识形态领域的文化。而民族传统体育文化一度不被认为具有改善灵魂的作用，因为它的直接表现形式是身体运动。但实际上，民族传统体育文化改造主观世界的可能性是十分巨大的。因为它较少限制人们的思想和情感，具有广阔和深远的精神展现力。民族传统体育道德、民族传统体育精神、民族传统体育人格、民族传统体育理想等心理文化范畴的内容都属于民族传统体育精神文化的一部分。

前两者可以看成是体育精神文化的外在形态。后两者属于体育精神文化的内在形态。

总之，民族传统体育精神文化是指体育活动中黏附的科学、心理、规则、哲学、审美观念、文学艺术等思想意识形态的总称。它具有主体精神

鲜明的内视性、精神传统多样的沟通性、传统观念强烈的积累性。民族传统体育文化就是在这三种结构要素的相互制约和相互促进的矛盾运动中向前发展的。体育物质文化的奠基功能、制度文化的枢纽功能、精神文化的导向功能共同推进民族传统体育文化进步。

二、外部结构

民族传统体育文化的外部结构一般指的就是它面临的外部环境（通常指社会环境），这种环境往往对民族传统体育文化产生影响。

（一）民族传统体育文化的经济环境

经济是民族传统体育发展的基础，经济状况决定着民族传统体育的规模和水平，经济的发展制约着体育的结构和手段，经济决定民族传统体育的社会性质。国际奥委会前主席萨马兰奇说："没有商业的帮助，奥林匹克将走向死亡。"说明了经济对体育的基础作用。同时，体育是提高劳动力量的手段，是提供劳务满足人们需要的一个生产部门。

对于将民族传统体育发展的目标指向更高意义上的民族传统体育文化来说，它与经济的关系更有价值的方面体现在它与经济在精神领域的契合。体育和经济看似风马牛不相及，其实有着广泛而深刻的联系，二者在体现的原则和精神等方面存在比较多的相似之处。可以这样认为，民族传统体育文化与经济联系的中介是现代意识。一般认为，现代意识包括竞争意识、平等意识、风险意识、法制意识、创新意识和开放意识。竞争的法则是优胜劣汰，作为一种强制性的外在力量，竞争在相当广泛的范围内培植进取心、毅力和大胆首创精神。民族传统体育文化还要求民主、平等、法制、创造和开放等现代意识，对于经济的发展具有重要的示范作用。

综上所述，从培育人力资本和形成体育产业的意义上，民族传统体育文化与经济的关系密不可分。

（二）民族传统体育文化的政治环境

政治历来就对体育产生着影响。德国体育史学家雷默教授说："运动和政治永远分不开，运动最感兴趣的地方，也是政治家最有兴趣的可能成为实现某种目的的工具，而不能独立自主地根据纯粹体育的要求而献身事业。”①

必须指出的是，政治对体育表示冷淡和亲热，在本质上并没有什么区别，因为政治通常会采取一种它所认为的最务实的态度。现代社会的政治更是如此。对于民族传统体育来说，最重要的是，如何在寻求和面对政治时努力得到支持，同时尽量维护体育本身的利益。这需要一种在动态中掌握张力平衡的艺术，它对于人类体育向着体育文化的方向发展具有十分重大的意义。

（三）民族传统体育文化的宗教环境

宗教属于精神文化的范畴。自古以来，体育与宗教的互渗现象就十分普遍。人类的娱神慰神仪式多有体育的身影。如云南纳西族信奉东巴教，在祭礼、婚丧或节日以多达数十人至数百人演练的集体武术活动“东巴跳”来祭祀被其视为始祖的神话人物丁巴什罗。人类的法术巫术活动也常见体育的内容。北美印第安人在狩猎之前跳野牛舞，每个人头上戴着从野牛头上剥下来的带角的牛头皮或者画了牛头的面具，手里拿着弓或矛，这是捕获野牛的常用武器，这种舞蹈有时要不停地跳两三个星期，直到野牛出现为止。这显然与体育有一定关系。人类的宗教修炼活动也不时以体育活动为主。瑜珈是印度婆罗门教特有的修行方式，印度教和婆罗门教的教义认为只有通过瑜珈术的修行，才能达到梵我合一的最高境界。人类的宗教性民俗活动中也有体育活动存在，古代希腊的祭神与四大竞技会的紧密联系就是鲜明的例证。

（四）民族传统体育文化的军事环境

作为人类社会文化中以身体能力即体力和智力的展示为显著标志的文化类型，民族传统体育文化与军事有着天然的联系。军事和体育在历史上就相互促进。军事的管理方式影响体育的内容和手段，推动体育的发展；军事还常常影响体育的规模，客观上锻炼了人的体魄。当然军事对体育也有负面影响。最大的负面影响莫过于战争摧毁体育赖以生存的物质基础和参与主体，造成对体育的根本破坏。

---

① 崔乐泉、孙葆丽：《奥林匹克百科丛书》，67页，北京，大众文艺出版社，2000。

体育对军事的作用也是显而易见的。体育通过增加体力、提高战斗技能、培养意志品质、调剂军营生活等多个角度对军事产生积极的影响。世界著名军事史学家克拉塞维茨说："战争无非是扩大了的搏斗。"[①] 这说明了战争与体育的源流关系。随着人类文明的发展，体育与战争的关系看似已经越来越远了。其实，战争武器的进步和作战方式的变化虽然使得战争不再直接与体育发展紧密联系，但体育文化精神与战争精神的对话愈加亲密。民族传统体育文化的昂扬、奋进、坚忍、团结等精神特质已经融入军人的血管，一个身体不好、精神状态不佳的军人是无法胜任现代战争的。现代军事体育的勃兴就承担了这个重任。

（五）民族传统体育文化的艺术环境

作为创造精神价值的两种文化，民族传统体育文化和各种艺术具有某些可以进行比较的特性。作为人类把握世界的方式之一，艺术也常常参与对民族传统体育文化的塑造。

民族传统体育的发展从来就离不开艺术。两者都有娱乐和教育性。艺术渗入民族传统体育，不仅完善了民族传统体育的目标，增加了民族传统体育的功能，而且丰富了民族传统体育的内容，美化了民族传统体育的形式，平添了民族传统体育的魅力。同时，民族传统体育作为人类社会活动的一个重要组成部分，也是艺术创作的生活源泉之一，是艺术取材的重要领域。民族传统体育要借助艺术丰富和发展自己的同时，艺术也需要得到来自民族传统体育的营养。

舞蹈和体育的关系十分紧密，以至于今天有些人说不清体育和舞蹈的区别。两者都是身体运动动作，都受人体生理规律的制约，都要遵循运动生物力学的原理。其差异体现在，舞蹈的身体动作是为了表达艺术情感，体育的动作则是为了增强体质。舞蹈的身体动作是在艺术要求下进行的，体育的动作是在技术要求下进行的。

建筑是与体育联系非常紧密的艺术种类。体育建筑注重实用性和美观性的统一，而且一般都比较高大、雄伟、宽敞、开阔，在体积、线条、材料、造型、色调等方面独具风格。许多城市往往以体育建筑作为重要的标

---

① 易剑东、王会寨：《试论二战以来西方的体育文化研究》，载《浙江体育科学》，1998（1）。

志。体育建筑丰富了建筑艺术，而且促进了建筑艺术的技术手段和表现形式的改善。体育建筑艺术是整个建筑艺术中十分醒目的组成部分。

音乐和体育的关系也很密切。古代奥运会上，传令比赛和笛手比赛曾经是正式项目，跳远比赛还有长笛伴奏。当今，运动员进行曲、队歌、会歌等都是重要的体育文化内容。

雕塑与体育的关系也很紧密。雕塑的三度空间实体非常有利于表现体育的魅力。历史上最为有名的体育雕塑是公元前5世纪米隆的《掷铁饼者》，它后来成为雕塑家的杰出范本，1996年奥运会开幕式上运动员模仿这个雕塑的表演也被许多人认为是该届奥运会开幕式最精彩的表演之一。

绘画最早也是用来表现人体的。达·芬奇认为：棒球、网球和马球的球员在比赛时，画家就有观察球员动作的好机会。长沙马王堆出土的西汉帛画《导引图》、河南密县东汉墓的角抵壁画、陕西乾县章怀太子墓的唐代马球图、山西洪洞县广胜寺水神庙的壁画《捶丸图》等都是精美的体育绘画作品。当今，国际奥委会定期举办体育艺术展览的作品中也有不少优秀的体育绘画作品，它直接推动了世界各地的体育绘画和摄影活动。

电影和电视也是体育不可缺少的伙伴。匈牙利电影美学家贝拉·巴拉兹说："因为电影是一种表现可见的，换句话说是身体动作的艺术，所以体育、竞技或杂技表演在电影里所能起的作用显然就比它们在其他任何艺术里所能起的作用大得多。"① 他紧接着说："即使一部以运动员为主人公的影片，趣味也不应该偏在体育表演方面。"② 这又道出了体育与电影的区别。

戏曲和文学与体育也很有关系。中国历史上的武打戏就属于十分具有武术色彩的戏曲。《荷马史诗》对体育的描述，《诗经》中的体育内容，唐诗中的诸多体育内容，奥运会的文学作品中也有诸如《体育颂》这样的精品。

在体育的人文艺术倾向日益显著的时代，拓展民族传统体育文化发展的艺术显得尤其重要，它关系到民族传统体育文化发展的深度和方向。

---

① 王大中、林志红、陈鹏主编：《体育传播——运动·媒介与社会》，43页，北京，中国传媒大学出版社，2006。

② 同①。

第五节　民族传统体育文化的功能和价值

一、功能

作为一种文化系统的民族传统体育，应该从人的主体性发挥的视角来透视它的功能，应该立足于文化结构的分化和组织及其矛盾运动来考察它的功能，应该高屋建瓴地对它的大量具体功能抽象和提炼，使之具有文化学的意义。在这个意义上，笔者认为，创造和超越是民族传统体育文化最具有文化学意义的功能。两者合二为一，创造的过程就是超越的过程，当一个运动员打破一项世界纪录时，既是一种对原有纪录的超越，又是一次新的纪录的创造。民族传统体育文化的创造和超越中包含了潜能与现实、革新与继承、人与自然、人与社会四对矛盾，四者相互联系构成了统一的民族传统体育文化功能，展示出人的主体性。体育哲学的五大范畴——身心关系、天人关系、生死关系、动静关系、自我与超越关系，在这里与民族传统体育文化功能的四对矛盾达成了契合。

首先，民族传统体育文化功能的发挥是人的主体性从潜能到现实的生生不息的运动。民族传统体育对于人的潜力的挖掘，从人们最初的依靠自然和神进步到依赖自己的体力和智力，这是民族传统体育文化功能不断发挥的过程。人类依靠科技、医学、政治经济关系等培植民族传统体育文化，在同自己交往的过程中提高人的身心发展水平，满足人的各种需要，把人类世代的理想变成活生生的现实。这是一种对人的身体、智慧和意志的超越。

其次，民族传统体育文化功能的发挥实质上也是民族传统体育文化不断创造发展的过程。是在保存传统民族传统体育文化的基础上对新的和外来的体育文化加以新的创造、阐释、发挥，并对其意义作出新的规定。这是一个批判与继承、创新与延续的矛盾运动。没有一成不变的民族体育文化，也没有完全封闭的民族体育文化，民族体育文化总是在创造中生存和发展。

再次，通过民族传统体育文化功能的发挥，人们拓展了自己的活动范围，把自在之物转化为自我之物。动物与自然界的联系无中介，人则通过文化作为中介与自然界联系，民族传统体育文化作为锻造人的身心的文化具有尤其突出的地位。体质和精神、感性和理性、自然性和社会性统一的人就是民族传统体育文化给人类文化的最大财富。

最后，民族传统体育文化功能的发挥改变了人与社会的关系。原始人类只有通过群居生活方能生存，当前社会的高度组织化又束缚了人的自由发展，民族传统体育文化作为调节人与社会关系的手段，对于保证人与社会发展的一致性具有重要意义。

二、价值

（一）个体价值

1. 健身价值

健身可能是人类第一个追求。当先民们为了生存必须从事劳动时，当他们需要足够的体力从事各类活动时，当动物的身体活动能力对其提出挑战时，当繁衍后代需要提高族群的体质时，当战争对体能提出更高的要求时，强身健体就成为先民们从事各类活动的前提性追求。虽然早期的健身意识可能不太自觉，但众多的生产劳动和其他对体力要求较高的活动逐渐改善了人们的体质时，健身意识就有可能被呼唤出来，从而成为一种自觉的追求。

许多从生产劳动中衍生出来的民族传统体育项目就是人们健身意识自觉的产物。从事畜牧业的许多少数民族，如哈萨克族、蒙古族、塔吉克族等，经常在狩猎活动中需要培养使用马匹的能力，牧民们在日常的狩猎活动中练就了高超的骑术。后来又衍生出赛马、叼羊、骑射、马球、姑娘追等相关的民族传统体育项目。虽然这些项目并不一定是以健身为主要目的，但或多或少具有健身价值。如姑娘追就意味着强壮的男性有获得配偶的优先权，也具有生育健康后代的基本条件，因此这个项目表面上是择偶，但其背后的价值追求中具有明显的健身价值。在以小农经济为主的少数民族，如苗族、彝族、侗族中，更多地需要使用牛的能力，因此衍生出了许多类型的斗牛习俗和赛牛比赛活动，这些活动也具有较明显的健身追求。至于南方丛林中的少数民族猎手，则经常使用弓弩进行狩猎，还有一些其生产劳动中衍生出的推杆等活动。这些活动直接或间接地都有健身价值。如羌族的推杆活动、瑶族的扭棍子游戏、四川甘孜一带藏族的格吞都具有较量全身或身体不同部位力量的活动，对参与者的体质尤其是力量具有很高的要求，这无疑体现了这些民族生产劳动中需要的力量向民族传统体育项目价值的转移。

此外，还有一些从技能和宗教仪式中演化而来的民族传统体育也具有健身价值。从根本上说，不存在不具有健身功能的体育，只是人们在体育活动中存在对健身的有意和无意、意识多少的问题。

民族传统体育的健身价值，一方面是促生民族传统体育的各类活动的基本属性和早期民族各项活动较多依靠自然力的特点所决定的，也是时代不断发展、人们健身需求不断增长的结果。可以预见，在当前人类“文明病”频发、日常生活中的身体活动越来越少的背景下，追求身体素质的改善和体质完善将成为现代人们的主动选择，具有独特健身功能的民族传统体育将在满足人类健身需求方面发挥更大的作用，其健身价值将得到更加深广的开发。

2. 娱乐价值

游戏和娱乐是人的本性。虽然游戏有许多种，但不容否认，身体活动类游戏是早期游戏中相当重要的组成部分。有人类学家就曾指出：在早期人类上升的过程中，最大的快乐是从对自己身体活动能力尤其是狩猎等技术的满足中获得的。这充分说明了从身体活动中寻求娱乐是人类一种根本的心理欲求。

很多从各民族生活环境和生产劳动中提炼出来的民族传统体育活动就具有明显的娱乐价值。人们为了检验在生产和生活中的某些场景和情境以及需要重现当时的快感，而创造出一系列的满足其娱乐需求的体育活动，一些活动的娱乐性和健身性就丝丝入扣地交织在一起，形成许多娱乐性极强的活动，在今天还难以从体育或文艺的角度将它们截然分开。具有悠久历史和流传广泛的扭秧歌就是其中的一个典型。

还有一些后来向杂技等过渡的民族体育项目也具有鲜明的自娱性。踢毽子、冰嬉、荡秋千、翘板、抖空竹、跳橡皮筋等活动都是具有很强娱乐价值的体育活动。甚至一些早期具有较强的军事意味和竞技特色的民族传统体育项目也逐渐显现娱乐价值。角抵动作后来与舞蹈相结合，奠定了戏曲艺术的雏形，可以用于军事训练的蹴鞠后来也出现了娱乐性更强的蹴鞠舞，类似的例子不胜枚举。

现代社会物质文明的高度发展更使得娱乐成为人们缓解紧张生活的一

种追求。人们不仅直接参与娱乐性强的体育活动，而且从观看运动竞赛和表演中获得身心娱乐。许多少数民族的体育项目就因为其强烈的娱乐性而得到广泛传播，我国少数民族运动会上的众多项目就体现出这个鲜明特点，自娱性越强的项目越来越受到人们的普遍欢迎。

3. 竞技价值

竞争是竞技运动的灵魂，超越自我和对手是竞技运动的精神和本质内核。作为具有鲜明的身体活动特性的人体文化，民族传统体育往往是在相互竞争和较量的氛围中发展起来的，参与这些运动的人们也常常通过与他人的竞争和较量来检验自身的水平。在民族传统体育中所需要的一切能力如力量、耐力、平衡性、柔韧性、灵敏性等各项素质中，几乎都存在着竞技，甚至许多活动离开了竞技便失去其发展的基本动力。

许多民族传统体育活动的形式就是同场的两两相较，有不同个体间的对抗，也有两个群体甚至多个群体间的竞争。龙舟竞渡就是一种典型的集体对抗的民族传统体育活动，一个“竞”字突出了这项活动的竞争性。为了有效地促进竞争，这项活动的形式也格外有针对性。至于在北方许多少数民族中流行的各种赛马、赛骆驼、摔跤、拔河、推杆，以及各种集体球类活动和各种武术拳术器械等，都是具有显著竞技价值的民族传统体育活动。

还有很多民族传统体育活动虽然不是同场的直接对抗，但也是以竞技作为其基本的活动规则和评价标准，并且竞技的意味往往十分深广，放风筝、荡秋千是其中的典型。如古往今来一直体现竞技性的秋千活动，既有比高度的活动，也有比花样的活动。比试高度时要求参与者注意掌握用力的技巧，充分借助秋千的惯性适时加力，使秋千荡得更高。这种活动虽然不是同场的贴身搏斗和竞争，但对技术要求的难度以及参与者之间的竞争强度，丝毫不亚于那些同场竞技的民族传统体育项目。

可以说，正是由于民族传统体育项目具有的上述鲜明竞争性，满足人们相互较量和比试的心理需求，其竞技价值便受到越来越多参与者的重视。尤其在当今社会，世界各国都在进行政治、经济、科技等的竞争，迫切需要具有竞争精神的人来实现这一切。竞技运动由于具备强烈的竞技性和公开、公正以及直观性等特点，故能充分发挥和检验人的多方面能力，这种优胜劣汰的竞争活动越来越被世界各国看成是人类竞争的重要象征。

由此，竞技性强烈的运动竞赛往往成为各国体育文化交流的重要内容，民族传统体育的竞技价值在国际间的体育文化交流中也将具有越来越重要的地位。

（二）社会价值

民族传统体育的社会价值就是挖掘民族传统体育的功能，顺应和满足社会文化、经济、政治的既定规则，在文化、经济、政治事务的具体过程中来得以体现。

1. 道德教育

教育是人类繁衍自身并推动社会进步的一个文化领域。自从人类产生，教育就开始占据其不可缺少的重要地位。早期人类的合群生活虽然主要是为了聚合群体力量而产生的，但它为当时教育的萌生提供了必要的条件。早期人类狩猎技术的交流与传授、劳动经验的代际传承与遗传、生活习惯的承继和遵循等活动中，身体活动能力的培养往往是其核心，它是构成早期人类教育的最为基本的组成部分。中华民族传统体育作为一种具有深刻的历史内涵和丰富的活动内容的文化类型，在儿童启蒙、劳动教育、道德修养和审美情趣的培养等方面都发挥着不可替代的作用，从而保证了其社会文化价值的实现。

众多的体育活动是启发儿童身心的最好的教育手段。儿童参与各项体育活动的过程，就是他们获得体验、获取知识的过程。无论对于其日后的体育生活还是日常的社会生活，都能产生积极而深远的影响。在民族传统体育中，有相当多的活动为儿童的教育提供了极佳的条件。幼儿的老鹰捉小鸡等活动热闹有趣，愉悦身心；跳房等活动培养准确性和耐力；斗拐等活动训练竞争能力和腿部力量；滚铁环等活动培养耐心和技巧。参与这些民族传统体育活动，不仅满足了儿童的游戏欲望，还发展了儿童的体力和智力，更培植了儿童参与社会生活必备的许多道德和审美素质，社会正是通过民族传统体育及其他内容和方式来实现对儿童教育的目的。

成人参与民族传统体育活动则对于整个社会增进和谐、提升文明素质等具有重要作用。由于民族传统体育是一种从逻辑上脱离生产劳动的文化活动，它自然将精神的愉悦与充实作为其主要目标，从而增进整个社会的精神文明建设。不少民族通过其传统体育活动来实现道德水准的检验和审美习惯的养成。如中国武术就是一种典型的将道德和审美等作为其重要文化内涵的民族传统体育。在武术的整个文化体系中，惩恶扬善、除强扶弱、重气轻生、己诺必诚、尊师重道、孝悌为先、救厄济困等始终是广泛推崇的道德标尺——武德。这也是每一位习武者的精神航船。道德规范是习武者相当重要的行为准则，体现出传统武术对于整个社会道德水准的建构具有的独特作用。当大量的武侠小说和武术影视在民众中普遍流行之时，这些与传统武术水乳交融的道德准则也逐渐在整个社会扎根。

2. 民族认同

民族传统体育是各民族中普遍流行的、满足民族的健身、娱乐等需求的社会文化。正是由于它的普遍性、亲和性、地域性、民族性等特点，才造就了民族内部对它的认同乃至一个国家和社会共谐的价值。

民族的认同感是在团体内部的相互依赖和相近的价值观念和伦理道德、审美情趣的基础上形成的，它是一种民族内部成员对本民族的自豪感和亲近感。由于体育活动鲜明的身体表征属性、参与者接触的频繁性、对情感和意志体现的直观性等特点，使得参与民族传统体育的人们很容易进行情感的交流、思想的交锋、意志的考验，从而不断增进相互了解和理解，达到培养民族认同感的显著效果。

有很多与神话传说或民间图腾密切相关的民族传统体育项目就是民族认同的最好媒介。龙舟竞渡就是在龙图腾崇拜的基础上产生的，后来因为纪念伍子胥和屈原的关系而在各民族间普遍流行开来。直到今天，端午节的龙舟竞渡依然是中国各民族普遍开展的一项民族传统体育活动。这项运动的流行，无疑与两位历史人物的道德品行密切相关。人们就是在这种历史杰出人物的精神的感召下而热衷于龙舟竞渡的。中国各民族之间的认同也在这个过程中得到体现，当我们需要区分自身与外国人的区别时，龙舟竞渡就成为我们常常摆出来的证据之一，成为中国实现民族认同的重要媒介。其他如赛海马与戚继光抗倭的传说等，也体现了我国各族人们的愿望，加深了各民族民众对本民族历史和文化的理解，潜移默化地传导积极进取、团结奋进等民族精神，最终促进民族内部和各民族之间的认同感。

在民间广泛流行的并有众多人参与的其他民族传统体育活动，也有力地促进着民族文化的认同。如舞龙、拔河、放风筝、踩高跷等活动往往参与者和观赏者众多，场面热闹，为人们相互接触与交流创造了良好条件，从而培养各族人们的自豪感和自信心，促进人们群体意识和团队意识的加强。

一些经常在节日和特定季节举行的民族传统体育活动也以其新颖的形式、活泼的内容等吸引各族人们积极参与，并且营造浓厚的人文氛围。在以家庭、社区、村寨等为单位参加的体育活动中，各个参与单元共同体验同一种体育活动的乐趣、感受同一种体育活动的意境，尤其是一些竞争性较强的运动，往往能够培植参与者的集体荣誉感，将个人的荣誉与集体的荣誉融为一体，达到群体成员间相互认同的效果。著名的蒙古族“那达慕大会”就是一种培养民族文化认同极有效的群众性集会，其中的三项竞技使得参与者和观赏者都能得以尽情愉悦。对于栖息于草原上、过着游牧生活且一般集会机会不多的蒙古族人来说，那达慕大会为他们提供了极好的接触和交流的机会，以此有效地增进了民族成员间的感情，促进了蒙古族内部的文化认同。

3. 经济发展

体育从本质上属于一种精神文化，它无疑需要物质支撑和物质消耗，但精神文化生产所需要的成本和精神消费本身都属于经济的一部分。因此，民族传统体育的广泛深入开展，不仅具有文化学意义上的道德教育价值和政治学意义上的民族认同价值，而且具有培植产业门类、带动经济振兴的显著效果。

参与各项民族传统体育活动所需要的专门服装、器材和设备需要一定的物质支撑，支持和辅助各类民族传统体育活动需要人力、物力和财力，几乎所有的民族传统体育所创造出来的观赏效应和愉悦效果都可以作为产业来开发。可以说，民族传统体育的广泛开展所带来的大量关注人群，是民族传统体育的经济价值得以发挥的社会市场。对外，它以其神秘的样式和新奇的感受吸引人；对内，它以惯常的形式、亲和的感受感染人。无论是参与者还是观赏者，都有可能从中获得无可替代的乐趣。正是借助这样的关注度、参与面、辐射力，民族传统体育活动的组织者可以在商业开发的基础上获得显著的经济效应，进而带动村寨乃至整个地区和民族的经济发展。

宋代城市中的瓦肆就为广大的体育艺人提供了施展自己能力、获取经济报偿的条件，它在获取经济效益的同时也有力地推动了古代传统体育活动的开展。而20世纪80年代后期以来，中国一些逐步走向国际化的民族传统体育项目也在大力拓展各自的活动空间，不时举办一些中外人士共同参与的传统体育活动，如龙舟比赛、国际风筝节、太极拳大会等。当众多人士参与这类活动，并饶有兴趣地购买与民族传统体育相关的各种器材设备、服装及文化产品时，就推动了民族传统体育的产业化。中国100多家武术用品生产厂家就是在这样的群众基础上产生和发展起来的，而遍布全国各地的上万家武术馆校每年平均的习武人口据说也超过100万，由此赢得了良好的经济效益。还有，像中国武术散打擂台赛的广泛影响，也同样黏附着巨大的经济利益。全国几千万武术爱好者的关注和投入是支撑武术这个庞大市场的基石。据报道，20世纪90年代以来中国举办的一系列武术节产生了良好的经济效益，部分城市因举办某个武术节而获得上亿元资金已经不是什么新鲜事了。至于国内各族人们参与的其他民族传统体育节日也聚合了大量的人流、物流和资金流，成为拉动地方经济增长的重要因素。

随着时代的发展和社会的进步，随着全球经济一体化、社会综合化、政治多极化的发展，随着人类对内在的精神实质和自我生命质量的追求，民族传统体育将在经验与科学相结合、民族与世界相统一、福利与产业相依存、自我与组织相适应、专业与社会相借鉴、民俗与法制相匹配等方面迈出新的步伐，越来越凸显其在人类社会生活中的重要地位和价值。

三、价值与功能的关系

民族传统体育基本的文化要素是民族传统体育文化功能的物质基础，民族传统体育文化价值是人的需要和行为赋予民族传统体育文化功能的体现。在要素、功能和价值三个因素中，要素是客观的，当然不是绝对的，也是人的观念物化的产物，功能是客观对主观的作用，主观为条件范畴，价值则是主观对客体作用的结果。只有在这个意义上，我们才能认识到民族传统体育文化价值的成因及其与民族传统体育文化功能的关系。

增强体质为民族传统体育文化的本质功能。科学合理的动作是体育的前提，而科学合理的动作带来的第一个功能便是增强体质，这是不以人的意志为转移的。至于其余的娱乐、审美、社交、政治、经济等功能都是衍生和依附的。民族传统体育不只具有增强体质单一功能。因为人们参与民族传统体育的目的很少仅仅为了健身而没有其他意图。功能是本身固有的，价值是人的需要和主观行为的结果，是人的主观需要与事物功能的客观性能统一。因此，民族传统体育文化的功能是由人体和人体运动的客观规律决定的，民族传统体育文化的价值是人们对民族传统体育文化功能的认识水平和人的需要发展水平的统一。在一定的时空环境下，民族传统体育文化的某些功能可能不转化为价值，即没有得到利用和展示。人们的体育需求也可能超越民族传统体育文化功能的限度而造成民族传统体育文化价值的失真。

值得注意的是，在一定条件下，体育文化的价值需求在不摆脱客观规律的制约的前提下可能推动体育文化功能的拓展，展示人的主观能动性。

民族传统体育文化的社会价值往往表现为对体育个体价值的放大和体育基本功能的深化。如体育运动为人格发展提供机会，继而以社会活动形式出现的大众体育似一股巨大的文化潮流进入人们的生活方式，对提高人们的文化生活质量起到特殊作用，再如体育运动的竞争性、公正性、公开性等精神与时代需要合拍，推动社会价值观念的进步。

第六节　民族传统体育文化的社会学本质

一、民俗袖珍文化

体育是体育范畴中最高层次的上位概念，是以运动基本阶段进行身心健康锻炼和教育的社会文化形态。一个民族的某项传统体育运动，或若干民族有相同或相近的传统体育运动项目，经过一定时期的传播，日益广泛地被更多的民族所认知和接受，便能形成多民族共有的体育民俗事项，甚至可以逐渐发展成为一个地区的代表性的体育民俗。民族传统体育由于各民族长期的相互交流与学习，其独具特色的诸如射箭、竞渡、爬山等民族传统体育项目大都已经民俗化或是有正在走向民俗化的趋势。传统体育民俗化是人类进化和发展的必然结果，由于地区间和民族间长期的政治文化经济的交流，民族传统体育文化与其他文化交叉发展，形成了各地区以传统体育文化为主体的民族民俗文化。

我国有56个民族，民族传统体育文化丰富多彩，加上地理环境和民族心理的双重封闭，各少数民族传统体育项目保留得近乎原始和完整，形成了一个不小的民族传统体育文化的袖珍保护库。

民族传统体育文化的民俗袖珍文化定位就决定了它不是一种大统的精英文化。民俗文化强烈体现人类的需要，具有不可抗拒的巨大的生命力和发展前途，因此它就不是悬浮在社会现实生活之上孤立存在的海市蜃楼，而是充满生机，实实在在的群体活动，其继承性和传播性的结合，形成了以各地民族传统体育文化为主体的体育民俗，具有相对长期的稳定性。

二、自由生态文化

民族传统体育文化具有独特的地域特征，这种地域性是民族传统体育文化在空间上所显示出的特点。民族传统体育文化受地域的生产、生活条件和地缘关系所制约。各少数民族地区，其体育活动以跑、跳、投、射箭、球类为主，并且落后的经济和严酷的自然条件使其产生了自然、质朴、原始、粗犷的民族传统体育文化。这种体育文化是以固有的保守形式显示了文化的传承性，它的这种文化传承在很大意义上是一种自然自由的传承，例如白族的“巫舞”，景颇族的“布滚戈”，佤族的“剽牛”，等等，都显示出原始的图腾崇拜的影子。传统体育文化的流行者，是一般民众，他们识字不多，甚至是文盲。其思想文化比较零碎、朴实、肤浅，但他们有丰富的人生阅历和劳动生产经验，故具有新活、实生、形象、生动的特征。某些少数民族传统体育项目一无史料可查，二无文字记载，仅仅通过口传身授的方法传下来的。这是种自由的文化承继方法，加上自给自足小农经济的保障，使这种文化承继方法得以达到绝对自由的发展。

三、化石文物文化

民族传统体育文化，是一种浓厚的古文化遗存的积淀。在人类文化的原始积淀期，我们现在分得很清楚的门类是混在一起的。因此，在某种对象中，你可以发现诸种成分——宗教、艺术、教育、体育，它们是混沌的、朦胧的，具有萌芽的本源的意义。纵观民族传统体育活动项目的产生和起源，大致可以归纳为以下几种：一是源于狩猎与征战。如土家族的“茅古斯”舞，土家族、苗族、瑶族等共有的“跳鼓”、“接龙舞”、“上刀梯”，以及这些少数民族共有的“脚踩独木穿急流”等。二是源于婚恋与民俗。如苗族的“八人秋”，土家族的“倒挂金钩”、“抢贡鸡”，侗族的“哆毽”、

“草球”，侗拳中的“半路接新娘”棍术套路等。三是源于反抗压迫与崇拜和纪念英雄人物。如城步苗族的“打泥脚”，苗族的“爬竿”，江华瑶族的“人龙”，土家族的“摆手舞”等。民族传统体育文化以保守的口传身授为其文化承继方法，因此它也就保留了其文化起源时期的本质和特色，至今仍与语言、文学、音乐舞蹈、习俗、信仰等文化交融发展，很少受到外来文化的冲击，较原始地保留了其传统体育文化的精华。就是外来的来自古代中原文化中的“傩”，也完好地保留在民族文化中，形成“傩祭”、“傩舞”、“傩戏”等不同种类，其与民族传统体育文化联姻，就有了土家族的“茅古斯”。难怪古圣人要说“礼失而求诸野”的誓言，国内外文化界就有必要关注中国民族传统体育文化的这个“活化石”。

民族传统体育文化的本质内涵相当复杂，民族传统体育突出地保持着民族特色和原始性状，决定了它强调身体练习，促进个体发展。这与其特殊的地理环境和经济形态有关。另外，它受中华民族大环境的影响，加上本身自然发展的规律，民族传统体育不可能摆脱竞技性和开放性，呈现出独特一面，产生极富内涵的民族传统体育文化。完全可以预见，民族体育文化在保持自身发展的同时，也会接受不可抗拒的社会发展潮流，既要继承优秀的民族体育文化传统，又要吸收现代科技成果，提高民族传统体育运动的科学性，在现代生活中产生巨大影响，这也要求我们必须用多元的眼光来认识其本质内容。

第七节　民族传统体育文化的开发与保护

在人类文明进入21世纪的今天，商品经济的大潮风起云涌，电视、传播等信息娱乐工具广泛普及，交通、通信工具等逐步发达，少数民族的生产、生活环境已大为改善，人们的物质水平、精神文化生活水平大为提高，传统的、古老的民族传统体育文化似乎将要失去存在和发展基础而变为人们节日和喜庆之余的生活点缀。对此，我们不能采取民族文化的虚无主义，任其在当今独特的政治经济环境下自生自灭，不能让民族传统体育文化遗产随着时光的推移而被世人淡化、遗忘。系统地分析研究中国民族传统体育文化，积极地对其采取开发与保护措施，以保证其完全健康的发展，是我们当今十分紧迫的任务。

一、确定开发与保护的重点

文化是时代精神的反映。文化的发展具有强大的包容性，往往呈现出一种适应时代和不适应时代、精华和糟粕并存的局面。中国民族传统体育文化由于涉及民族多，地域广，其内容就相对庞杂。对于其开发和保护也就只能在乱中理出头绪，采取以点带面的方法。个别优秀项目如武术、赛龙舟、竞渡、放风筝等应全面开发，使其成为全国乃至全世界人民所钟爱的项目。对民族传统体育文化的开发与保护应侧重于包含丰富的经济价值和社会价值的主面。其中与民族风格和节日风情紧密相连的参与性与观赏性极强的项目诸如舞龙、舞狮、摆手舞、茅古斯、高脚马、刀梯绝技、竞渡、攀岩、漂流、抢花炮等，都可与旅游资源联姻，可有机调节使其文化发展外化，获取明显的经济社会效益。

二、制订开发与保护的原则

(一) 保留古色古香的文化原生貌

民族传统体育文化属于社会文化的范畴，它与其他文化一样，都是现实生活的反映。民族传统体育文化反映了各民族人民的生产生活方式，且与民间游戏和民间文艺联系紧密。它是我国五千年悠久文明史的民族历史明证。对于这类民族文化遗产的开发与保护应原汁原味地保留其传统文化方面，只在个别封建迷信浓厚部分作适当修改，基本回归文化原貌，作为历史资料。在继承优秀民族传统体育文化基础上，也应力图通过旧形式反映新内容，容易为群众接受。

(二) 文化内涵的双开放

民族传统体育文化的开发与保护一定要放开眼界、开阔思路，实行对外开放。传统体育文化的对外开放首先面临内容的开放，即文化产业发展应对其他非文化的发展，采取多业助文的方式；其次面临地域的开放，即对汉族地区乃至全世界的文化开放，在与外来先进文化的竞争中力求自身的蓬勃发展。内容的开放，可以拓宽民族传统体育文化的本质内涵，提高其文化发展水平，加大其文化影响力。地域的开放，可以提高其文化知名度，让外地区甚至是世界看到其耀眼光芒，为其开发与保护创造良好的文化氛围。

三、完善开发与保护的措施

（一）建立多渠道、多层次、多形式的社会融资体系

解决资金来源问题，是世界各国开发和保护民族文化的一个前提。国外在开发和保护文化时，采取了各种各样的手段和措施。一方面，加大政府投入，设立专项基金；另一方面，实施差别税率，鼓励社会资金投入到文化的开发与保护。国外在文化开发与保护上一系列较为完善的政策、法律和规定，对处于起步阶段的我国民族传统体育产业，具有积极的借鉴作用。事实上，近年来社会资金已经以多种形式大量流入我国文化领域。民族传统体育文化开发与保护的难题就是资金问题。由于生态地理环境恶劣，交通信息闭塞，生产方式和生产工具多层次和多形式的社会集资体系是民族传统体育文化开发与保护的必要问题。

（二）文化产业化发展

文化产业的产业性，是指文化产业所具有的经济性质、市场运作方式和产业管理规范等一系列特征。我国当代文化长期以来一贯奉行事业型与产业型转化，这是一场意义深远的社会变革。这场变革从根本上改变了传统的文化观念，将文化与现实经济联系在一起。文化大踏步地进入了经济领域，而经济性质也成了文化的基本构成因素之一。民族传统体育产业是体育有形资产与无形资产的中介，通过有形的体育精神物化物获得精神和物质价值的一种精神和文化产业。民族传统体育产业是以丰富民族传统文化底蕴为基础的，其产业的内容也就不仅仅只局限在与旅游产业联姻，而应包含其他诸如运动竞赛和体育表演、体育文艺表演、体育影视剧、传统体育广告、传统体育培训、传统体育歌曲磁带、传统体育邮票、传统体育挂历、传统体育纪念品、传统体育服饰、传统体育器材。当务之急是，尽快制定发展传统体育文化产业的对策，动员多方面力量致力于传统体育产业的研究、宣传与实践。

民族传统体育是一项具有多元功能的社会文化现象。随着时代的变迁，社会文化科学的进步，各民族传统体育文化的内涵不断丰富，外延日趋拓展。继承、抢救、挖掘和整理民族传统体育项目，开发与保护其民族传统

体育文化是文化延续发展的一项重要任务，这任务现今已摆在我们面前。我们深信，在党的民族政策与体育方针指引下，随着我国经济和社会的迅速发展，我国的民族传统体育文化这枝奇葩必将在世界体育文化的百花园中大放异彩，闪烁出绚丽灿烂的东方文明和民族文化的光芒。

第八节　民族传统体育文化与民族节日文化

我国历史悠久，是世界最古老的文明发祥地之一。中国文明的博大精深化出丰富多彩的民族节日。这些节日主题不同，特色各异。有以农业生产习俗为主题的农事节日；有以祭祀神灵、纪念祖先为主题的祭祀节日；有以追念崇拜人物和重大事件为主题的纪念节日；有以欢庆丰收、庆祝胜利为主题的庆祝节日；有以歌舞戏曲活动为主题的社会娱乐节日。节日文化以节日为载体，是我们祖先在长期的社会实践活动中适应生产与生活的各种需要和欲求而创造出来的。随着社会的发展，这种文化不断地修订和传承，愈益丰富多彩。节日文化是以文化活动、文化产品、文化服务和文化氛围为主要表象；以民族心理、道德伦理、精神气质、价值取向和审美情趣为深厚底蕴；以特定时间、特定地域为时空布局；以特定主题为活动内容的一种社会文化现象。它是人类文化的组成部分，是社会文化的一个重要分支，是观察民族传统体育文化的一个窗口。

一、民族节日的特征

（一）周期性

周期性是由节日的特点决定的。“节”最早指物体各段之间相连的地方，由此衍生为划分岁时的节日。春夏秋冬，周而复始，年年沿袭，代代相传。在农业社会，节日几乎都与农事有关。每一个时令的交替，都有相应的节日产生。现代文明社会创造了许多新的节日，这些节日仍然遵循着周期性的原则。节日文化随节日的这一特性不断再现。那些只出现一次或数次的庆典、仪式和活动，不能称为节日；一些虽然持续久远，但呈不规则运行的文化现象，也不能纳入节日文化。

（二）纪念性

以纪念为主要内容的节日文化，在节日文化中占有相当大的部分。传统节日中的清明节、端午节即属此列。新生的影响广泛的节日，几乎都为纪念性节日，如“五一”、“六一”、“七一”、“八一”、“十一”等。这些节日中，节日文化的主题比较鲜明。在我国革命历程中产生的节日，有益于人民群众特别是青少年，发挥革命传统，再创美好未来。

（三）民族性

我国是多民族国家，各兄弟民族在发展中创造和保留了许多颇具特色的节日。各个民族宗教信仰不同、生产生活方式不同，由此产生了不同的文化。节日文化使民族文化得以集中展现，是我们研究民族文化的宝库。我们的节日文化之所以绚丽多姿，之所以魅力无穷，之所以长盛不衰，就是因为有了民族文化这一取之不尽的源泉。

（四）群众性

节日是群众文化活动的高峰，特别像春节、国庆节和少数民族的某些重大节日，几乎每个人都汇入节日活动的洪流之中，受到节日文化的熏陶。唐代诗人崔液正在《上元夜》诗中写道：“谁家见月能闲坐，何处闻灯不看来？”节日的热闹场面最具群众性，广大城乡特别是少数民族地区的群众文化，可以说是以节日为轴心开展起来的。随着我国经济和社会的发展，人民群众对节日文化的期望值更高，要求更加强，参与节日活动的人更多。

（五）地域性

我国土地广袤，幅员辽阔，自然环境、生产活动、经济状况、文化发展不同，因而节日风俗有一定的差异。节日是地域性民俗文化大会展的最佳时机，为人们提供了欣赏民族文化的极好机会。利用民族文化形式来扩展节日的内容和影响，更能显示其特色。有了地方特色就容易为人们所关注，以地方自然资源和文化资源为优势产生的新型节日，充分地说明了这一点。地域不同，致使在同一节日里也会有不同的文化习俗。节日文化因不同地域、不同习俗而呈现着百花齐放的繁荣局面。

（六）复合性

民间的许多节日，包含着社会的多种活动事项，从社会文化门类来看，中国节日和节日文化具有广泛的包容性，它包括经济、宗教、伦理、艺术、技艺等活动。宋人陈元靓编纂的《岁时广记》关于“元旦”的资料占了三卷之多；《武林新年杂咏》里关于艺术、技艺一类的内容就达四十多项。节日文化长久以来一直就是民族文化的综合应用。政治性节日因有文化的内涵而更震撼人心，经贸性节日因有文化的参与而增添活力，宗教性节日因有文化的成分而更具影响，旅游性节日因有文化的内容而升华了格调，民俗性节日因有文化照射而更趋文明。节日文化是诸多文化活动的集合体，是民族文化的博览会。

（七）变异性

节日文化虽然表现为主题内容的不断重复再现，但在历史的长河中，节日文化在发展中会产生或大或小的变异现象。这种变异首先受到经济的影响。随着社会经济结构的变化、生产力的发展和生产方式的转变，节日活动不断注入新内容，节日文化也就随之起了新变化。其次，颇受政治的影响。传统节日的风俗往往受到统治阶级的干预。中国历代统治者都很重视通过民俗活动来了解民情，都注意通过“移风易俗”来稳定其统治。有些节日民俗活动被禁止，而有些节日民俗活动又受到统治者的或抑或倡，是节日和节日文化变异的一个重要原因。再是受到科学技术的影响。传统节日发端于人类蒙昧时期的图腾崇拜，寄托着人们对征服自然的渴望。文化是人类适应复杂环境和生活方式之一，随着科学技术的进步，人们的思想观念不断变化，节日文化必然产生相应的变迁。这种演化是文化发展的规律之一。当人们知道月亮只是一个无生命星球之后，玉兔、桂树、嫦娥等自然而然地由神界回落为民间传说中的形象。人们对这些神话之继续传颂，主要是为了获得一种美好的文化享受。中秋节日习俗也自然由祭月衍变为赏月，吃月饼也仅是物质生活的调剂了。

认识节日文化的特性和规律，可以使我们更加深入了解节日民族文化活动。

二、民族节日文化的功能

（一）节日文化能够积淀和弘扬民族优秀文化

节日文化在长期的历史积淀中，使民族的优秀文化得以保存、丰富和发展。节日文化是保护民族文化的一道屏障，是扩大民族文化影响的一条渠道。从众多的节日文化形态中，我们可以看出一个民族或一个地域的群体心理和社会风貌。

“节分端午自难言，万古传闻为屈原。”端午节原为祭祀节日，可是人们却把它同屈原投江联系起来，把屈原当做崇高人格的化身来纪念。原始的滨江祭祀演化为纪念伟大的爱国诗人，这一取一舍之间，我们看到了一个民族的进步，展现了节日文化的演变历程。

节日是展示民族民间文化艺术的“大观园”。在节日文化的大舞台上，民族民间的艺术家们纷纷将他们的文化珍品展现在观众面前，使各种民间艺术形式交相辉映，异彩纷呈。节日犹如各种文化艺术的大熔炉，千百年来，各种民族民间艺术在这个熔炉里展现、交融、竞争、锤炼，铸造出一代又一代、一批又一批艺术珍品，流传后世。在节日文化活动中，一方面是表演淋漓尽致要征服观众，另一方面是观赏者无拘无束自由选择，优胜劣汰，新陈代谢以高于平日多少倍的速度进行。在节日的演变过程中，节日文化不断进行提炼深化，积淀了其精华，扬弃了其糟粕，因而节日文化对积淀和弘扬民族文化发挥着积极的作用，产生着积极的影响。

（二）节日文化能够增加民族凝聚力

每逢节日，不论达官显贵还是一般居民，无论是文人雅士还是山村乡民，无不同日而应。节日风俗像一剂强力黏合剂，连接着中华56个民族。节日是人们互相表达良好祝愿、联络感情、增进友谊、加强团结的最佳契机。因而节日文化便成为密切人际交往，维系人际情感的特殊的精神纽带。祈求美满团圆，是我们民族重要的心理期待，唐诗中就有“每逢佳节倍思亲”、“万里相思一夜中”的诗句。节日期间，这种向心力可以表现为一个民族的亲和力。许多海外侨胞虽然置身于异体文化的环境之中，可是每到本民族的传统节日，便常常唤起他们的思归感，使他们不会忘记自己是炎黄子孙。

节日文化习俗主要是群体活动，人际交往显著增加，情感得以交流和强化。一些新型节日正是基于这一特点，应时代之需而产生的。如教师节、妇女节、护士节、老人节、儿童节等。在这些新生节日中，节日文化倡导的主题比较鲜明，思想教育更为有力。久而久之，新风俗便会深深扎根于人们的意识之中，为整个社会所遵循，成为民族文化的一部分。

(三) 节日文化能够满足群众物质、精神需求

节日期间民众的购物欲望和精神欲望激增，丰富的节日活动和文化艺术品，能够起到陶冶情操和净化灵魂的作用。节日将专业文化与群众文化、老年文化与少儿文化、民族优秀文化与国外先进文化交织融合在一起，是我国文化各界携手联唱的大舞台。它服务于不同层次的群众，满足着多方面的需求。

节日文化活动具有参与者的广泛性和自觉性。每至新春佳节，人们便自愿组织起来，扭秧歌、踩高跷、耍龙灯、跑旱船，兴高采烈，欢天喜地。在安定团结的和谐气氛中，人们不仅得到了身心的愉悦，而且也受到了优秀传统文化的熏陶。在发展传统文化的同时，把时代精神合理地充实到节日文化活动之中，会使参与者受到更多的思想教育，收到事半功倍的效果。

(四) 节日文化能够促进地方经济的发展

一个地方节日文化的发展程度，往往取决于一个地方经济的发展规模，但它又对经济的发展有着很大的推动作用。实践证明，文化可以直接作用于经济建设，在经济发展中起先导作用。如潍坊的“风筝会”、哈尔滨的“冰雪节”、自贡的“恐龙灯会”。这些节日文化以开发利用当地特有的文化资源为手段，与当地的物资交流、商品展销、科技博览紧密联系在一起，诚如一棵梧桐树，招引四方凤凰来。节日文化吸引着国内外各界人士为观光、考察、洽谈贸易，为地区的经济开发和商贸发展打开了一条新路，节日文化可以为经济贸易的发展创造良好的文化氛围，既丰富群众文化活动，又为商品经济发展服务，使文化活动与经济活动相互促进，相得益彰。

三、民族传统体育文化与节日文化的文化渊源

一个民族的根本莫过于形成自己特有的文化。这些相对稳定且具有特

质的文化，毫无例外地都会体现在民族这个人们共同体每个成员的实际生活中，体现在他们的思维方式和行为方式上，体现在他们所创造的物质产品和精神产品上。与此同时，这些具有特质的文化，还会以各种方式在这个民族流传下去，世代相传地产生影响，从而形成本民族的文化传统。于是区分民族的一个最重要的标志是文化特点与文化传统。西部地区各少数民族的文化有其显著的特点，是我国珍贵的文化遗产，由于独特的地理区域和政治经济因素的影响，产生了宗教、语言、心理、文化上的差异。其民族传统体育文化和节日文化由于长时期的历史积淀，具有丰富的文化内涵，能较好地展现其文化完全面貌，是区分民族的重要标志。如苗族的芦笙舞、壮族的跳桌、土家族的耍花棍、维吾尔族的赛马、彝族的阿细跳月、瑶族的打猎操等民族的传统体育项目以及傣族的泼水节、苗族的四月八、白族的三月街、傈僳族的火把节、藏族的赛马会等民族节日，都有显著的民族文化特色，是优秀文化传承下来的文化瑰宝。

从文化学来讲，每种文化都有其文化的起源。文化及整个文化世界的价值都是人创造的，都是人为了自己的价值实现创造的，都是人对外部世界价值思维的肯定形式，或说价值思维抽象化、客观化的结果。因此，从某种意义来讲，人的文化存在即他的本质。探索文化的起源是个十分复杂的课题，但就唯物史观和进化论分析，人起初的文化意识都是非自觉的或朦胧的，所有的文化诸如文学、舞蹈、绘画、体育、节日等都是模糊在一起的文化原型，绝没有今天的文化发展走向枝节的状态。民族传统体育文化与节日文化在上古时代也只能是模糊在其他文化一起的东西，就如现今侗族的“侗年”节日，日子在农历十月或十一月择吉日决定。有的地方甚至是十二月初，这个节日不仅家家户户酿酒、打粑粑、杀猪宰羊、屠牛，而且遵照传统习俗，还要跳芦笙、踩歌堂、斗牛、以鱼祭祖、设宴待客。节日文化起初是周期性并不明确的，后来随着文化的发展才遵循周期性原则，并且有了鲜明的庆祝主题，但一般的民族节日文化是与民族传统体育文化分不开的，因民族传统体育文化具有强烈的娱乐性和参与性。

四、民族传统体育文化与民族节日文化的发展

（一）民族传统体育文化与节日文化发展现状

我国民族传统体育文化经过数千年的发展，从不同侧面和角度，在一

定程度上反映和表现了各民族的历史、政治、经济、文化、宗教、民俗习惯以及心理状态等。民族传统体育文化是千百年来各民族物质文明和精神文明发展融合的结果，与各地区的人民生产生活现状有着紧密的联系，是特有的以人为本的生产软件，是各民族赖以生存和发展的氛围和环境。民族传统体育文化内容丰富，项目完全，是一种独特的生产力，因此在其开发和发展上就具有相对强大的生命力。

我国是世界文明古国之一。在我国历史文献资料中有大量翔实的民族节日文化的记载。如《尚书》、《易经》、《礼记》、《山海经》、《诗经》、《风俗通义》、《古今注》以及历代正史和各地方志都保存着极其丰富的各民族的节日文化的珍贵资料。节日文化是一种重要的文化现象，它直接反映并影响一个时代的民族精神和生活面貌，它含有各民族人民在衣、食、住、行、生产劳动、婚姻、丧葬、节庆、礼仪等方面的风尚和习俗。节日文化的内涵特征，主要表现为民族性、地方性、集团性和约束性几个方面。俗话说："十里不同风，百里不同俗。"这句话充分说明各地区、各民族节日文化的丰富多彩。另外，现今节日文化还有娱乐性和社交性两个鲜明的特点，是各民族展现民族风采和民族魅力最为集中的时期。如一年一度的蒙古族的那达慕、傣族的泼水节、壮族的三月三、苗族的四月八等等，已成为欢庆丰收、民族友好交往、开展文体活动和物资交流的民族盛大节日。现今的民族节日文化不仅能够积淀和弘扬民族优秀文化，而且能增加民族凝聚力，还能满足群众物质文明、精神文明的发展需求和促进地方经济的发展，是人类文化的重要组成部分。

（二）民族传统体育文化和节日文化的发展方向

文化是人类社会共生共长，并不断积累、发展的精神财富和创造能力。它有时代性、民族性、地域性、阶级性等特点，并发挥实用的、认识的、教化的、娱乐的、审美的功能。西部地区有着极其丰富的文化资源，其资源的富集程度堪与自然资源媲美。少数民族地区丰富的文化资源是有史以来长期的文化积淀，具有很大的开发潜能，是一个取之不尽、用之不竭的宝藏。其文化优势可以转化为地缘优势，人文优势也可以转化为经济优势，这种转轨少有阵痛，更不会以破坏环境为代价。与自然资源相比，文化资源的开发是一种可持续发展的过程。自从改革开放以来，民族传统体育文化和节日文化已有相当的开发与发展，但这多数仅仅只与旅游产业联姻发展，并不自觉地成为旅游产业的一个有机组成部分。因此，在西部开发过程中，民族传统体育文化和节日文化不仅要得到开发和发展，而且需要突破原有的单一发展模式，向纵深发展。

面对西部开发文化如何发展这个问题，需要我们站在民族文化本位思考问题，更本能地想到的就是保护民族文化。在岁月的剥蚀、市场的冲击、当代外来文化的撼动下，民族传统体育文化早已整体临危；在奥林匹克世界竞技体育的发展下，对民族传统体育文化的关注以及从事民族传统体育项目活动的人已是寥寥无几；在西方文化的冲击下，节日文化因文化吸引力衰退已相对萎缩，这两种文化现象甚至已退缩外来文化后，成为文化点缀。若不加紧保护，“开发”便会造成“破坏”，令文化生态面临灭顶之灾，会造成一些弱小民族的生存日益困难。外来文化将与传统文化构成一对文化发展过程中不可回避的矛盾，这是西部开发中文化发展过程中必然出现的现象，在这个过程中，传统文化的变迁是不可避免的。对于这种文化变迁，我们倘若不选择主动适应而选择被动适应，靠外力的改变来顺应这种变迁的话，将使民族传统体育文化在迎接外部冲击时不能作出正确的调适，导致文化发展走入将产生严重后果的误区。民族传统体育文化与节日文化无疑是我国优秀的文化瑰宝，如果在西部开发的过程中不能进行有利的引导，将会有从人类文化圈中消失的危险。

民族传统体育文化和节日文化，是民族传统文化中不可缺少的部分，它是我们历代祖先在长期社会活动过程中，适应生活生产的各种需要和欲求而创造出来、修增过来和传承下来的。在西部开发过程中，我们需要对这些传统文化有着“文化认同”的常识。西部开发中对西部民族的“文化认同”，我们可以了解其本土文化，知道其价值观、审美观，并从一个比较高的层次上去理解他们的文化世界，实现了这样的文化沟通，西部大开发才会全面成功，对西部民族文化我们应进行广泛深入的理论探讨，提出系列全面的文化发展建设方法。

文化也是生产力，它既是一定的生产力、生产组织方式的反映，又与一定的生产力、生产组织方式融合为一个宏大的生产力体系，形成生产软件，即生产力硬件赖以生存和发挥作用的氛围和环境。文化产业是一个古老而又年轻的产业门类，民族传统体育产业和节日文化产业更是历史转折发展所带来的文化经济发展的新契机。从哲学的角度看，西部民族传统体育产业与节日文化产业就是具有强大生命力和迅猛发展势头的、历史不可扭转其发展命运的新事物。西部地区民族传统体育产业和节日文化产业是一种具有深刻文化内涵与广泛文化外延的文化生产力，并且有世界文化发展异军突起作为其发展先导和各经济产业互动发展成就其发展契机，且在西部大开发的发展契机下，它是一种具有长期和丰富效益的产业。如白族的三月街节日，就是大理白族远近闻名的物资交流大会，会期人民不仅进行贸易活动，而且还要举行赛马表演、射箭、要龙灯、要狮灯等传统体育项目。这种文化产业的发展，促进了大理经济、文化的交流，国内外客人纷纷慕名前来经商、考察和旅游观光。这种文化产业发展，使民族传统体育文化和节日文化大踏步地进入经济领域，其经济性质也成了文化的基本构成因素之一。

五、民族传统节日活动中的民族传统体育文化

民族传统体育总体来讲是一种以观赏娱乐、休闲健康为主要目的的社会文化现象。这类活动可以丰富人们的文化生活，提高人们的身心健康，使人们的业余生活丰富多彩，并且还可能加强各民族、各地区之间的文化交往与友谊。民族传统体育的萌芽，与人们的生活方式和社会习俗有着密切联系，它的生存与发展也同样与人们的生产、生活、文化活动紧密相连。民族传统体育在漫长的发展、演变过程中，形成了鲜明的民族风格，被融入了年岁节庆活动中，成为民众百姓日常生活的密切组成部分，这不仅使节日活动的内涵更加充实，而且使节日从内容到形式都更加健康、更加丰富。在节日活动中的民族传统体育，按活动性质大体上可分为决胜负、赌输赢和无胜负之别。

（一）民族传统节日中的赌胜竞技类体育

赌胜竞技是一种民间常见的以体力、技巧为竞赛内容的体育活动形式，它在我国各民族中都有不同程度的存在，是人类争强好胜天性的体现。争强好胜，应该是自然进化规律下产生的一种社会心理，是人类的本能。在传统节日中开展的民族传统体育活动，有不少是以决胜负、赌输赢为目的的，这种胜负、输赢是体育活动参与者技艺高低的角逐，是体育竞赛范畴

中的输赢，是人们体力、智慧、技巧的较量，绝非赌博活动中所指的输赢概念。赌胜竞技具有极强的竞争性，故能扣人心弦而显得非常精彩，成为大众最喜欢的娱乐体育活动形式。从赌胜竞技的表达形式看，分为赛力量和赛技艺两大类型。

赛力量是人们体力、筋肉效能的较量。以力为主要竞赛内容的竞技活动，早在原始社会就见端倪。在旧石器时代的原始狩猎活动中，我们的先民已经开始了一些竞技活动，其中赛力型体育以对抗性为主。如摔跤、斗牛、爬竿等，是以个体对抗为主的赛力型竞技娱乐形式，它们讲究个人力量和技巧的体现，因此没有实力就难以取胜。而拔河、竞龙舟、叼羊等赛力竞技则是以集体对抗为主的娱乐形式，它们讲究的是集体的协调和配合，突出的是集体智慧和整体的力量。

技巧型竞技娱乐活动是一种以智、巧见长的娱乐体育，它可分为单一型和综合型两种形式。单一型的技巧娱乐体育讲究的是个人技艺的发挥，如跳绳、踢毽子、射箭、射弩等。综合型的技巧娱乐体育是在同一活动中，同时需要进行数种技艺的综合表现，或需要通过几种技艺的训练，才能进行一种竞技娱乐体育活动，如赛马就是一个典型例子。

赌胜竞技类民族传统体育如拔河、赛龙舟、摔跤、赛马、弓箭、射弩、打陀螺等，在不少民族中得以开展，活动的性质与形式也大体相同，只是风格略有差异。也有一些项目像布鲁、叼羊、斗牛、跳火绳、抢花炮、竿球、推杆、跳板、打篾球、扳手腕等，仅在一个或数个民族中开展。不论是在众多民族还是少数民族中开展，这些民族娱乐体育除具有竞技性之外，还有丰富的娱乐性，因而深受各民族的喜爱，成为民间节日活动中的亮点。

（二）民族传统节日中的娱乐观赏类体育

娱乐观赏类体育一般是指各族民众出于对大自然的热爱、对生活的向往、对爱情的渴望、对友情的珍惜和对神灵的礼赞，利用各种节庆假日进行，以寻求放松愉悦的情感体验为主要目标，从而在心理上得到满足的身体活动形式。这种娱乐活动通常不是以某一项技艺比赛决胜为终极目的，而是一种通过活动使人精神爽快、遣兴释怀、消愁解闷、恢复体力的体育方式。如哈萨克族的“姑娘追”，姑娘用鞭子抽打小伙子或他的马，小伙子只能在前边骑马奔驰，这是游戏娱乐，而不是赛速度。又如高山族的背篓球，小伙子往姑娘们的藤篓中投槟榔果，比的不是投准、投多，而是通过这一活动选择意中之人。类似的活动还有荡秋千、抛绣球、打扁担、跳竹竿、打铜鼓、打手毽等。

在娱乐观赏类体育活动中，除上述一些活动外，歌舞类体育活动在民族节日中占据一定的比重。我国不少民族歌舞蔚然成风，任何重大活动、庆典、节日都离不开规模宏大的载歌载舞。早期的舞蹈，是以反映狩猎和捕鱼等农耕兼渔猎为主要内容的农业劳动舞。后期的舞蹈主要是以休闲娱乐、消遣为主，蕴含着参与者的理想情操和生活情趣。各民族开展的舞蹈活动内容丰富、形式多样，内容主要有舞龙、舞狮、跑旱船、芦笙踩堂、盾牌舞、秧歌等。

六、传统节日中民族传统体育活动的特点与价值

体育是人类创造的，同时，体育又陶冶和塑造了人类本身。由于人类创造体育的环境不同、时间不同、条件不同，方式、方法和途径也不尽一样，因而人类不可能只创造同一种模式的体育。人类创造不同类型、不同模式的体育，便使体育有了不同的特点和价值。

（一）传统节日中民族传统体育的特点

民族传统体育往往是我国特有的传统节日文化的伴随物，它滋养于各民族的社会风俗、生活方式的土壤中。不论从其产生、发展、演变，还是它的组织形式、活动方法，都有其自身的特点。在民族传统体育的诸多特点中，它的民族性、地域性、传承性、实用性是最基本的几个方面。时代不同，地理环境、节令活动的差异，社会历史进程的快慢，加之民族自身文化背景和心理素质的影响，各民族的传统体育有着较大的文化差异。其中有些项目内容，通过文化的不断交流整合，走出了原民族的界限而传播到其他民族，甚至世界，其文化的民族性也就被大大拓展。

1. 民族性

传统节日中民族传统体育，首先是具有鲜明的民族性特点，这里讲的民族性主要是针对民族传统体育文化具有鲜明的民族个性而言。这种民族性特征主要体现在以下几个方面：

其一，传统节日中的民族传统体育具有民族特色，是民族悠久历史文化的体现。

中国是一个统一的多民族的国家，有着四千余年沿承不绝的文明史，以及内容博大的文化传统。生存在这块土地上的各民族统一于整个中华民族之中，各民族丰富多彩的传统节日和民族传统体育构成了中国传统节日和民族传统体育之整体，然而在各民族形成的传统节日和在节日中开展的体育活动，又各具特色，充分表现出各民族文化的独特性。苗族的跳月和芦笙会，气氛是热烈的，但与蒙古族的“那达慕大会”、哈萨克族的“弹唱会”、侗族的“赶坳盛会”相比，从风格到内容完全不同。另外就体育本身而言，即使是同一项目，在不同民族不同地区，其活动形式也各有差异，有的甚至相去甚远。如舞龙，侗族舞龙头、瑶族舞人龙、景颇族舞蛇龙、阿昌族耍象龙，而土家族却舞草把龙、板凳龙。这是因为民族的生活土壤、历史文化、民族气质不同之故。在这个意义上说，任何民俗都是民族的，超民族的民俗是没有的。

其二，传统节日中的民族传统体育具有中华民族多元一体特征，是多民族文化的摇篮。

中华民族作为一个自觉的民族实体，是近百年来中国和西方列强对抗中出现的，但作为一个自在的民族实体则是几千年的历史融合所形成的。中国是一个多民族国家。从国家产生伊始看，中原黄河流域的夏族，东部淮河流域的东夷，南方长江流域的三苗，西北黄湟一带的羌族以及大漠南北的荤粥，反映了夏商时期的多民族状况。及至春秋时期，由于黄河流域的商周各族与其他各族间的相互影响与同化，从而形成了我国华夏族。至秦代，更从政体上达到了全国的统一。匈奴、乌孙、东胡、肃慎、扶余等在汉代以后，也逐渐统一于汉。此后经魏晋南北朝、隋唐、宋元明清各民族之间的交流融合与同化，形成了今日包括汉民族在内的56个民族的大家庭。可见中华民族是一个多元一体的以汉民族为主体的民族共同体。这个共同体有两个显著特征：一是“多元”性。它是中国各民族包括历史上曾经出现而今已消失了诸民族的总称，今天则是指生活在中国版图内的56个兄弟民族以及散居于海外中华儿女的总称。二是“一体”性。同祖、同根、同文等，就是属于一体性方面的内容。与多元性相比较，一体性无疑处于更高的层次。

中华民族的多元一体特征，在传统节日中的民族传统体育里也能得到充分的体现。在中华文化传统中，龙是吉祥的象征。人们把中华文化称为“龙的文化”，把中华民族称为“龙的传人”。中国历代皇帝自诩是真龙天子，以龙作为自己至高无上和无所不能的化身。在广大民众心目中，龙具有呼风唤雨、消灾除魔的神通，是吉祥之物。故从冰天雪地的北国，到丛林密布、沟壑纵横的西南边陲；从广袤无垠的北部草原到鱼米飘香的江南水乡，每逢喜庆节日时，舞龙也是一项不可缺少的活动。不同地区、不同民族在喜庆节日尤其是年节中开展舞龙活动，它给传统节日中的民族传统体育具有中华民族多元一体特征的内涵提供了一个有力的证明。

其三，文化是区分民族的重要标志，传统节日中的民族传统体育是传统文化的重要组成部分。一个民族自己的文化，相对稳定且具有特点，毫无例外地都会体现在民族这个共同体成员的实际生活中，体现在他们的思维方式和行为方式上，体现在他们所创造的物质产品和精神产品上。与此同时，这些具有特点的文化，还会以各种方式在这个民族中流传下去，世代相继产生影响，从而形成本民族的文化传统，于是文化特点和文化传统，便成为区分民族的一个最重要的标志。

传统节日中的民族传统体育是民族文化的重要组成部分，这一体育文化与民族有着不可分离性。民族传统体育与民族都是历史的产物，人类在社会生产实践中创造了体育文化的同时，也创造了民族。一个民族及其文化在发展中必然也要形成独特的文化传统即民族传统体育，这种体育文化世代影响着该民族群体及其每个成员，而一个民族群体又凭借这种文化传统紧紧凝聚在一起。因此，民族传统体育一方面表现为本民族全体成员所共有，一方面又对其他民族相区别。由此可以说，民族传统体育都是属于一个或某一些民族的，而非各民族的、世界性的，民族是民族传统体育的载体。民族传统体育与民族特征是不可分割的。不同的民族创造了不同特点、不同传统的体育文化，不同特点、不同传统的体育文化又塑造了不同的民族特征。

2. 地域性

地理环境历来就是一个民族赖以生存和发展的物质基础。在人类社会早期，各民族的生产方式在很大程度上受到地理环境的影响，在不同的生活环境里和在同自然界不屈的斗争中，形成了不同的文化特色。由于各个民族所处的地理环境以及由地理环境而带来的自然条件的不同，各民族都在自己的文化背景下，形成了独具地方特色的民族传统节日和民族传统体育活动，这就是民族传统体育文化的又一特点——地域性。

由于地理环境的差异，民族传统节日中娱乐体育活动的形态也不同。在中国的东北角，居住着满、蒙古、赫哲、鄂温克、鄂伦春、朝鲜、锡伯、达斡尔等民族。生息繁衍在这块土地上的各族人民，充分利用自然界赐予的这片土地，在生产实践中逐渐形成具有自己典型特色的民族节日与节日相关的各种民族传统体育活动。如蒙古族的摔跤、射箭、赛马、赛骆驼、打布鲁；朝鲜族的荡秋千、跳板；达斡尔族的波依阔、颈力；鄂温克族的滑雪；鄂伦春族的射击、皮爬犁等。

在高原、草原、戈壁、沙漠为地貌特征的内蒙古、新疆、青海、甘肃、西藏等地区，汉、蒙、维吾尔、藏、回、哈萨克等各族人民世代生活在这里，其中大部分属于游牧民族。在大自然造就的美丽丰饶的草原上，他们驰骋在万里边疆，形成了独特的剽悍勇猛、开朗豪放的民族性格。在他们的生活区域里，草原宽广、沙漠绵延、山峦纵横，著名的呼伦贝尔、锡林郭勒等草原，塔克拉玛干沙漠以及喜马拉雅山、天山、阿尔泰山、大青山等山脉，成为他们的生活构成；马匹、骆驼和牦牛，成为他们日常生活中必不可缺少的生产和生活工具。正因为生活在这种特殊的地理环境里，他们形成了有别于其他民族并带有浓郁高原游牧民族特色的各种体育活动。在这些活动中，大部分与他们赖以生存的这种地理环境有关：蒙古族的赛马、套马、跳马、马术、跳驼和赛骆驼，藏族的登山、赛牦牛、赛马、射箭，维吾尔族的赛马、叼羊、骑射等，柯尔克孜族的赛走马、追姑娘、跑马拾银、骑马摔跤和骑马拔河等。宽广的草原、浩瀚的沙漠以及耸入云天的高山，为他们提供了广阔的活动场所。

我国 13 亿人口绝大部分生活在土壤肥沃、雨量充沛、山川秀美的黄河及长江流域。这里气候温和，湖泊纵横，水源充足，地理条件十分优越。黄河、长江宛如两条苍莽的巨龙横卧在这片土地上。在它的两岸，河渠纵横交织，湖泊星罗棋布，构成独特的水乡特色，依水而居的各民族人民常年生活在水的世界里，水成为他们赖以生存的基础，是他们生活的源泉，因而他们对水是那样的依恋和钟情，无论是在生产劳动，还是在他们的衣食住行中，处处都能见到水的影子。各民族在此所进行的体育活动，也以水上运动见长。传统的体育项目除众所周知的龙舟竞渡、游泳、跳水、垂钓外，还有瑶族和土家族的踩独木滑水，居住在湖北长阳一带的土家族的潜水游戏，广西沿海京族的“驳脚”，黄河岸畔东乡族的赛羊皮筏，侗族的“潜水捉鱼”和“多达能”，广西融水苗族的“闹鱼”等。

在我国的中南和西南地区，地形复杂，沟壑纵横，既有高原地形，又有幽深的峡谷；既有四面环山的盆地，又有咆哮奔腾的河流。在这些地区居住有苗、彝、藏、羌、土家、壮、布依、侗、瑶、纳西、景颇等民族，他们大部分依山傍水而居，以狩猎、捕鱼为主要谋生手段，长年出没于崇山峻岭、大江大河之间，养成了豪迈奔放的性格，勇猛顽强，不屈不挠。在他们开展的各项体育活动中，有许多项目直接或间接来源于这里特殊的地理环境，如苗族的爬坡杆，畲族的抱山猪头、登山、赛海马、打尺雨，瑶、黎、彝、苗、傣等族的射弩，布依族的玩山，瑶族的毛莱，土家族的打飞棒，怒族的跳竹、滑草，哈尼族的打磨秋、爬树追逐游戏，黎族的跳竹竿、穿藤圈、打狗归坡，佤族的爬竿，怒族和独龙族的溜索等。

3. 传承性

传统节日活动中的各种民族传统体育是人类社会行为的历史沉淀，是中华民族文化遗产的一个重要组成部分，它是在漫长的历史长河中自然形成的，其活动源远流长，除有鲜明的民族性、地域性之外，还具有鲜明的传承性。传承性是传统节日中民族传统体育文化最重要的一个特征。

传承性是民族传统体育最鲜明的基本特征之一。民族传统体育的形成和发展，不可能游离于历史长河之外，人们考察出它的源头、流势和趋向，从而发现它流传和继承的时空痕迹。从产生之时起，民族传统体育能穿越历史隧道，能绵延流传至今，就是得益于传统的力量。因为任何文化一旦形成，就会具有自身的活动规律的惯性，并在历史的发展过程中体现出顽强的传承性。正是这种传承性，使得许多民族传统体育活动自古相传，代代沿袭。

不少民族传统体育项目之所以能在传统节日中稳定传承，是因为两者有着许多文化吻合。例如，在传统节日或传统体育中有着一个或者一系列优美生动的神话传说故事，这些故事大多是赞美某个英雄的，或是伸张正义扬善除恶，或是追求爱情赞美揭丑，或是追求吉祥祭神斗恶等。龙舟竞渡源发于古代吴越民众祭龙图腾的活动，我国古代吴越民族奉“龙”为始祖兼保护神，以“龙”图腾作为共同的信仰而加以崇拜，为了表示自己是龙的后代，龙图腾的吴越人便“断发”文身，在自己的身体上和日常用具上，画着图腾神——龙的形状，借以强化自己与龙之间的联系，并希望获得龙的庇护保佑。而且，还一年一度举行盛大的以龙为图腾的祭祀活动，并将各种食物放在竹筒或裹在树叶里献给龙神，随后，在急骤的击鼓声中划着雕饰成龙形的独木舟在水上作竞渡之戏，既用以祈求龙神的赐福，也用来娱乐自己。可见龙舟竞渡是一种追求吉祥、祭神斗恶并结合娱乐的一项民族传统体育活动。再如，苗族在一年一度的“赶坡会”上举行爬坡杆活动，其目的是为纪念苗族英雄孟子佑而立的；而傣族在泼水庆祝活动中要举行本族的龙舟活动是来自一个民间故事。相传很久以前，有一个贪婪凶恶的国王，为了通过划龙舟比赛，谋害公主自己选定的女婿，结果在比赛中国王被活活淹死，人们为了纪念这个消除民害的日子，傣族人每年举行龙舟比赛。这些故事对人们起着潜移默化的文化作用，使传统体育活动深深扎根于大众的思想意识之中，世代相传，成为该民族文化娱乐活动中不可缺少的内容之一。

4. 实用性

传统节日中的民族传统体育虽门类繁多，表现各异，但其基本点在于实用，即为人所用。它们和人们的生产、生活发生着密切联系，对广大人民来说是一种属于实用范畴的文化现象。民族传统体育源远流长，尽管后世也有不断创造，但古老的遗风却是大量存在，有许多活动内容可以回溯到人类初期，有的虽被后人发展改造，但是依然有原来的影子。由于文化自身的延续性，这种原始的影子，包括体育意识，也包括体育活动被顽强地保留下来。用今天的眼光来考察，也许其中不少东西缺乏科学理性，甚至带有愚昧性质，但在民间，却被赋予了实用价值。这种实用价值的意义在于：每一项民族传统体育从总的方面来说，都是在为争取生存、增加体质、促进健康、陶冶情操、吉利平安的价值取向下进行的。传统节日中民族传统体育的实用性，就个体本身而言，主要体现在以下几个方面：

其一，在传统节日中，民族传统体育活动的主要价值是健身。在活动中，参与者要承受一定的生理负荷，这就促进了体能的发展、增强了体质。各地区、各民族在传统节日中所开展的传统体育项目如赛龙舟、摔跤、斗牛、赛马、登高、抢花炮、荡秋千、东巴跳、叼羊、姑娘追、跳竹竿、踢毽子、跳火绳、背篼球、赛牦牛、舞花棍、跳秧歌、拨腰、波依阔等，都直接表现出这方面的作用。

其二，在传统节日中民族传统体育活动蕴有丰富的竞技性、游戏性、艺术性特点，因而具有强烈的自娱和娱人功能。各族民众利用余暇之时，在各种节日里开展各种传统体育活动，可使人精神饱满、情绪愉快，尽情地展现自己的体能、技能，满足心理上的需求，丰富人们的社会文化生活，这种娱乐功能就构成民族传统体育得以产生和发展的基本动力源泉。

其三，在传统节日中，民族传统体育活动能培养人良好的生活习惯、健康的生活方式，建立正确的审美观念，培养热爱民族思念家乡之情操。如许多离乡在外的人们，每每忆起家乡时曾亲临其中的各种体育活动，思乡之情、热爱民族之情便会油然而生。此外，民族传统体育活动还能陶冶参与者的情操，培养和激发参与者的体育爱好和兴趣，美化人们的生活。

（二）传统节日中民族传统体育的价值

1. 培养人们社会交往能力

各族人民在长期的生产、生活过程中，创造了传统节日及民族传统体育项目，同时，民族传统体育参与构成了人们的生活文化环境，并且反过来影响人的发展、塑造人的自身，发挥着教育和培养的功能。民族传统体育作为广义教育的一个组成部分，是由其本身在培养人、教育人方面所具有的价值和作用决定的。对人的培养与教育，最终目的是使其成为社会所需的人才。传统节日中的民族传统体育在人的社会综合能力的培养方面有着其他社会文化无法替代的优势，它在各民族人民大众的成长与发展过程中有着十分重要的作用。这种作用主要体现在培养各族民众的社会适应、人际交往、竞争意识等方面。

其一，在培养民众社会适应方面：人具有两重性，即人既是有着细胞器官等组织系统的生物人，又是有着丰富情感和心智品质的人，而从本质上看，人是一切社会关系的总和，扮演着各种各样的社会角色。因此，人是离不开社会的，要在社会中生存，就必须适应社会环境。而传统节日中的体育活动就如同人进入社会环境前的“模拟场”，是人的能力最好的检验工具。由于现代科学技术的高速发展，很有可能今天的尖端科技一夜之间就被淘汰，知识更是如此，解决问题的方法是拓宽人的知识面，不断地培养人的应变能力，使人在社会环境中乐于并有能力接受新知识。民族传统体育活动是一个开放的动态系统，这一动态系统的最大表现是不断追求最佳效用的有序进程。民族传统体育活动的参与者一般总是根据自己所追求的目标来选择其体育活动方式，同时，为了使自己所追求的目标能尽快实现，他们必然要不断地改造和完善已有的民族传统体育活动方式，以能得到最佳的功能和效用。民族传统体育活动内容全面多样，更显层次性。另外，人都有一个向上的心态，在达不到较高目标时，必须在实践中寻找不足，积累经验，采用针对性的活动措施，不断学习，不断超越自我，体现出自我价值。这极有助于人逐渐形成乐于接受未经历过的生活经验和新的思维方式与新的科学知识的心态。

其二，在培养人际交往的能力方面：我国著名的医学心理学家丁瓒教授说："人类的心理适应，最主要的就是对于人际关系的适应，所以人类的心理病态，主要是由于人际关系的失调而来。"① 丰富多彩的民族传统体育活动能增加人与人之间接触和交往的机会。通过与他人的交往，可使个体忘却烦恼和痛苦，消除孤独感，并提高自己的社会适应性。有研究表明，外向性格者比内向性格者的社交需要更强烈，这种社交需要通过跳舞、做操等集体性体育活动可得到满足。内向性格者则更应该参与集体性的体育活动，这可使自己的性格得到改善。各类民族传统体育，特别是集体项目如划龙舟、跳花盆、八人秋、舞龙、打篾球、拔河、跳竹竿、抛公鸡等，需要众人通过集体的默契配合顽强拼搏取胜。参与这些活动往往容易增进人与人之间复杂的情感交流，加深友谊，促进人与人之间的交往。

其三，培养竞争意识方面：竞争为社会发展带来根本性的巨大动力。竞争越多，竞争体制越完善，发展速度越惊人。通过民族传统体育活动，能培养人的竞争意识，许多体育活动中的瞬息万变和环境气氛的变幻莫测，是培养人适应社会竞争环境的一种模拟训练。民族传统体育之所以成为传统节日中的重要活动事项，被各族民众所热衷，其原因之一是因为它以最直接、最不加掩饰的竞争方式，呼唤着人的原始动能，激发人体内在能力的发挥。它可以激起人对竞争的热忱，充分调动和发挥参与者的创造潜能，驱除懒散，焕发热情，追逐成就，并在机会均等的条件下遵守游戏规则，

① 丁瓒：《心理卫生论丛》，123 页，北京，商务印书馆，1945。

进而对人的心理产生积极的影响，对培养人的竞争意识起着潜移默化的巨大影响。

其四，在培养社会情感方面：积极参与体育活动的内心情感与人的社会心理稳定性有直接联系。所谓“心理稳定性”是指人的心理与社会相一致的心理状态，或者叫人的心理平衡。在通常情况下，人的心理与社会是保持着平衡的。但生活和社会都是复杂的，引起人的心理状态变化的因素很多。如当人逢喜事或久盼期望终于实现时，可能使人欣喜若狂而有失常态；家庭、亲人的不幸，可能使人悲痛欲绝；因受到打击排挤，可能使人变得淡漠人生等等，这些异常都是人的心理失调的表现。由于民族传统体育具有一般体育活动的社会价值功能及自身所特有的文化感召力和认同感，故它能起到调节心理、培养社会情感的作用。民族传统体育活动的心理调节和社会情感培养，主要是通过人们亲自参加或观赏各种具体体育活动的过程而得以实现的。民族传统体育项目繁多，饶有趣味，对人的吸引力极强。人们通过参加传统节日中的民族传统体育，特别是那些自己擅长的项目，可以获得一种非常微妙的快感，满足现实生活中得不到的成就需要和尊重的需要，使因工作和劳动所带来的神经紧张、脑力疲劳及紊乱的情绪得到有益的调节和放松。特别是观赏民族传统体育表演或比赛，那种“难、新、美、高”的运动技艺，那种“健、力、美”和谐统一于一体的表演，那种体现为诗一样韵律和尽善尽美的艺术造型，往往给人一种无与伦比的美的享受。它陶冶人类的情操，满足人们的精神需要，对各种不同心理状态的人都起着积极的调节作用，唤起人们对社会的感情，使自己自觉不自觉地与整个社会心理保持一致，达到调整与社会心理平衡的效果。

2. 民族传统体育是培养民族精神的有效形式

传统节日中的体育活动如赛马、叼羊、跳火绳、赛牦牛、划龙舟等，其紧张激烈的场面扣人心弦，人们无时无刻不在进行着喜怒哀乐的情感交流，运动技艺的惊险性，比赛的对抗性，战术配合的准确性，稍纵即逝的偶然性，时间速度的节奏性，音响画面的艺术性，使人们欣赏到一种精彩超群的流动人体活动，极大地满足了精神上的需要。除精神上的享受之外，民族传统体育也带来实现人生价值的启示，使人感受到生命总在运动发展中。民族传统体育发挥着一些民族艺术形式难以产生的艺术效果和魅力，它既是人类一种高级文化活动，也必然是一片人类高级情感抒发地。在民族传统体育运动中，不仅个人的情感得到宣泄和发展，也使社会得以和谐与稳定。

民族精神是民族文化的主体精神，民族精神的母体是民族文化，是从各种文化形式，特别是从民族的文化思想、民族传统、价值观念、思维方式中升华出来的思想体系，是民族文化中最本质的、最核心的内在规定。从中华民族精神的具体表现内容来看，主要有自力更生、自强不息的精神；国家兴亡、匹夫有责的精神；不畏强暴、英勇不屈的精神；团结互助、集体荣誉的精神；勤俭朴素、艰苦创业的精神。而传统体育培养民族精神，主要体现在集体荣誉感和自强不息两大精神上。

集体荣誉感是中华民族精神的重要组成部分，我国许多民间游戏与竞技活动具有培养这种集体荣誉感的功能。例如舞龙、舞狮、踩高跷、龙舟竞渡、斗牛、拔河、赛马等活动，多是以村寨乡里或部族为参赛的单位。参赛者除了有强烈的个人竞争心理外还都伴有集体荣誉感。在这类富有竞赛性的活动中，集体内各成员相互配合与协作的状态如何，往往是竞赛成败的关键。即使旁观者也都难以作为局外人，他们会自觉不自觉地进入场景之中，或为某集体的取胜而欢呼庆贺，或为某集体的失利而垂头沮丧。这种将个人与集体融为一体的民间游戏与竞技活动，对培养民族精神起到了积极的作用。

“天行健，君子以自强不息。”自强不息同样是中华民族精神的重要组成部分，这一精神对民族性格的形成起了决定性的作用。自强不息这一民族精神的历史形成有着多方面的因素，其中民族传统体育对这一民族精神的形成和延续起到了不可忽视的积极作用。在围棋、象棋等棋类活动中，在赛马、摔跤、拔河、龙舟竞渡等竞技活动中，在斗拐、凤凰护蛋、围虎陷、斗老将等儿童游戏中，皆可清楚地看到这种民族精神的生动体现。

3．民族传统体育是培养人生价值观的有效形式

人生观、价值观是人际关系和社会关系中表现出来的现实性人格特性。人生观、价值观的形成、发展和完善与人的成长过程尤其是社会活动是密不可分的。民族传统体育对人生观、价值观的塑造有着特殊的作用。其一，通过传统节日中的民族传统体育活动可以促进人的生长发育和健康发展，使体魄变得强健，这为人生观、价值观的建树奠定了良好的载体基础。其二，在人的生长过程中，人的性格、体质、能力、人生观、价值观、道德

观等皆处于待发展阶段，可塑性强。而民族传统体育活动具有寓教于乐、沟通人际交往的特点，是特有的一种社会场景，对人生观、价值观的建树发挥着直接的作用。由此可见，传统节日中的民族传统体育在人的成长过程中，对身心两方面均产生着深刻的影响，这是其他文化活动所难以替代的。民族传统体育对人生价值观的培养，主要体现在培养参与意识、表现意识、抗争意识和真、善、美等方面。

在培养参与意识方面：今天的人具有了更强的社会参与意识，人们认识到只有融于社会，奉献社会，才具备人生的价值。民族传统体育内容丰富，形式多样，有深刻的寓意和趣味，富有挑战的魅力。其实践又有宽阔的容纳空间，对不同动机、不同能力、不同年龄的人群都具适应性，他们可以参与其中，或体验，或观赏，或竞技，总之，都能找到适宜自己的角色地位而受益。可见民族传统体育以其巨大的文化感召力，将千千万万的人吸引到行列之中，使他们贴近生活、深入生活、体验生活，从而为人生价值观的树立奠定了实实在在的基础。

在培养表现意识及抗争能力方面：现今时代，人的价值观最突出的特点在于希望表现自己，并在竞争中体现价值。中华民族传统体育的发展过程，在某一角度上就是中华民族表现意识、创新意识、竞争意识的持续发展和实践的过程。民族传统体育活动的内容十分丰富，有些侧重于表现，如爬杆、爬花杆、溜索、舞龙、舞狮、打花棍、摇旱船、荡秋千和各族武术等，能体现出人的“美”与个性；对那些寓意创新变化的内容，如踢毽子、打手毽、波依阔、珍珠球、抢花炮、跳竹、叼羊、姑娘追等，通过活动能启发各族民众玩出自身的“灵气”，表现出更多的自信和变化；对侧重于实力而又具有对抗性的龙舟竞渡、赛马、打布鲁、射箭、劲力拔河、摔跤斗力等项目，则能“煽”起参与者竞争的热情去追求人生更快、更高、更强。传统节日中各族人民通过对民族传统体育的参与和实践，不仅有效改善了各民族大众身体素质，更具有一种树立勇敢、自信的人生态度，以及敢于接受挑战，勇于竞争的精神风貌。

在培养理想的人生价值观的真、善、美方面：当传统节日中的民族传统体育潜移默化地培养各族大众广泛的社会意识、塑造性格、改变气质、提高能力的同时，也影响着他们价值观的形成。在拼搏与消沉、个人与集体、荣誉与失败的种种矛盾中，培养了他们坦荡磊落及胜不骄、败不馁的良好道德品格。民族传统体育，拒绝一切矫揉造作的媚态，它张扬勃勃生机的健康与真实。民族传统体育以其生动而朴实的文化方式教会了各民族大众识别真、善、美能力，并引导人们追求理想的人生价值观。

4. 民族传统体育是密切民族关系、加强民族团结的有效形式

历史的经验与现实生活告诉我们，一个国家的民族和睦与否，对国家的安定和建设关系重大，没有各民族安定团结的政治局面，就根本谈不上各民族的进步事业。各民族传统节日中民族传统体育活动，对各民族内部及民族与民族之间的团结与进步有着密切的关系。

首先，从民族传统体育的内容和形式看，它与民族团结关系非常密切。在我国不少传统节日如春节、元宵节、清明节、端午节、重阳节等都是各民族共同的节日，在节日中开展的传统体育活动呈现出各民族共同的现象，如春节舞龙舞狮、元宵观灯、端午竞渡、重阳登高等。此外，在各民族不同的传统节日中，开展的许多民族传统体育活动也呈现出多民族性，如赛马、射箭，深受蒙古族、壮族、水族、维吾尔族、苗族、裕固族、保安族、鄂温克族、布依族、塔吉克族等喜爱，这就为民族之间提供了互相交流、相互切磋的好机会，直接密切了民族内部、民族与民族之间的关系，增进了民族内部与各民族之间的团结进步。再就形式而言，传统节日一年一度，固定不变，而节日中的许多体育活动内容也是相对稳定的，这给各民族的团结进步奠定了基础。如今年的“花炮节”结束了，人们同时又在为明年的“花炮节”作准备；今年的划龙舟结束时，来年的竞渡方案已在酝酿中。这种传统的体育活动形式，无疑是不断增进各民族、各地区团结进步事业的文化纽带。

其次，从传统节日活动中的民族传统体育活动的聚合凝结功能看，这是密切民族关系，加强民族团结的凝聚剂。凝聚就是团结，凝聚力就是团结力。传统节日活动中的民族传统体育有其特有的文化认同，无疑是一种密切民族关系，加强民族团结的凝聚剂。通过这一凝聚，可以使不同民族、不同语言、不同文化的人，都会因一次特定的活动或特定的竞赛聚合到一起。民族内的凝聚力是通过其共同的思维方式、价值观念、生活习惯、行为方式实现的，民族传统体育文化所具备的这种文化聚合功能，也是其他文化领域很少或很难具备的。民族传统体育的聚合、凝结功能主要产生于体育文化的精神层面，由此而产生的凝结是最深层的，也是比较稳定的。

有了这种伟大的精神凝聚剂作用，我国各民族儿女就会在思想认识、价值取向上达到一致，而有了思想认同、价值取向上的一致，又会实现行动步调上的一致。思想认识、价值取向、行动步调上的一致，就意味着民族内部、民族与民族之间团结的实现。

第九节　民族传统体育文化与旅游文化

一、旅游文化的定义及特征

任何一种新的文化形态的产生、发展和完善，都是社会生产力和社会文化发展到相当水平的结果。随着旅游业在经济领域中地位的不断提高，它对社会文化发展的需求和依赖也越加明显。旅游行为的综合性、时间空间的延展性、景观意态的趣味性、旅游内容的丰富性，以及满足游客文化需求多样化的客观规定性，促使旅游业必须具有适合自身发展需要的文化形态，这就是旅游文化。旅游文化可以分为传统旅游文化和现代旅游文化，前者主要包括旅游者和旅游景观文化；后者则增加了旅游业文化和文化传播。

旅游文化作为一种特定的文化形态，有其特定的内涵和相应的外延。广义的理解，旅游文化是人类过去和现在所创造的与旅游有关的物质财富和精神财富的总和。它是以一般文化的内在价值因素为依据，以旅游诸要素为依托，作用于旅游全过程的一种特殊文化形态。作为一种新的文化形态，旅游文化的理论基础是那些鲜明地反映着旅游经济和旅游活动特殊需要的部分，如旅游学、旅游经济学、旅游心理学、旅游教育学、旅游社会学、旅游文学、旅游美学、旅游营销学、旅游管理学、旅游资源学、旅游发展史、旅游服务艺术、导游艺术以及各种复合旅游特点的娱乐形式等。除理论基础之外，旅游文化还有更文学的外延成分。它涉及文学、艺术、哲学、博物学、考古学、民俗学、宗教学、体育学、饮食学、建筑学、生态学、园艺学、色彩学、公共关系学等学科中与旅游相关的部分；它更体现在旅游浏览、旅游娱乐、旅游食宿、旅游服务、旅游购物、旅游环境，以及旅游专业队伍建设等具体的旅游诸形态中。一言以蔽之，旅游文化渗透在与旅游有关的吃、住、行、游、购、娱诸多要素及相关的服务各方面。

旅游文化的特征：

地域性。地域性差异正是形成旅游者旅游活动的吸引力之一，旅游者对异域文化的猎奇、探险、求知心理，促成了旅游活动的实现。同时，旅游者在旅游的过程中，又会缩小客源地与旅游目的地之间的文化差异，在形成新的旅游文化的同时，也呈现了旅游文化的又一个特征。

融合性。正如中国文化几千年来不断融合外来民族文化的历史过程一样，旅游文化也正是在南来北往的旅游者带来各种异域文化冲击的过程中，实现着本土文化与外来文化的交流与融合。

变异性。由于旅游文化的融合性，旅游者的不断更新，不断带来新的文化冲击，在融合的过程中，也就使旅游文化本身不断出现新的表现形式。这种变异性既是旅游文化发展的必然结果，也是其魅力所在。

传统与时尚并存。旅游目的地的传统本土文化是吸引旅游者的原动力，而旅游文化的形成则因其不断更新的变异性而具有时尚性。传统与时尚并存，体现了旅游文化在传播当地土著文化、融合外来文化、形成新的文化吸引力的过程中特有的性质。

二、旅游与民族传统体育文化的关系

（一）民族传统体育文化是体育旅游出发点和归宿点

在具有了闲暇时间和一定收入的情况下，个人要成为旅游者还须有旅游动机和旅游需求。旅游者外出旅游主要是出于“乐生”的需要，出于了解异地文化的动机，要想寻求一种体验。目前，文化因素已渗透到现代旅游业的各个方面，民族传统体育文化是体育旅游者的出发点和归宿点。体育旅游不仅成为娱乐身心的一种方式和手段，而且也成了学习知识和文化的一种手段。它不仅能促进人的文化素质的提高，还能挖掘民族传统体育文化内涵，推动优秀民族传统体育文化的发展，提高整个社会的文化水平。

（二）民族传统体育文化是体育旅游资源的魅力源泉

旅游资源是一种永久和无限的知识资源，它和文化又有着密不可分的关系。民族传统体育文化是一种进步的文化，是崇尚科学和文明的文化，它对生活方式起到优化的作用，引导人们从人的角度去理解生活，摆脱生活中的愚昧和落后，走向文明和健康。它有利于人们的乐观生活态度的形成，有利于人的良好行为的形成，有利于人们社会责任感的形成，有利于良好人际环境的形成，有利于缓解人们的社会心理压力，是体育旅游资源永恒的魅力源泉。

（三）民族传统体育文化是体育旅游业的灵魂

旅游者的出游目的主要出于审美和求知等精神需要，旅游不仅仅停留在游山玩水的感官愉悦的观光旅游的层次上，也是一种满足高层次的增长知识的需求。这就要求要开发具有文化品位、能够满足旅游者文化需求的民族传统体育文化旅游产品。

由此可见，体育旅游与民族传统体育文化的关系非常密切，旅游既是对民族传统体育文化的消费，同时还有助于民族传统体育文化冲破地域的限制向外界传播，完美展现出各民族的文化精粹，民族传统体育文化在与旅游者带来的异族文化的交流碰撞的过程中互相吸纳对方的积极因素，从而使民族传统体育文化向多元化、和谐化方向发展。

第十节　民族传统体育文化在全球化背景下的发展

一、正确评价传统体育，摒弃与弘扬并举

民族传统体育是特定社会和自然条件的产物，随着全球化进程的深入，当民族传统体育赖以生存的环境丧失或改变以后，传统体育就难以在新的社会生活中“原汁原味”地生存了。与现代体育形成独立的形式和价值体系的特征相比，民族传统体育文化更多地处于与其他民族文化形式混沌在一起的状态，各种文化形式中的体育成分缺乏联系，没有形成独立的体育形式，构成了一个发展形态和层次不等的景象。因此，要加强对民族传统体育的科学研究，建立优秀项目评估指标体系，对民族传统体育进行客观的评价与分析，树立既要反对西方体育独尊的民族虚无主义，也要反对保守、复古和狭隘民族主义的观念。对于不同性质的项目群类，采取不同的应对态度，摒弃与弘扬并举。

对于一些落后的、不符合现代体育科学原理，甚至与社会主义现代文明相悖的带有迷信色彩的活动，应采取坚决摒弃的态度，传统不等于优秀，对于代表愚昧和落后活动的摒弃就是进步和发展。从法轮功对社会造成极大危害一事上可知这项工作尚任重而道远。

而对于那些有历史价值，但不可能在现实和未来社会中存在与发展的项目，要想人为挽留和推广也是不现实的，对此可采取保存的态度，利用文字、影像和实物等手段对其进行收集和保存，作为传统文明的记忆以教育后人。对于优秀的传统项目，特别是那些体现民族特性，又融竞技性、健身娱乐性、教育性于一体的项目，应采取积极弘扬的态度。我们常说的弘扬民族传统体育文化，就是指的这一部分。积极弘扬就是阻断衰退，也是民族体育文化能够继续生存和繁荣的重要措施。

二、传统与现代结合，发展创新，促进变革

在全球化迅速发展的今天，特别是北京申奥的成功，使我国体育在更深刻的意义上融入世界，这样，要保持民族传统体育纯粹的独立性已是不现实的了，其命运是要么发生与现代体育合拍的变革，要么走向衰微。因此，应运用现代体育科学的理论与方法，吸取现代体育的优秀成果，对优秀民族传统体育进行改造，使其在运动方式、技术结构、规则与裁判方法等方面符合奥林匹克运动精神，并日益明确地赋予其现代竞争、健身、教育、娱乐等意义，使其既不完全丧失应有的民族特色，又具备现代体育的特征，适应新环境的演化变迁，成为现代体育的重要组成部分，在现代学校教育、大众健身娱乐和竞技竞赛中发挥作用。我国武术和龙舟就是迈着这样的步子逐步走向世界的。

三、推进产业化发展，繁荣新时代健身娱乐文化

在全球化浪潮中，每个民族对自己的文化都承担着守护者的责任。随着中国加入 WTO，中国的体育产业将面临国内市场份额相对减少和难以大规模进入国际市场的双重挑战，而中国体育产业的结构和市场占有额不仅仅只是经济学上的问题，同时也是中国文化传扬的问题，推进我国民族传统体育产业的发展，对弘扬民族传统体育文化，繁荣新时代健身娱乐文化，具有重要的战略意义。

随着我国经济的发展，城乡居民生活方式的转变和医疗制度的改革，“花钱健身，储蓄健康”的观念逐步形成，人们对体育和健康表现出积极的态度。但根据我国当前体育产业基础薄弱，规模不大，发展受限于居民消费结构中服务性消费、文化消费、享受性消费比例偏低影响的现实，民族传统体育产业发展当前应选择特色鲜明、健身效果明显的项目开发培训、咨询市场，如开办武术健身班、木兰拳系列培训班等；选择观赏性和参与性较强的项目作为民族文化的重要成分与旅游资源结合起来开发民族体育旅游市场，如旅游区的民族体育文化表演和溜索、漂流等参与性体育旅游等；选择技巧性、竞技性极强的项目开发竞技表演市场，如武术散打、高脚马对抗、“达瓦孜”、“上刀梯”等，湖南电视台与中国武术协会开发的“中国武术散打王擂台赛”总决赛以200元一张的门票生动地说明了民族传统体育产业广阔的市场和旺盛的生命力。此外，民族传统体育服装、器械、武打影视、图书、教学音像等销售市场也是重要组成部分。当民族传统体育产业在国内发展壮大形成名牌之后，应及时利用WTO的环境，开发国外市场，输出民族传统体育用品和服务，使民族传统体育产业成为国民经济新的增长点。同时也使民族传统体育的复兴与发展和在世界传扬获得有力的物质支持。

四、加强民族传统体育教育，改革竞赛制度，促进全面振兴

中华民族传统体育能否普及大众和深入人心，关系到民族传统体育的兴衰和中华文化的未来发展前景。有计划地加强民族传统体育教育，把它贯穿于大、中、小学的教材中，切实有效地开展教育，使民族传统体育与现代体育互为补充，让青年一代从小就能理解到我们民族存在缤纷多彩的体育文化，对树立民族自信心与自豪感，增强民族凝聚力，加强民族团结都有积极的作用。同时青年学生走出校园以后，以其良好的锻炼习惯和丰富的民族传统体育知识与技能，成为民族传统体育活动的骨干和指导者，成为民族文化的继承者和传播人，这对民族传统体育的发展具有战略性的意义。

目前，民族传统体育竞赛仅有四年一次的全国民运会和部分省市民运会，各单项也仅有武术、龙舟形成较完善的竞赛制度，在全国综合性运动会中仅保留武术一项，显然，这对民族体育的全面振兴是不够的，解决的办法是在保持现有竞赛制度基础上，在国家和省级各类综合性运动会中增

设民族体育项目；在国家和省市民运会中增设竞赛大项和小项，允许汉族传统体育和汉族运动员进入民运会，增加竞赛的内容和激烈程度；在中国少数民族传统体育协会的组织指导下，成立更多的单项协会，组织更多的单项竞赛。通过竞赛带动各地群众性民族传统体育活动的开展，改善训练体制，提高运动技术水平，促进民族传统体育的全面振兴。

第十一节 民族传统体育文化与现代奥林匹克文化

一、民族传统体育与奥林匹克运动碰撞、融合和对接中的主客变异

回首往事，我们可以清晰地看到这样一幅画面：作为西方体育的典型代表奥林匹克运动，随着它在中国的传入和普及化，使得中国传统体育的本土化特征得到根本性的改变，20世纪以前，尽管在中国社会和文化中没有“体育”一词的出现，但如前述，实质上民族传统体育的存在如同中国割舍不断的悠久的历史一样，一直伴随着中国社会和中国文化的发展而发展，成为中国人健身娱乐的一种重要方式。也就是说，中华民族在几千年的文明进程中创造出的民族传统体育，一直作为中国56个民族共同的文化活动内容和方式而存在、延续和发展着，并在中国这种封建社会或者说农业社会中对中国人起到了愉悦身心、修身养性、增强体质、延年益寿的作用。正是现代西方体育包括奥林匹克运动的发展，并伴随着资本主义的全球化扩张，才导致民族传统体育在中华民族心目中的地位的动摇。虽然西方篮球、足球等运动从19世纪末就已经陆续传入中国，但自1908年天津青年会会刊《天津青年》发表的一篇题为《竞技运动》的文章开始，奥林匹克运动便以其新的科学理论知识和方法，不可逆转地走向中华大地，走进中华民族的体育教育和文化生活的领域。

中国人对初识的奥林匹克文化，曾怀着一种新鲜、羡慕和奢侈的渴望，这种渴望加速了西方竞技体育在中国近代动荡社会中的迅速传播，并成为东西方文化互动中最显著的成果。中国人不仅普遍接受了足球、篮球、网球、游泳等运动，同时还效仿西方竞技体育的模式建立起体育教育、竞赛的体制，并以此改造传统的民族体育。虽然中国人经历了20世纪初的那场“土洋体育”的争论，尝到了参与奥运会失败的痛苦，但中国人仍矢志不渝

地咀嚼着西方体育中科学、公平、公正的现代理念和良好的娱乐健身作用并奋力实践，终于使得以现代竞技体育为主要内容的奥林匹克运动家喻户晓，成为中国现代体育文化中的主流，进而占据着中国现代体育发展的主导地位。

由于中国传统文化在东西方文化的碰撞中显现出种种劣势和缺陷，新型的教育形式如学堂、学校如雨后春笋迅速普及，这些教育机构中包括大量的西方体育教育的内容，体育的项目选择、竞赛制度和组织形式也开始完全依照西方教育和体育的模式发展，就连曾经魂系民族文化底蕴的“国术”也开始采用了西方竞技体育模式组织教学和比赛。从20世纪初拉开的以奥林匹克运动为代表的西方体育对民族传统体育冲击和削弱的序幕以及后果中，我们清晰地看见，以球类运动、田径运动、游泳运动、拳击等项目及以此类内容及方式构成的现代体育运动会，占据着中国体育教育、竞赛的主导地位，并引领着中国体育的发展方向。

至20世纪中叶新中国成立以前，可以载入历史的重大体育活动，包括体育教育的主要内容和各种大型运动会等均已基本呈现出以西方体育，或者说是以奥林匹克运动会项目为主要内容的发展图景。中华民族传统体育在近代以来东西方体育（包括奥林匹克运动）文化的碰撞中完成了“主角”到“配角”的角色转换。

新中国成立以后，尽管党和政府不断地为维护中华民族的优秀文化遗产而努力，但我们所效仿苏联构建的新体育体制并没有给中华民族传统体育文化更大的发展空间。在追求“发展体育运动，增强人民体质”的体育目标中，西方体育以其特有的科学价值，仍然成为主要的手段。尽管其间中国领导人物曾提出跑步、打太极拳、游泳也是健身的良好方法，希冀通过体育这一竞技舞台，展示东方巨龙的觉醒和振兴。同时，西方体育项目在举国体制强大的作用下，得到了前所未有的发展和普及。

中国体育的发展轨迹印证着中华民族一个世纪的兴衰荣辱。回眸过去的一个世纪：中国人从20世纪初竞技体育的萌芽、初识，被列强讥笑为“东亚病夫”，到世纪末的世界“竞技体育强国”目标的初步实现；从一个在世界体育大赛中连连落败，甚至连复赛资格都没有的境地，到在北京第29届奥林匹克运动会上获得51枚金牌、100枚奖牌，位列金牌总数第一的优异成就，我们确实经历了一个从无到有，从落后到领先的世纪。坎坷与奋进已深深印在20世纪中国体育发展的历史轨迹之中。与此同时，中国竞技体育在世界体育中的领先地位，也形成并孕育了一种巨大的民族精神。我们在断绝与国际奥委会联系28年之后，首次重返奥运赛场就实现了零的突破。国外的媒体曾以“奥林匹克舞台上，出现了一个新的体育大国——中国”的文字，记载了中国体育的崛起：1990年我们成功地举办了第11届亚运会；我们连续在第25、26、27届奥运会上保持较高竞技水平之后，于第28届奥林匹克运动会上取得了金牌总数32枚，排名第二的好成绩；2008年8月在北京奥运会上，我们获得51枚金牌、21枚银牌、28枚铜牌，金牌总数超出世界头号体育强国15枚，成为名副其实的竞技体育强国。

我们在短短20多年时间，树立起了一个世界竞技体育大国的形象，并由此形成了以竞技体育为国家体育发展轴线的战略。20世纪末21世纪初的中国体育，已经无处不在地表现出以竞技体育为中心，以在奥林匹克运动中获取金牌为目的的体育发展观。奥林匹克带给我们的是荣誉，是一种精神，但同时也导致了中国体育发展的偏颇。

我国学校体育的发展，不论从教材的内容还是教师所掌握的技能，无不被西方体育项目所主宰，学校体育运动会成了“小小奥运会”。

民族传统体育在《奥运争光计划》的驱使下，一项项地退出国家主导的正式比赛，转而归入中国人自己的“民族运动会”。有着悠久历史的民族传统体育项目在不断地异化过程中，逐渐丧失民族文化原味而被“竞技模式”所规范。中国式摔跤、围棋等运动项目不得不另谋出路，甚至远离它们的发祥地而在异国他乡找寻着生存发展空间。

从国家到地方的体育发展，无不在奥运会项目上一掷千金，而对缺乏场地、器材的学校体育却惜土如金。

总之，我们不能不承认，民族传统体育项目的发展规模和速度正在不断地萎缩和减慢。面对西方竞技体育的挤压，原本有着悠久历史和广泛社会基础的民族传统体育正在不断地被遗忘和抛弃。

二、北京举办奥运会与民族传统体育的发展

新世纪的奥运会在首先选择了它百年前的发祥地之后，终于选择了一个古老而年轻、传统而现代的东方大国之都——北京。这一选择的意义在于：像国际奥委会对2008年奥运会举办城市——北京评估报告中所说

"2008年北京的奥运会将为中国和世界体育运动留下独一无二的遗产"① 一样，说明奥林匹克运动正在按照一种新的思路，摒弃"欧洲中心主义"旧理念，寻找着继续发展的道路。新任国际奥林匹克委员会主席罗格不久前在回答记者提问时说：我们同样能体会到这一点，"极其希望奥林匹克踏上非洲大陆"。种种迹象表明，21世纪的奥林匹克运动正在极力为实现真正意义上的全球化而努力。

以西方体育文化为主要内涵的奥林匹克运动，在其产生100多年之后，由于世界格局的变化，悄然地迎合着世界文化发展的潮流，远离西方体育文化的产地，开始了真正意义上的东方之行。尽管1964年的日本、1988年的韩国已成功使奥运会在亚洲举办，并展示了东方文化与文明的风采，但中国北京第29届奥林匹克运动会的申办成功及其成功举办，才真正使奥林匹克运动走进古老的东方文化的腹地来感受真正的东方文化的魅力，包括了解丰富多彩的民族传统体育文化。与此同时，深邃的东方文明和中国文化，利用这样一个世界体育文化的平台，与以西方文化为母体的西方体育文化展开前所未有的碰撞、交流与融合。对于民族传统体育文化而言，这是一场展示、一次斗艳，当然也是一次崛起的机遇和挑战。无疑，在这次难得的机遇中，首先将为奥林匹克文化的科学内涵更深入地传播给占有世界五分之一人口的民族而创造出最佳的环境和条件，同时奥林匹克运动本身也会因选择了中国而实现自身发展更具有世界性和全球化的这一目标设计了一个独特的舞台。

同样，在这次挑战中，奥林匹克也必将面临由于文化上的差异而改变和削弱西方文化在奥林匹克文化中所占的分量。因为，在这场悄然而来的展示和争艳中，东方文化和西方文化、东方体育和西方体育，都需要重新审视自己的发展标准和模式。现代奥林匹克运动在大步走向东方的同时，必然留下具有东方文化底蕴的东方体育的印记，特别是中华民族传统体育文化给其留下无法估量的深刻而长远的影响。

从世界和中国文化发展的历史来看，导致一种文化的变革和发展必有三种原因：一是由于该文化所生存的自身社会经济、政治条件的变化；二是由于与外来的异质文化发生接触，从而引出一个新的文化参照系；三是

---

① 卢元镇：《解析独一无二的宝贵》，载《体育文化导刊》，2001（6），19页。

由于自身社会的人为原因，造成对传统和现实原有文化信仰的动摇乃至崩溃。据此，我们有理由相信，今天的奥林匹克运动所产生的种种变化、参照系和人为原因，与中华民族传统体育所面临的自身变化、参照系、人为原因的碰撞，必将引发一场剧烈的奥林匹克运动与中华民族传统体育内在的反思和重新估价。

北京奥运会，无疑搭建了这样一个舞台，不论是奥林匹克运动还是中华民族传统体育，都不能不面对这样一种事实：两种文化在承办奥运会的过程中必然会产生融合、冲突、碰撞和对接。当然，在这样一个过程中，我们不可能更改我们对奥林匹克运动所作出的承诺，但是，我们却可以在这一个时期内同时关照两种不同文化体系所产生的体育文化，并尽可能把握和调整两种体育文化优劣短长，使之同样为世界所承认，同样为世界人民所喜爱和为人类健康服务。这是后北京奥运时代我们必须加以关注的。

文化具有鲜明的民族特性。现代奥林匹克运动是古希腊文化传统的继承和发展，它必然带有西方文化浓郁的历史印记。尽管我们已经看到和体会到它的世界性和全球化发展过程中对其他文化的融入和接纳，但融入的进程和发展的速度仍是非常艰难和缓慢的。奥林匹克运动全球化发展的现阶段目标仍然是以宣传西方体育思想为主旨。我们承办一种以西方文化占主导地位的体育盛会，我们的理念和行动纲领必然会被异质文化的内核所引导和规范。奥运会是在西方文明（包括文化、政治、经济因素在内）影响下形成的一种通过体育竞赛而传播西方文化理念的文化传播模式，这一点是我们不得不接受的现实。因此，接纳和实现奥林匹克运动的理念是我们的责任和义务。

面对这样的责任和义务，在以后几年内，作为奥运会主办城市和国家，要进行广泛深入地宣传奥林匹克文化，宣传奥林匹克文化所具有的世界范围内的不可替代性和先进性。在这样的责任和义务下，假如我们没有清醒的认识，我国体育发展有可能使民族传统体育处于更加弱势的地位。

我们应该承认现代奥林匹克运动重新振兴以来，西方体育文化特别是奥林匹克文化已完全具有了世界意义，并成为当代世界体育文化的主流。包括中国人在内的世界其他民族已经在与西方文化的交流中，逐步与西方人对此认知趋同。同时，也使许多人对当今中华民族传统体育文化因文化主体心理性格的渐变而采取自我否定和排斥的态度。

日本、韩国还有中国，虽然着重弘扬自己的东方情结，也不能修改奥林匹克的程序与规则，不能改变比赛的格局，只是尽可能在开幕式等场面上大做文章，让人记住这是东方或亚洲。奥林匹克中的程序、规则乃至比赛才是奥运会的核心内容，其余则是外在形式。今天的一切体育比赛都是希腊式的，奥运会更是如此。即使不断地融进一些亚洲的所谓体育项目，那也不是奥运会向这类项目低头，而是这些东方项目如何适应奥运会的规则要求。柔道、跆拳道因进入奥运会并在世界范围内的发展而选择了简单化；中国武术为了走向世界，也迎合了简单化、竞技化的需求。东方体育文化就以这样的模式在与奥林匹克运动的碰撞中所负载的民族文化内涵越来越少。

中西方文化本体的差异性决定了中西文化交流、沟通之中绝对不是一种和缓的、相互包容的接纳，而是一种带有革命性的巨大文化冲击与反冲击。尽管我们对承办奥运以展示民族文化充满信心，尽管现任奥林匹克委员会主席罗格在北京奥运会开幕前再三表示“希望2008年奥运会办成一届具有奥林匹克文化传统和中国民族文化相结合的奥运会”，北京也的确主办了一届成功的奥运会，但我们还是应该承认，展示中国文化与展示民族传统体育文化，中国人与西方人之间仍存在着本质的认知差异。我们在承办奥运的过程中，始终坚持两种文化的结合，坚持人文奥运的承诺，坚持我们全面发展体育事业，包括民族传统体育在内的愿望。当然，今天的中国国民经济状况仍处于发展中国家的水平。在耗资几十亿美元承办奥运会的同时，我们没有多少资金和精力来呵护中华民族传统体育文化。的确，我们实现了在盛大的奥运会开幕式上，展示我们民族传统体育丰富内容和深邃文化，但这些方式对民族传统体育的全面继承和发展没有多大的作用。也许我们能够实现使民族传统体育的瑰宝武术进入奥运会的愿望，但丰富的民族传统体育内容在追求一个项目获得成功发展的进程中，遗弃的可能是更多的、最珍贵的非物质文化遗产。

北京成功地举办了第29届奥林匹克运动会，以西方体育为主体的奥林匹克运动再一次在中华民族的大地上掀起热浪。20世纪初的“土洋体育”之争，在21世纪初重新上演。尽管这次的“论争”与上一次相比，已发生了历史和现实，以及政治、经济和文化的实质性改变，但我们仍应对承办奥运会对民族传统体育发展的影响有一个整体的认识和把握。此时此刻，我们应该从奥林匹克运动会成功举办的喜悦中冷静下来，一方面我们以积极的态度和科学的理性实现了“绿色奥运、科技奥运、人文奥运”的承诺；另一方面，针对我国体育发展的现状规划中国体育全面振兴的战略。我们应该选择并确立以东西方文化的结合作为我们未来发展的总体构思，以极大的热情全面推进《全民健身计划》的实施；在设计以西方体育项目为主体的奥林匹克项目极大发展的同时，也使民族传统体育的进一步普及和科学化发展，最终实现奥林匹克运动的普及与中华民族传统体育的伟大复兴并存。只有这样，中国人民对国际奥林匹克运动的贡献才会有真正的价值和意义。

第三章　民族传统体育产业

第一节　民族传统体育产业的形成与发展模式

体育在市场经济体制下运行的历史已逾百年。20世纪以来，特别是第二次世界大战以后，西方主要资本主义国家经济持续增长，人们的生活水平显著提高，竞技体育尤其是职业体育，大众体育尤其是以健身和休闲为主要内容的娱乐体育迅速勃兴，体育的经济功能日益强大，体育的产业地位得到了确立。目前，体育产业可以说是备受社会各界关注的热门话题，可谓仁者见仁，智者见智："体育产业就是体育服务业"，"体育产业就是与体育有关的一切生产经营活动"，"体育事业中可赢利的那一部分就是体育产业"，"体育产业就是市场经济体制下运行的体育事业"。① 但是关于民族传统体育产业的界定，迄今为止，国内外均没有一个统一或公认的结果，更缺乏一套系统的理论，由于历史的、政治的、经济的、文化的、宗教的等诸方面因素的影响，对其资源的开发和利用，仅引起少数研究人员的关注，但对其产业开发、产业发展、产业交叉最佳切入点的研究及其实施研究尚属一块空白领域。

马克思曾经说过："人们自己创造了自己的历史，但是他们并不是随心所欲地创造，并不是在他们自己选定的条件下创造，而是在直接碰到的、既定的、从过去继承下来的条件下创造。"② 这就告诉我们，谈发展，必须首先谈继承，任何发展的话题都必须以继承为逻辑起点。在长期的历史发展过程中，各民族创造了丰富多彩的民族传统体育文化，并相互交错、融合，不断发展，形成了各具特色的文化圈，同时民族传统体育文化与西部

① 鲍明晓：《体育产业——新的经济增长点》，9页，北京，人民体育出版社，2000。

② 《马克思恩格斯选集》，第一卷，603页，北京，人民出版社，1972。

民族地区的自然风光和人文景观具有良好的共生性，共同构成了可进行产业开发的自然、生态和人文资源，将其产业化开发并与该地区经济和社会互动发展已是相关研究和决策人员必须直面的问题。

一、产生与形成

（一）民族传统体育产业是社会分工细化的产物

在人类社会分工裂变过程中，脑力劳动从体力劳动中的分离可谓具有特殊的意义，它使得运用智力进行创造成为可能。亚当·史密斯指出，劳动生产力上最大的增进，以及运用劳动时所表现出的更大的熟练、技巧和判断力，似乎都是分工的结果。正是有了分工，智力创造才得以发展，才产生了专门从事物质与精神文化创造的特殊部门与人群。而民族传统体育产业的出现则是社会分工进一步细化反映在体育文化领域的结果，它根植于人类精神文化供求土壤，又独具特色，自成体系，它应既是传统文化产业的重要组成部分，又是传统文化产业新的发展形式。

（二）民族传统体育产业是人类思想解放和市场经济发展的产物

首先，思想解放是民族传统体育产业产生与发展的社会基础。虽然民族传统体育文化是人类自身所创造的用于满足人类自身的一种需求，它虽然以其鲜明的民族性而存在，但是其产品消费和服务的社会化、大众化和规模化乃至传统体育文化产业的出现却是生产力发展导致市场经济产生的必然结果，是市场经济推动民族传统体育产业建设与发展。这是因为：

第一，市场经济使人们对民族传统体育文化的潜在需求转化为现实需求。在市场的作用下，社会物质财富的快速增长使人们的物质需求在不断得到满足的同时，开辟或唤醒了人们内在的精神消费需求，而现实购买能力的提升更强化了对体育文化产品的消费指向。这理所当然地包括有丰富文化内涵和土壤环境的民族传统体育文化的产品和服务。

第二，市场通过价格信号反映民族传统体育文化的产品和服务的供求关系，引导民族传统体育文化产业的生产与消费。为增强市场竞争力，民族传统体育产业必须按市场要求，提高其产品质量和服务水平，有利于较好地满足民众不同的消费偏好。

第三，市场使民族传统体育产业的生产劳动得到相应的补偿，有利于其扩大再生产，随着其生产者队伍的扩大和其产品与服务消费者的增加，市场连接了产销双方，市场交换实现了它的使用价值和价值，使得使用民族传统体育文化产业的产品和服务的一般社会劳动得到承认和相应补偿，从而为永续生产和扩大再生产创造了必要条件。

第四，市场促进民族传统体育产业资源的优化配置，提高其效率。市场作用不仅能调节民族传统体育产业微观经营活动，而且能够通过优胜劣汰的机制有效地促进民族传统体育文化产业组织结构的优化，使其真正朝着产业方向发展。显然，市场经济对民族传统体育产业的这些作用是自然经济和计划经济根本无法比拟的。

（三）民族传统体育产业是科学技术发展的产物

科学技术是第一生产力，科学技术是民族传统体育产业产生和发展的强大动力。科学技术不仅提高了民族传统体育文化产业产品和服务的生产效率，可以使其降低成本，而且丰富了它的产品和服务的内容和形式：

第一，通过科学的知识、科学的思维方式、科学的工作方法以及科学的精神对塑造民族传统体育文化的主体发挥着重要作用；

第二，科学技术作为第一生产力，对调整和优化民族传统体育文化产业结构、培育新的增长点、促进其增长方式实现根本性改变、增强竞争力和发展实力、全面提高社会生产力起着决定性作用；

第三，科学技术作为人类认识世界、改造世界的知识体系，其本身也是人类精神文化的产物，科学技术在创造物质文明的同时，也不断创造新的更多的精神文化成果，特别是长期的科学实践凝聚而成的科学精神、科学思想及方法为民族传统体育文化产业提供强大的精神动力和智力支撑。

二、虚文化发展模式

虚文化模式，主要是指以民族传统体育文化为虚，以民族传统体育文化为附加，以民族传统体育文化为帮衬，是为开拓传统产业或物质产业发展道路而把民族传统体育文化引进市场，是为了加快经济发展，而把民族传统体育文化作为媒介，以民族传统体育文化带动经济发展。这类模式其实是一种企业经济的运作模式。这些经过产业“化”过后的民族传统体育文化，已经不是原来意义上的精神文化，而是与产业行为、产业理念高度融合的文化。但是，在总体上，民族传统体育文化扮演的仍是经济发展的配角和产业活动的附属，其文化因素对经济发展的作用还显得比较间接和隐晦，根据受益对象的区别，其文化因数表现出企业文化、消费文化、商业文化等隐性形态。

1. 企业文化是文化为企业服务，以及企业管理者进行文化移植、嫁接和创新两方面力量共同作用的结晶，它包括企业内部职工的团队意识、竞争意识、创新意识、质量意识以及人际关系、品牌理念等丰富的微观文化形态。企业文化的形成使得特定企业的经营特点、生产目标与文化因素结合起来，形成一股对职工产生巨大激励作用、凝聚作用的文化力量，并逐渐沉淀为企业的一种无形资产。

2. 消费文化是文化为非文化产业的消费者服务。消费文化是特定消费群体在消费行为中的精神状态、思维习惯、行为方式所形成的文化景观，它是消费群体所依赖的心理积淀、价值观念、风俗习惯等文化背景对消费行为的长期作用形成的。不同文化素养、生活方式、购买习惯和审美需求的群体有不同的消费特性，其对产品的品种、造型、款式、外观、包装、服务也千差万别，因而在消费行为中表现出许多非文化无法解释的现象。

3. 商业文化是为商业活动的组织者、促销者服务。商业文化是流通领域内致力于推销商品的种种文化附值行为所形成的文化景观。文化附加值是凝结在商品使用价值之中用以满足人们精神追求的文化美的沉淀，文化附值行为是指经营者致力于以商品形象、信誉、品牌、形态、色彩、款式直至购物环境等文化因素迎合消费者心理的种种行为。人们在物质需求得到相对满足后，必然追求在消费商品的同时所得到的文化意义上的享受和满足，这使得现代商品的文化附值行为既是时代潮流，也是历史必然。商业文化是现代营销中的制胜武器，借助民族传统体育文化的凝聚力和感召力，通过举办各种文化节会，吸引八方宾客，传递经济信息，可以取得文化、旅游、商贸相互推进的综合效益，从而达到“文化搭台，经济唱戏”的绝佳效果。在这一过程中，民族传统体育文化以特有的形式和魅力在经贸活动中发挥其催化剂、黏合剂的作用。

三、实文化发展模式

实文化发展模式，主要是指以民族传统体育文化为实，以民族传统体育文化为主体，以民族传统体育文化为内容，民族传统体育文化处在显性状态。该模式是为迎合社会的文化需求而引进市场，是指民族传统体育文化进入市场的原因，是人们对其文化形式的需求，以文化需求带动文化的进入，从而也带动经济的发展。这种模式主要存在于人们对民族传统体育文化的基本需求上。这种阶段，产业机制和经济因素愈来愈多的种类和愈来愈高的程度融入到民族传统体育文化活动的过程和状态中，它直接导致产业形态的各类文化经济实体悄然兴起。民族传统体育文化产业通过生产文化商品或提供文化服务的方式直接参与到国民经济的运行之中，成为社会经济的重要部分。依据民族传统体育文化产业生产的特点和内容，民族传统体育文化产业化有民族传统体育健身娱乐产业、民族传统体育竞赛表演业、民族传统体育用品产业等三种类型。民族传统体育产业是一个新兴的文化产业，包括其器材、设备生产、销售业，还包括保健运动、表演、设施建设、设施经营、情报信息、门票收入、电视转播、企业赞助等。民族传统体育成为产业还未起步，但前景美好。民族传统体育文化又是重要的旅游资源，是现代广告的重要载体，民族传统体育文化产业的投资前景十分广阔，它理应成为文化产业进程中的一支令人瞩目的生力军。

第二节　民族传统体育产业的特性

一、产业的内核

（一）人的精神、智慧与思想是民族传统体育产业永远的沃土

歌德说主宰世界的有三个要素，那就是智慧、光辉和力量。人类社会与其他动物世界相比，最根本的特征就在于人类有自己的精神、智慧和思想。社会的进步，人们生活水平的提高，说到底是人类精神、智慧和思想的积淀和升华。从茹毛饮血的洪荒世纪到街长楼高的现代文明，从刀耕火种的原始社会到“坐地日行八万里，巡天遥看一千河”的知识时代，无不渗透、传播和传承着人类的精神、智慧和思想。可以说人类社会的每一个角落都有人类精神智慧的闪光。

文化具有传承品格，这是人类发展的前提。在一代代人类的生老病死的繁衍过程中，文化不断变得丰满厚实。人们需要知识、需要技能、需要

修身养性，这使文化显得格外重要，尤其是在现代科技高度发达，社会分工越来越精细的时代。科技是社会发展的第一推动力，科技的发展也为人们摄取文化素养提供了物质基础。科技的发展和人们对文化的需求促成了民族传统体育产业的产生和发展。

文化产业本身所具有的生产的批量性和流通的规律性在很大程度上满足了人们对文化的需求。这种需求的满足，从根本上说是民族传统体育产业的内核即人类的精神、智慧和思想的对象化和行为化的结果。它从物质形态向人们展示人类的精神智慧。

如果说民族传统体育产业是一棵参天大树，那么民族传统体育文化则是这棵参天大树永远的沃土。

（二）精神的物化和物化的精神

文化，从其内容上讲就是人类主观精神的系统化。民族传统体育产业就是把抽象的主观精神（思想）物化为有形的物质载体，以有形的载体传播于社会之中。当然并非有了民族传统体育文化产业才有其精神的物化，在民族传统体育文化产业形成之前，其文化的传播和传承就是以物化的形式存在的。没有文字之前，人类用语言传播传承着文化精神。进入文明社会后，文字成了文化的最主要形式，文字的传载经历了从甲骨文到竹简、从竹简到纸张、从纸张到硬盘的这种物化形式的变化。民族传统体育文化产业形成后，民族传统体育文化的物化形式大大增多，民族传统体育文化的传播也变得迅捷。

民族传统体育文化产业是其精神的物化和物化精神的结合。民族传统体育文化产业中的“文化”是“物化的精神”，其中的“产业”是“精神的物化”。

物化的精神是精神的物化的内容和灵魂。没有精神，“物化”就成为无源之水、无本之木。“精神”主宰着“物化”的内容和命运，没有精神或精神的不积极都会使物化的形式变得苍白。当然，精神来源于现实、来源于实践，就民族传统体育文化产业而言，民族传统体育文化和文化产业是“源”和“流”、“根”和“茎”的关系。

精神的物化是物化的精神的物质载体。有精神而不能展示出来，也就失去了它存在的价值，有精神而不能传承更是精神的悲哀。精神的物化就是精神的外壳，二者就像大脑与脑壳一样不可分离。精神的物化使“精神”的传播变得具有可视、可闻、可触性，而批量生产为精神迅速扩张提供了可能性。

精神的物化和物化的精神在当代社会已是缺一不可，但我们应更重视物化的精神的作用。

（三）民族传统体育文化产业的核心能力

民族传统体育文化产业具有特殊的亲和力和生命力，原因在于：其一，文化所独具的穿透力是民族传统体育文化产业能发展的主要原因。所谓文化的穿透力是指特定文化（多指人类共同的文化，如：反映人们对真善美追求的文化等）可以适应不同国家、民族、性别、职业、年龄的人们的需求而在社会中传播。“诗，可以兴，可以观，可以群，可以怨。”① 其二，民族传统体育文化产业用最先进的科学技术作武装，提高了其自身的影响力。“好风凭借力，送我上青云。”第三次科技革命突飞猛进，尤其是信息技术和网络手段应用于民族传统体育文化产业的产品开发与传播。科技是民族传统体育文化产业的双翼。数字化趋势可以给民族传统体育文化产业的存在形态和发展趋势带来革命性变化，推动信息产业和民族传统体育文化产业的结合。

二、民族传统体育文化的市场化与产业化

（一）民族传统体育文化的市场化

1. 民族传统体育文化进入社会的三条道路

民族传统体育文化的市场化是民族传统体育产业形成的标志之一，但并非所有民族传统体育文化都能进入市场，它应由市场规律来调控。因此，必须对民族传统体育文化加以分类观察，分析民族传统体育文化的存在形态。

文化事业与文化产业有区别，公益性与营利性则根本不同。文化是一个大概念，文化产业只是文化的一部分，是文化中可以采用市场运作的一

① 孔子：《论语》。

部分。由于市场的作用不同，文化产业的范围并不是很严格的，在一定的条件下，是可以转化的。根据与市场的关系，我们可以把民族传统体育文化分成三大类：民族传统体育的公益文化、亚市场文化以及市场文化。这三种文化存在形态也是民族传统体育文化进入社会的三条道路。所谓民族传统体育的公益文化其最大特征就是无偿性，主要任务是满足公众的文化需求。无论以什么样的形式投入，投资人无论是政府，还是企业，无论是基金会等社会组织，还是个人，其投入都是没有经济回报的。当然，民族传统体育的公益性文化在运作过程中，也要讲成本核算，讲经济效益。但其最终结果不是为了挣钱。所谓民族传统体育的亚市场文化，最大特征就是市场经济法则只在一定范围内、一定程度上起作用。所谓民族传统体育的市场文化，最大特征是主要通过市场调节其文化活动，配置相关资源。

民族传统体育文化的这三种文化形式，同时也是民族传统体育文化进入社会的三种形式。有必要说明的是，这三种文化的界限并不是严格的，特别是亚市场文化。在不同的社会体制中，它们的范围和市场化的程度是不同的。在市场体制比较发达的国家，市场文化所占的比例就大。有时多种文化相互交融，你中有我、我中有你。条件成熟时各种文化会发生相互转化。

2.“无形手”把民族传统体育文化拉进市场

民族传统体育文化进入市场，是形成民族传统体育产业的最基本前提。民族传统体育产业的发展，也主要应在市场文化这个层面上大力开拓；同时，在亚市场文化领域，努力挖掘。这些都要“无形手”的拉动。

民族传统体育文化进入市场的模式可分为隐性、显性两种形态。

文化的市场化为民族传统体育文化产业的形成奠定了文化前提因素，没有文化的市场化，就不会有民族传统体育产业的兴起和发展。民族传统体育文化是民族传统体育产业的土壤，而市场化是民族传统体育产业的阳光雨露。当然，民族传统体育产业的繁荣也推动了民族传统体育文化的传播和发展，为民族传统体育文化的丰富开辟更多道路，提供更多手段。

（二）民族传统体育文化的产业化

民族传统体育文化作为人类社会的财富，应以其文化产品为表现形式。民族传统体育文化产品生产的商品化和产业化，应是社会分工不断细化和商品生产逐步发展的结果。随着社会分工的出现，不同的产品分别由不同的生产者来生产，同时劳动产品又归不同的所有者占有，这样各个生产者对他人产品的需要，必须通过商品交换的途径来获得满足。在市场经济的条件下，民族传统体育文化产品应以文化商品或文化服务的形式进入流通领域，并逐步形成企业化组织、规模化经营的民族传统体育产业。民族传统体育文化的产业化是民族传统体育产业的标志。

1. 民族传统体育文化具有成为商品的属性

所谓商品，是指用来交换的、能够满足人们某种需要的劳动产品，它具有价值和使用价值两种基本属性。广义的商品，既包括实物形态的有形商品，也包括非实物形态的服务、知识产权的无形商品。狭义的商品，仅指具有实物形态的有形商品。商品作为用来交换的劳动产品，必须是个有用物，即能满足人们的某种需要，这就是商品的使用价值属性。如衣服可以御寒，食品可以充饥，艺术品可以观赏等。不同种类的商品，具有不同的功能或效用，因而具有不同的使用价值。由于社会分工和产品归不同所有者的原因，商品的交换变得必然。而商品之所以能按一定比例交换，是因为商品作为劳动产品在生产过程中都凝结了一定量的人类劳动。凝结在商品中的无差别的人类劳动就是商品的价值。

民族传统体育文化同样是人类的劳动产品。用来交换的民族传统体育文化产品就是民族传统体育文化商品。民族传统体育文化商品属于商品范畴的一个类别，是指那些用来交换的、能够满足人们某种精神需要的民族传统体育文化产品。从经济学角度来说，民族传统体育文化产品不能吃，不能用，但可以欣赏，可以得到精神的愉悦。因而民族传统体育文化产品也能创造利润。民族传统体育文化商品同样具有商品的基本属性，即具有使用价值和价值。

民族传统体育文化商品的生产同样应基于社会分工的存在。分工是一种生产力，分工促进了社会的发展。社会生产需要一部分人从事粮食生产，一部分人从事产品制造，一部分人从事艺术创作，一部分人从事其他服务等等。即使在现代社会也需要分工，并且分工越来越精细。人们为了生存和发展，在不同行业、不同部门之间需要相互交换劳动产品。从这个意义上讲，民族传统体育文化商品生产是为了交换而进行的民族传统体育文化产品的生产。民族传统体育文化同样具有成为商品的属性。

2. 民族传统体育文化商品的经营形成民族传统体育产业

民族传统体育文化产品既然也要交换形成商品，在其交换的历史过程中必然会游离出专门经营民族传统体育文化产品的市场主体，这些专门经营民族传统体育文化产品的市场主体进一步分工，有的从事娱乐业，有的从事表演业，有的从事民族传统体育用品生产业等等。这样生产民族传统体育文化产品的各行各业就产业化了，进一步发展就会形成民族传统体育产业。民族传统体育文化的产业化是民族传统体育产业的标志。其他产业的形成过程主要受生产力的推动和经济利益的驱使。

民族传统体育文化的产业化过程由于带有文化精神性和意识形态性而不同于其他产业，即民族传统体育文化的产业化过程带有社会性。在娱乐、欣赏、消闲怡情的消费中，不知不觉地向消费者传递和渗透民族传统体育文化产品所内含着的价值观念、价值取向和人生理念等文化。

（三）经济学意义上的民族传统体育文化消费

1. 消费及其分类

消费是人类生存的基本条件，是人与生俱来的本能行为，消费是人类社会经济活动的重要组成部分。经济学上的消费分为生产消费和生活消费两种。生产消费是指人们在劳动过程中，对劳动工具、原材料、燃料等的消耗，从而生产出某种新产品。生活消费是指人类为了生存和发展，以及人类自身的繁衍对生活资料的消耗。生活消费按消费需要的主体又分为个人消费和社会公共消费，我们通常所说的消费是指个人消费。个人消费的内容包括物质消费和文化消费两个方面。衣、食、住、行等的消费属于物质消费。文化消费，是指人们为了满足精神文化需要而对文化产品的消费，包括文化教育、休闲娱乐、运动消费、艺术欣赏、度假旅游以及享受服务性的消费行为。

2. 文化消费的增长

随着物质生活水平的不断提高，人们对文化消费的需求也越来越高。消费水平越高，文化消费的比例就越大，这是社会发展规律，也是经济规律之一。

文化消费的享受在社会经济不发达时只是少数人或极少数人的事情，普通人只能偶尔为之或鲜能为之。而随着人们生活水平和文化水平的普遍提高，随着人们经济能力的增强和观念的转变，“花钱买快乐，花钱买舒适，花钱买健康”已经开始成为一种消费时尚。在美国和西欧一些国家，文化消费占家庭消费的30%左右。人们在生活中的文化消费以购买社会的某些物质条件和某些专门性的服务的形式来实现精神上的某种满足。文化消费变成了百姓的寻常事，而且消费的种类和档次也会越来越多，越来越高。

随着生产力的不断发展，人们的文化消费会进一步增长。这包含三方面的内容：“一是对文化消费品的需求量越来越大，而且由于人们的求新、求异、求变的消费心理，对文化消费品的内容、形式、质量等方面的创新要求也越来越高；二是对物质产品中的文化含量的要求越来越高，人们不再仅仅追求商品的实用性，而是更重视产品的外观设计、包装、品牌等，这种消费者对文化的需求，通过市场信息的传导，转而成为物质产品生产者对文化的需求；三是经济的发展对文化发展的要求越来越高。由于科学研究、科技创新、管理创新、制度创新、教育培训等广义文化对经济发展的推动作用愈来愈突出，文化被认为是生产力发展的内在推动力，是一个国家综合国力的重要组成部分。”

民族传统体育文化消费的客体是民族传统体育文化，它以精神观念的形态存在着，不因附着的消失而消失，不因为一个人使用而排斥另一个人使用，这使得民族传统体育文化在消费过程中具有持久性、兼容性、外部性和连续性特点。正因如此，民族传统体育文化产品在满足人们精神需要的过程中表现出特殊的自我扩张机制，即民族传统体育文化的消费效用可以通过消费过程得以不断地自我扩散、自我强化、自我增值。好的民族传统体育文化产品之正面效应可以无限扩张、流芳百世；民族传统体育文化消费的增值性特点是民族传统体育文化产品的社会属性在消费领域中的动态反映，它使得民族传统体育文化消费远远超出了单纯的物质消费领域，从而在广阔的社会空间上展开并对整个社会产生综合的影响。

三、民族传统体育产业的二重性

体育属于广义的文化概念范畴，体育是国家的文化利益，是人类文明健康的生活方式。作为体育这个上位概念的下位概念，民族传统体育具有鲜明的历史特征，与世界历史上的任何一种体育文化形态一样，它是中华文明的载体之一，母体文明中的许多概念，都能在民族传统体育中找到继承和发展载体，它像坚韧的纽带，将儒家、道家、法家等的思想内涵包容其中，并将形形色色、方方面面的其他民族的体育活动串联在一起，形成了一个比较完整的统一体，具有丰富的多样性。民族传统体育文化所蕴含的儒家和道家思想是中华民族精神的集中体现，它像流水一样，虽然一直处于社会文化的边缘地位，但也见证着中华民族的成长、发展和衰微；像土壤一样，培育着自身的主体意识，以特有的风貌和品质一直屹立于东方，并在相当长的时期内占据着重要位置，其内涵丰富；它是体育走向新的时代的起点，是建设绿色体育文化生态体系的重要资源，它所蕴含的丰富的、优秀的中华民族的文化思想是其永恒发展的精神财富和动力，它的合理精神能超越时空的界限而亘古常青，生机盎然。民族传统体育文化内涵丰富，民族传统体育产业属大文化产业的一个组成部分，具备文化产业的特征，遵循文化产业发展的一般规律。

正如前面分析，民族传统体育是我们的祖先数千年来在渔猎、农事、征战、文化娱乐中逐步形成和发展起来的，它源远流长，多姿多彩，几经兴衰，逐步完善，流传至今。有的显示出南国水乡的风情，有的散发着北国草原的芳香，有的带有雪山高原的神奇，有的包藏谷地的奥秘。几乎一个项目就是一首瑰丽的诗章，就是一个引人入胜的美丽传说。它们各自伴随着本民族的历史，与其风俗习惯紧密相连，不仅有着高度的技巧，而且又同艺术形式相结合，伴以歌，载以舞，既增强体质，又益于身心。它是我们祖国灿烂文化的一部分，是我国社会主义体育事业的重要内容。民族传统体育产业属体育产业的一个组成部分，又具备体育产业的特征，遵循着体育产业发展的一般规律。

第三节　民族传统体育产业发展的一般规律

一、民族传统体育产业生产规律

马克思指出：“科学、艺术等等，都不过是生产的一些特殊形式，并且受生产的普遍规律的支配。”[①] 把适宜于市场化、产业化操作的民族传统体

---

① 《马克思恩格斯全集》，第42卷，121页，北京，人民出版社，1979。

育文化当做一项产业来发展，就是把这一部分产品和服务作为商品，通过市场经济的手段，来满足人们的消费需求，并使自身得到发展。因此，民族传统体育产业的发展也必须遵循“生产、分配、交换、消费”这个商品生产的普遍规律，必须接受资源配置、市场供给与需求，以及投资、价格、成本、回报率等一系列市场杠杆的调节。简言之，民族传统体育产业的生产要遵循价值规律，接受价值规律的调节。与此同时，民族传统体育文化作为一种特殊产品，其生产具有特殊规律。关于价值规律对民族传统体育产业生产的调节在此不再赘述。而对民族传统体育产业生产的一些基本原则介绍如下：

第一，民族传统体育文化生产的“需求条件”原则。是指对于民族传统体育文化生产者来说，必须考虑什么人、什么表现形式可以引入民族传统体育文化生产，从而进入民族传统体育文化市场。在这个过程中，生产者必须有效控制资源，即不是我要生产，而是你需要生产。“需求条件”原则，即“适销法则”，是市场经济的根本法则。市场决定民族传统体育产业的生存需求，决定民族传统体育产业的发展。

第二，民族传统体育文化生产的“增值条件”原则。是指对于民族传统体育文化生产者来说，必须考虑投入的效益。民族传统体育文化产品只要进入市场化运作，生产者的投入就要得到回报，没有效益就会使生产者不再生产。“增值条件”规律对生产者来说必须遵循。在“需求条件”和“增值条件”两原则中，以民族传统体育文化本身的价值为尺度的表现形式，往往被牺牲掉。当然，最后的情况，往往也只是妥协而已。“适者生存，优胜劣汰”的市场经济，概莫能外。

第三，民族传统体育文化生产的多元化、多层次发展原则。社会的发展是多元化、多层次的，人们的文化需求和市场需求也是多元化和多层次的。因此，相应的文化产业的发展也应是多元化和多层次的。民族传统体育产业发展的多元化包括其生产经营主体的多元化和内容的多元化。民族传统体育产业的多元化所有制结构，特别是社会民间力量办其产业的形式，是社会的文化产业的组成部分；民族传统体育文化应当是多元的和丰富多彩的，不同内容不同形式的民族传统体育文化产品，只要符合人们的需要和社会的需要，有社会市场又不违反法律，就是允许的，就应该提倡和鼓励。

第四，民族传统体育文化生产的社会价值原则。民族传统体育文化产品作为一种社会产品，具有深刻的社会属性，它内在地规定：民族传统体育文化的存在与发展不仅仅是对于个人的、群体的或经济的、政治的意义和作用，更主要的是对于整个社会存在的意义和作用；民族传统体育文化活动及其产品不是单一的个体行为或群体行为，也不是纯粹的经济行为或政治行为，它有着广泛的外部性、社会性。民族传统体育文化的社会价值是指民族传统体育文化内在的社会属性在价值层面的外化和凝结，同时也是文化的一般“有用性”在社会范畴内的升华。所谓民族传统体育文化的社会价值是指民族传统体育文化生产、民族传统体育文化产品、民族传统体育文化发展以其要素、结构、属性和功能对社会的生存、发展和完善的积极意义。

社会效益是社会价值的显性化和具体化，民族传统体育文化的社会效益则是民族传统体育文化作用于社会各领域时所产生的对于社会生存、发展和完善的积极功效，它是民族传统体育文化内在的社会价值在社会领域的显性化和具体化。因此，民族传统体育文化的经济功效和政治功效是民族传统体育文化社会效益的主要表现形式和重要构成部分，但绝不是民族传统体育文化社会效益的全部。除此之外，民族传统体育文化还具有某种相对独立和超脱的社会功效，这种社会功效不具有阶级属性和利益属性，主要体现在民族传统体育文化具有益智功能、教化功能、凝聚功能、审美功能等，从而形成了民族传统体育文化的社会价值并具体化为内涵丰富的民族传统体育文化社会效益。民族传统体育文化生产的社会价值规律是文化的社会属性反作用于民族传统体育文化活动所形成的规定性。虽然，社会价值规律不是民族传统体育文化生产特有的规律，但是，由于民族传统体育文化产品具有特殊的社会属性、特殊的生产过程和特殊的作用方式，社会价值规律在文化生产领域表现得更为直接、更为深刻。在阶级社会，社会价值的标准与统治阶级的意志密切相连，意识形态在社会价值规律中具有重要的作用。

第五，民族传统体育产业生产的政府强制调控原则。市场经济条件下市场调节的自发性、盲目性和滞后性等缺陷和民族传统体育文化产品自身的社会属性决定了民族传统体育产业的生产必须有政府的指导。

由于价值规律作用的自发性，市场机制本身不可避免地带有盲目性和滞后性，这是因为：其一，民族传统体育文化产品供求矛盾的特殊性决定了市场调节手段的有限性。民族传统体育文化产品是满足精神需要的精神产品，精神产品的需求弹性很大，影响需求量的因素很多，这使得民族传统体育文化需求具有特殊的层次性、多样化和不确定性的特点。与此同时，民族传统体育文化生产也因为民族传统体育文化资源的丰富性、生产过程的主观性而具有强烈的独创性和个性化色彩，这使得民族传统体育文化产品的供求矛盾比物质产品更为突出。民族传统体育文化产品的供求矛盾，一部分是可以通过市场价格机制得到调节的。但还有相当部分的民族传统体育文化生产是市场价格机制无法调节的，如那些具有超前性、基础性和公益性的民族传统体育文化产品，它们满足的是人们长远的、整体的文化需求，这种需求不是单个个体即期文化需求的简单相加，而是经过社会机制提升后表现为带根本性的社会需求，对于这类产品，价格信号无法反映其供求的真实信息，这是市场手段失灵的文化领域。其二，商品交换基础的单一性决定了市场机制调节民族传统体育文化生产的局限性。价值规律里的价值是单一的交换价值，等价交换以民族传统体育文化生产过程中的劳动价值为基础，撇开了民族传统体育文化产品的社会价值，它只反映和调节交换价值，不能反映和调节社会价值。社会价值是一种超经济的价值诉求，它是对商品使用价值的根本提升和相对规束，并为使用价值的创造和实现设置社会空间。

价值规律的自发性使得民族传统体育文化生产的一部分在得到价格信号的有效调控时处于一种充满活力的自觉状态，而民族传统体育文化生产的另一部分却因为市场机制的局限处于一种缺乏激励约束的自在和自为状态，这种文化领域中的市场失灵需要国家在规划、政策、管理等方面加以宏观调控，避免在民族传统体育文化发展中出现结构性失衡、放任自流等问题，以保证民族传统体育文化的健康、有序发展。

民族传统体育文化产品作为一种社会产品，具有深刻的社会属性，它内在地规定：民族传统体育文化的存在与发展不仅仅是对于个人的、群体的或经济的、政治的意义和作用，更主要的是对于整个社会存在的意义和作用；民族传统体育文化活动及其产品不是单一的个体行为或群体行为，也不是纯粹的经济行为或政治行为，它有着广泛的外部性、社会性。

总之，民族传统体育文化产业生产的内容、质量、规模等必须由代表社会公益的政府去引导调控。

二、民族传统体育文化消费的一般规律

（一）民族传统体育文化消费与社会经济增长相适应的规律

民族传统体育文化的发展应和社会的经济发展相联系，社会的物质生活是进行文化活动的基础。人类只有先满足衣食住行这些最基本的生存需要，才谈得上其他的精神文化活动。因此，社会的文化产品消费是在社会经济发展的基础上进行的，社会的生产率越高，人们的闲暇时间越多，人们对文化产业的消费能力越强。这同一个社会的恩格尔系数成负相关比例，社会上总支出用于衣食住行方面的部分所占比例越低，人们用于文化活动方面的空间就越大。这个规律从世界上许多国家的发展历程中，都可以看到。

(二)民族传统体育文化消费与社会成员文化水平相适应的规律

民族传统体育文化消费是人的一种精神文化活动，作为一种文化产品的消费过程，它同人的文化素质和水平是紧密联系的，社会成员的总体文化素质越高，社会对文化产品的需要就越旺盛，反之亦然。人的习惯、兴趣、爱好、消费同一个人的文化素质息息相关，文化消费同一个人的消费能力紧密相连，这种消费能力除了外在的购买能力和有闲暇时间外，还必须具有欣赏能力、认知体悟能力、参与其中进行文化沟通和活动的能力等。人的文化消费能力和文化内涵是长期的文化修养和文化熏陶的结果，并非一朝一夕形成的。

（三）民族传统体育文化消费同社会的文化氛围、价值取向和制度相关联的规律

民族传统体育文化活动是社会的一种健康的、高尚的、有益的活动，民族传统体育文化产品的消费当然也具有同样的性质。因此鼓励和倡导文化支出和文化消费是社会文明的一种表现。但凡发达国家，都是崇尚知识、文化普及、科学昌明的国度。因此文化建设和文化消费又是同一个社会的文化氛围、价值取向和制度架构密切相关的。

（四）民族传统体育文化产品消费的多层次和由低级向高级发展的规律

由于社会各阶层的文化教育、文化水平的兴趣、爱好的不同，因此对民族传统体育文化产业的需要也就不同。一般来讲，由雅入俗易，由俗入雅难。这是由文化消费主体自身的文化素质决定的。其次，随着社会的进步，文化的逐步普及和提高，社会的文化产品消费也呈现由低到高的趋势。社会的进步可以通过文化产品消费状况反映出来。

第四节　民族传统体育产业发展的经济学审视

一、基本逻辑

“人事有代谢，往来成古今。”从民族传统体育文化到民族传统体育文化产业是一个历史过程，即是民族传统体育文化的产业化过程。而民族传统体育文化的产业化进程是与社会经济在一定阶段的发展进程相关的。第二次世界大战以来，世界经济发展有三大特点：一是“经济全球化”、“市场经济全球化”、“经济文化一体化”的发展趋势日益增强；二是全球性产业结构调整仍在加速；三是信息技术、新科技革命突飞猛进，正在对生产、生活、消费方式、政府行政方式产生深远的影响。民族传统体育产业是在此环境下发展起来的，它发展的基本逻辑必然与这些特点相联系。

（一）民族传统体育产业化与社会经济发展进程的相依性

唯物史观认为，经济基础决定上层建筑，上层建筑反映经济基础，并反作用于经济基础。民族传统体育产业必然以经济发展的物质生产为基础，物质生产的方式决定民族传统体育文化生产的方式。但是，民族传统体育文化并不总是被动的，民族传统体育文化生产与物质生产是相互作用的。对此，恩格斯作过精辟的概括：“政治、法律、哲学、宗教、文学、艺术等的发展是以经济发展为基础的。但是，它们又互相影响并对经济基础发生影响。”①

① 《马克思恩格斯选集》，第3卷，73页，北京，人民出版社，1972。

20世纪30年代以来，世界经济在科技革命的推动下，以较快的速度发展着。科学技术的广泛应用一方面极大地推动了社会经济的发展，另一方面也为民族传统体育文化产业的发展提供了物质手段。在经济发展的基础上，人们获得了基本的生存条件和物质生活条件之后，产生了发展的需求和精神愉悦的需求；在科技革命所提供的诸如信息技术、通信技术、交通技术等物质手段可能的基础上，社会经济就产生了教育、娱乐、旅游等方面的供给，这就是文化的产业化，民族传统体育文化的产业化也应该不例外，也是经济的深层次发展。从心理学方面来说，人的需求是从低层次向高层次跃进的，从生存到发展，从物质到精神，从劳动、衣食、休息的普通生活方式到休闲、娱乐、健身、交往、审美等高雅的生活方式，这既是民族传统体育文化发展的走向，也是经济发展的走向。二者是相伴的，当然民族传统体育文化的发展要依存于社会经济的发展。

随着社会生产力的发展，现代经济文化一体化趋势明显。民族传统体育文化产品和服务得以利用现代科技手段和新的物质载体，使民族传统体育产业得到新的发展；随着物质生活水平的不断提高，人们对民族传统体育文化消费的需求也越来越高。这是个互动的连锁反应过程。

（二）民族传统体育产业化与社会市场化进程的相随性

民族传统体育文化的产业化应伴随着社会市场化的进程不断深化。民族传统体育文化产业的兴起应是产业分化、市场扩大和社会进步的必然结果。民族传统体育文化的产业化与社会市场化进程具有相随性和逻辑特点。

第三次科技革命的发展，推动了第三产业的迅速崛起。第三产业在国民经济中的比重日益提高，非物质生产领域里的大部分劳动，由原来的劳动者自己经营转变为资本经营，由个体劳动转变为社会化劳动，使非物质生产领域的劳动规模不断扩大，导致大批量劳动力由物质生产领域转向非物质生产领域。民族传统体育产业就是要在这种背景下产生并不断发展壮大。在这一过程中，市场经济的发展应对民族传统体育文化产业的兴起起到积极的推动作用。

随着文化产业的市场化运作的一步步加强，文化产品的生产导入了市场竞争机制，使文化资源在“市场”这个“无形手”的调控下得到合理的配置，从而提高了民族传统体育文化产业的经营质量和水平，进入市场的民族传统体育文化产品被赋予了商品的属性，它必须受到市场规律的制约，受到市场检验。民族传统体育文化产品的生产者和经营者要追逐最大的生产经营利润，就必须不断生产出质优价廉、受人欢迎的产品。民族传统体育文化生产资源应优化配置，从而刺激并推动民族传统体育产业的发展。

同其他产业一样，民族传统体育产业发展既受制于市场经济的发展，又反映市场经济的发育程度。民族传统体育文化的产业化只有在精神文化的生产、交换和消费发展到一定程度、民族传统体育文化市场发育到一定程度后才能成为可能。

民族传统体育文化的产业化与社会市场化进程具有相随性，可以说没有现代市场化进程就没有民族传统体育文化的产业化。民族传统体育文化的产业化应是现代社会市场化所裹挟的经济过程。

（三）民族传统体育产业化与社会协调发展的同步性

从哲学上看，整个社会是个复杂的系统，它由政治、经济、文化、自然环境等各要素组成。社会的各个部分相互影响，不可分割。因而，各部分应当协调发展，统筹兼顾。

民族传统体育文化产业作为社会经济的一部分，它的发展有利于实现社会的协调发展。这是由民族传统体育产业的自身特点决定的。它首先可以提高人们的综合素质、增强人们的积极性和主动性；民族传统体育文化产业还具有低能耗、低材耗和高利润等特点，这有利于节约能源、原材料，有利于环境保护，有利于积累资金进行再生产；民族传统体育文化产业还使人们获得更多的社会交往的机会，有利于交流思想、沟通理解、规范行为、化解矛盾、增加社会稳定性、提高文明程度。民族传统体育文化产业这些优点决定了它是最符合可持续发展的科学发展观的，它与社会协调发展具有同步性。

事物总是一分为二的。我们也应当看到，民族传统体育文化产业作为一个整体而言，在创造经济效益的同时可带来正负两方面的社会效益，因为民族传统体育文化本身就分为优秀和糟粕两个方面，既可美化人的心灵使社会更加文明，也可污染人的心灵，造成对社会的毒害。另外，如果过量或跑偏，“玩物丧志”、“痴迷癫狂”也会危害健康和导致封建迷信。因此，民族传统体育文化产业的管理要严格并且要有法可依。

二、经济要素分析

（一）生产力要素

在拉动民族传统体育产业发展的经济因素中，生产力要素是最根本的。生产力以无与伦比的力量向人们展示着社会发展中的各种经济现象，这是由其本身性质决定的。

所谓生产力，是指具有一定科学技术知识、生产经验及劳动技能的劳动者，运用以生产工具为主要物质力量标志和时代发展水平的劳动资料，作用于劳动对象所具有的生产物质资料的能力。生产力是在社会生产中形成的人们认识自然和改造自然的实际能力，它是劳动者、劳动对象、劳动资料等基本要素的有机构成。另外，现代生产力的发展使之内容更加广泛，还包括了分工、协作、管理、劳动组织以及科学技术等。其中劳动者、劳动对象、劳动资料是实体性要素；分工、协作、管理、劳动组织等是联结性要素；科学技术则是渗透性要素，它融合、渗透、扩散到生产力诸要素中，从而使整个生产力系统发生乘法效应，大大提高生产力水平。

辩证唯物主义认为，生产力是社会发展的最终决定力量，整个社会的发展是以生产力的发展为起点和原动力的。这已为社会历史发展的实践所证明。具体到经济领域，每一次生产力的重大变革——多表现在生产工具的创新上，都会引起经济的重大变化。石器时代，人们狩猎、采集、捕鱼；铁器的应用，使人们进入农业社会；蒸汽机的发明，使人们进入资本主义的商品经济社会，并出现了诸多不同，第二产业迅速崛起，第三产业也开始出现。随着出版技术、通信技术、信息技术、网络技术和交通条件的提高，民族传统体育产业也因应着时代的呼唤紧随着知识经济的引领。

（二）资本因素

资本是指能够带来价值的价值。它与劳动力、土地一起构成生产的三大基本要素。资本是所有生产要素中最具活力和最具穿透力的因素。它总为利润所驱使，流向最能盈利的行业。从资本的一般功能看，它为生产提供场所、工具和原料，并在生产过程中供养劳动者，还为扩大再生产开辟道路。人们把资本比喻为经济发展的血液是最恰当不过了。

民族传统体育产业的发展需要资本的拉动。就产业整体而言，资本充裕的产业才能充分发展，也才有发展的动力；就某个企业而言，没有资本或资本不充足，就不能展开生产，更谈不上盈利和发展。民族传统体育产业当然也不例外。没有资金的注入，就不会有民族传统体育文化产品的生产。

（三）市场要素

一个产业的发展前景要看该产业的市场潜力，而市场潜力决定于市场需求。只有有需求的产业才能创造辉煌。那么，民族传统体育产业的市场需求如何，前文已经提到民族传统体育产业应该在强烈的文化消费需求的推动下诞生。

从居民消费角度看，人们的消费按其内容和水平可分为三类：生存性消费、发展性消费和享乐性消费。这三类消费形式中，生存性消费为最低层次，主要是指衣食消费，发展性消费和享乐性消费为较高层次，包括教育、运动健身、娱乐休闲、环境等方面的消费，正是文化消费的内容。目前世界较多国家居民消费层次正处于发展和享乐之间，民族传统体育文化娱乐消费发展前景广阔。

另外，现代经济发展和社会进步带来的闲暇时间的增多有力地开辟着民族传统体育文化产业的消费市场。民族传统体育文化消费与工农业品消费的明显差异是闲暇时间对消费量的影响不同。闲暇时间已越来越成为文明社会人们追求的一个目标，成为高生活质量、高水平消费的标志。闲暇时间的增多从某种意义上讲就是民族传统体育文化消费市场的扩大。

三、在区域社会经济发展中的地位

（一）社会经济系统中的一个产业门类

在不断变化发展的社会经济系统中，在不同时代，总有一些产业门类独领风骚。封建社会，种植业占绝对统治地位；自由竞争的资本主义初期，棉纺等轻工业显赫一时；垄断资本主义时期，钢铁等重工业占据霸主地位；在当代知识经济的推动下，信息产业和文化产业正如早上的太阳冉冉升起，吸引着人们憧憬的目光。文化产业已经成为社会经济系统中的一个重要的朝阳产业，民族传统体育产业作为文化产业的一个组成部分，发展民族传统体育产业具有战略意义。

（二）社会物质生活和精神生活的桥梁之一

民族传统体育产业是“文化”与“产业”的结合，同时也是“体育”与产业的结合，具有精神文化性的本质特征和满足人们精神生活需要的特性。物质文明的进步，并不意味着精神文明的同步发展。人们从物质文明向精神文明的升华，也依靠文化产业的连接推动；精神文明是物质文明的成果展现。联合国教科文组织在《在文化政策促进发展行动计划》中指出：“发展可以最终以文化概念来定义，文化的繁荣是发展的最高目标。”当然，精神文明的提升又能促进物质文明的提升，相辅相成，相得益彰。民族传统体育产业可以作为西部民族地区物质文明和精神文明相互作用、相互促进、实现进步的桥梁之一。

第五节　民族传统体育产业发展的动力机制

一、政府投入

动力机制是动力系统各组成部分相互作用的过程与方式。动力的作用方式、时机、范围和力度对产业结构、企业行为和市场效率产生决定性影响。民族传统体育产业发展动力机制是政府依据不同的目标，在民族传统体育产业发展的不同阶段作出的支配产业运行的相关制度安排。同亚当·斯密所处的时代相比，现代政府早已突破了古典经济学中的关于政府“守夜人”功能的限制，政府对社会经济管理和调控的范围与力度不断加大，市场调控和政府推动成为现代市场经济发展的两大基本动力。在民族传统体育文化产业内，行政这只“有形的手”和市场那只“无形的手”应共同引导、推动其经济功能和社会功能的实现。

（一）政府调控概念

政府调控力是国家统治意识的集中体现。在市场经济条件下，合理淡化政府的市场主宰角色是必要的，但并不应该成为反对正确运用好市场调控力的借口。相反，在法制不断完善的前提下，适度用好政府的调控力，是化解多种因素对民族传统体育文化产业的发展形成的负面阻力，加快多元体制的我国民族传统体育产业发展的迫切需要。

政府调控又叫行政调控，在西方经典经济学里，政府调控被理解为政府为控制价格、销售和生产决策而实施的各种行为，如控制定价水平、规定产品和服务质量标准，其目的是制止不充分尊重社会利益的私人决策。后继者赋予其新的含义，他们或认为政府调控是“对该种产业的结构及其经济绩效的主要方面的直接的政府规定，比如进入控制、价格决定、服务条件及质量的规定，以及在合理条件下服务所有客户时应尽义务的规定”[①]；或将政府调控作为一种法规，理解为国家强制力的应用，“是产业所需要的并为其利益所设计和主要操作的”[②]。总之，我们不难看出政府调控是指依照一定规则，对构成特定经济行为的经济主体的活动进行规范和限制的行为。准确地说，政府调控是由行政机关依照有关法规制定并执行的，直接干预市场配置机制或间接改变企业或消费者的供需决策的一般规则或特殊行为。

（二）政府调控的依据

民族传统体育产业政府调控是指政府通过颁布一系列具有约束力或强制力的法规和规章对民族传统文化产业进行调控的一种行为。

首先，它能弥补市场失灵的缺陷。从某种意义上说民族传统体育产业市场是脆弱的，如果放任自流就会出现市场失灵，就会导致不公正或低效率。代表公众的政府通过民族传统体育产业市场化进行调控使之符合帕累托最优原则，使产业运行富有成效，并促进经济社会的发展，使社会更加完善。无疑政府调控是对社会公正和效率需求所作出的无代价、有效和仁慈的反映。

其次，能够解决外部性问题。所谓外部性是指某个经济主体的活动对其他经济主体带来的利益或损害。如果带来利益则为外部经济性，如果带来损害则为外部非经济性。

再次，资源保护问题也为民族传统体育产业政府调控提供了依据。

---

① 高鸿业：《西方经济学（微观、宏观部分）》，212页，北京，中国人民大学出版社，2001。

② 同①。

（三）民族传统体育产业政府调控的手段

1. 经济性调控

美国学者 F. 希伯特指出，政府与文化产业的关系有限制、管理、协助和参与四种。这些关系直白地反映在文化产业经济性调控上。经济性调控也称旧式调控。宏观调控是国家通过制定和执行产业政策、财政政策、货币政策、税收政策和进出口政策，使之直接作用于市场而由市场间接地影响微观经济主体的行为。在民族传统体育产业发展过程中，政府可以根据其产业发展状况及其需要灵活采用宏观政策予以调控。它具体包括征税或减税政策、津贴政策和并购政策。

2. 社会性调控

社会性调控也称新式调控。纵观体育产业发展历史不难发现，政府作用与体育产业发展是密切相关的，政府不可能不从国家利益出发通过体育产业去最大限度地满足人民群众日益增长的体育需求，不断地提高国民整体的身体素质。民族传统体育产业也不例外。

其实所谓的绝对的体育产业自由是不存在的，体育产业的发展总是留下政府调控的雪泥鸿爪，体育产业总是在政府调控中或快或慢不断前进、不断发展的。从世界范围观察，政府对体育产业的干预总是以直接或间接途径进行着。

二、市场机制

（一）市场机制概念

市场机制是指支配市场活动的规律以及在其作用下市场活动的过程。支配市场活动的规律是价值规律，价值规律作用的实现形式是：以利益为动因，由供求规律、价格规律和竞争规律三大规律共同支配市场。供求规律反映的是市场供给和需求在价格作用下的变动关系；价格规律反映的是以价值为基础的商品价格决定问题；而竞争规律反映的则是围绕市场地位与利益，商品供给方之间、需求方之间以及供需双方之间的竞争关系。

市场机制之所以能够有效地发挥支配市场活动的作用，是因为其作用直接关系市场主体的切身利益。正是市场主体对自身利益的关切与追求才使得他们自觉并主动地适应价值规律及其具体化的三大规律的要求，据此不断调整自己的经济行为，从而实现经济资源在不同市场主体之间的流动。

不难看出，市场机制在经济资源配置的过程中发挥着基础性作用，推动着民族传统体育产业发展和经济增长。

（二）市场机制调控民族传统体育产业的依据

由于政府调控本身具有无法排除的局限性，因此人们将本该由市场调节的领域交由市场并通过市场机制进行调控。从本质上讲，民族传统体育产业应充分尊重价值规律，发挥市场机制的调控作用的意义在于建立一个富有活力的市场。

在三大规律的作用下，民族传统体育文化市场应将呈现出以下局面：

1. 民族传统体育文化资源将得到有效利用。民族传统体育文化资源在供求规律的作用下总是流向有销售市场、有发展前景、有较高收益的领域，从而使民族传统体育文化资源的效用得到提高。

2. 消费者对民族传统体育文化产品的消费权利将得到有效保障。作为产品，消费者对民族传统体育文化产品的需求是千差万别的，多样化的产品供给将确保消费者对其产品消费的选择权，服务质量的提高将使消费者享受到消费的快乐，真正实现消费价值；同时，丰富的物美价廉的产品使人们在消费民族传统体育产品时不至于支付过高费用，从而降低消费成本。

3. 民族传统体育产业将有效增长。受价格信号引导和竞争规律的支配，各企业必然从自身利益出发，通过提高质量、市场开发、加大科技应用与技术创新力度等手段谋求市场竞争的优势，在优胜劣汰的较量中，民族传统体育文化资源在新的更高的层面上不断得到整合与优化，从而促进民族传统体育产业整体水平的提高。

三、改革推动

随着我国社会主义市场经济体制的逐步建立，传统的文化产业管理模式已不适应形势发展的需要，政府部门必须从管理体制上进行改革，建立与社会主义市场经济体制相适应的宏观管理、分类管理、法制管理相结合的新型管理模式，以推动民族传统体育产业的快速健康发展。

1. 宏观管理。政府应对民族传统体育产业发展单位实行“国家调控市场，市场引导企业”的原则，进行间接管理，应让民族传统体育产业单位成为独立法人，自我管理，自我发展。政府主要履行宏观管理职能。政府进行宏观管理应做好两方面的工作，即制定适合我国实际需要的民族传统体育产业政策和通过经济手段来引导和促进民族传统体育产业的发展。

2. 分类管理。为了适应市场经济体制的需要，应将民族传统体育产业部门中资产种类分开，进行分类管理。

3. 法制管理。即民族传统体育产业企业要建立现代企业制度，实行所有权与经营权、监督权分开，做到产权清晰、责权明确、政企分开、管理科学。即建立产权主体，对国有企业的资产实行监督。

四、科技创新

科学技术是第一生产力。人类社会发展的文明史本身就是一部科学技术进步史，在一定的社会文化背景下，科技的进步改变了人们的观念、生活方式和生产方式，同样对民族传统体育产业发展也有着巨大的促进力，是民族传统体育产业发展壮大的“驱动器”。

1. 科技进步是民族传统体育产业发挥其资源优势、实现集约化经营关键所在。它可以推动其产业的发展和转换，开发具有高科技含量的民族传统体育文化用品和服务，促进其观念和战略的发展。

2. 科技进步推动民族传统体育产业产生一系列变革。而高新技术和民族传统体育产业相结合，则会使其产生一系列变革，进而促进社会的不断进步。

3. 创新是一个民族进步的灵魂，是一个国家兴旺发达的不竭动力。1997 年，世界经济合作与发展组织推出了《国家创新体系》专题报告。我国也提出要建立自己的国家创新体系，以增强我国的综合国力和国际竞争力。国家创新体系的主要功能是知识创新、技术创新、知识传播和知识应用，具体包括创新活动的组织执行、创新资源即人力、财力和信息资源等的配置、创新制度的建立、法律保障和相关基础设施建设等。为了适应知识经济时代的需要，必须加强文化创新力。其主要内容包括观念创新、制度创新、民族传统体育文化产品品牌创新等三个方面。

第六节　民族传统体育产业发展与经济增长

一、民族传统体育产业的生产力要素

生产力要素是指构成并推动生产力发展的诸因素的集合。相对于金属化、重型化的工业经济时代生产力要素而言，信息经济时代民族传统体育产业生产力要素具有智能化、轻型化特点，这是由其产业的特殊性所决定的。在众多的生产力要素中，资金、信息、创意、人才和技术无疑是最主要的，它们对民族传统体育产业的发展发挥着决定性的作用，它促进或制约着民族传统体育产业的发展。

（一）资本

资本是能够带来增加值的价值。其表现形态多种多样，广义的资本涵盖了所有“用于利殖目的的经济量”，如货币、实物、证券、人力、品牌、专利和版权等；狭义的资本主要指货币。为便于分析，此处所称资本为狭义的资本，它是企业或产业赖以存在和发展的最核心的生产力要素。

常言说，“巧妇难为无米之炊”，民族传统体育产业发展必须首先解决的问题是“米”，即资本。资本是民族传统体育产业运作与发展的基本动力。资源配置、市场的培育与拓展、营销网络系统的建设、新技术的运用都需要资本作坚强后盾，充盈的资本供给无疑是确保从市场获取人才、技术、信息等资源的物质基础。

从历史的角度来看，国内外体育产业的发展与资本密切相关，资本供给方式、供给规模和政府货币对体育产业的发展具有重大影响，大产业更需要大资本、大投入。随着市场经济竞争的加剧，现代体育产业发展更需资本的投入，发展民族传统体育产业也不例外。

（二）人才

民族传统体育产业从产品策划、设计、生产到销售的整个过程都要求从业者具有较高的文化艺术修养。较一般物质生产行业来说，民族传统体育产业对人才的文化素质要求更高，占用的人才更多，人力资本在文化产

品成本构成中比重更大。因此，一支训练有素、结构合理的人才队伍是其产业发展的关键。

在管理人才中，现代民族传统体育产业不仅需要战略规划、资本营运、财务管理、客户管理的行家里手，而且需要作为民族传统体育产业领军人物的体育文化企业家。

第一，能以超前的经营管理理念和敏锐的市场眼光，对内不断进行体制创新，增强民族传统体育产业对外界变化的反应能力和适应能力，对外捕捉市场信息，获取稍纵即逝的市场机会。

第二，能够以独特的人格魅力凝聚人心，鼓舞士气，创造独特的企业文化。

第三，具有强大的调动社会资源的能力，民族传统体育产业的特殊性要求管理者必须具有建立或妥善处理对外公共关系的能力，从而为企业发展创造良好的外部环境。从某种意义上讲，民族传统体育产业掌门人决定着民族传统体育产业的兴衰。

（三）信息

信息是指那些通过文字、数据、符号或信号等形式来表现的、可以处理和传递的对象。

信息无疑是民族传统体育产业发展的核心要素之一。信息的贫富决定民族传统体育产业质量，国家的贫穷也必然体现在信息的贫穷上，谁拥有优势信息资源，谁就会赢得信息竞争的优势甚至形成市场垄断地位，也将因此成为民族传统体育文化产业市场的主导者。

由于信息已经成为民族传统体育产业贸易的核心内容之一，所以首先应该在信息丰富性、可靠性和时效性方面下工夫，紧紧围绕信息这个中心，不断扩大信息量，为民族传统体育产业发展提供永不枯竭的信息源泉。

（四）创意

创意也叫策划，俗称“点子”。创意是创意者依靠自身知识、经验和智慧对资源配置进行组织、运用、处理，提出的具有独创性的构思、设想、主题、决策和解决方案，它不是已有思维或智慧成果的简单重复或模仿，而是人类挑战传统、拒绝平庸、不可穷尽的智能创新活动。这种灵光闪现般的创意具有点石成金的效果和化腐朽为神奇的力量。

创意贯穿体育文化生产、流通、分配、消费全过程，其内容十分宽泛，它可小到一次活动、一件产品、一个卖点，也可大到企业理念、企业文化、发展战略、资本结构、组织结构、市场营销、人才招募直至宏观上的产业政策制定等。在现代市场经济中，民族传统体育产业迫切需要创意的支持，无论是民族传统体育文化产业层面上的大手笔运作还是日常经营都离不开创意，创意水平反映经营水平，决定市场认知度甚至媒体的成败。创意形成民族传统体育文化独特的个性，从而成为民族传统体育文化无形资产的重要组成部分。一个好的选题造就一部好书，一个好的创意成就一个品牌，它就是一座金山，一个经济支柱。

从本质意义上讲，创意是民族传统体育文化产业创新能力的直接反映，创意质量的关键在人，所以培养、造就一批深谙策划谋略、洞悉市场规律、运筹帷幄的策划能手和点子专家是民族传统体育产业发展的重要任务。同时，要树立社会化创意的理念。作为民族传统体育文化服务业的重要内容，要大力发展社会化创意机构，允许、鼓励设立各种形式的点子公司、策划工作室，推动创意水平不断提高。

二、民族传统体育产业发展的社会经济环境

（一）经济环境

马克思主义认为，人类的生产活动主要由物质生产和精神生产构成，它们是为了满足人们的生存需要、发展需要和享受需要而存在和发展的。马斯洛更是从边际理论出发，罗列了人类从生理、安全与保障、爱与归属到尊重、发展五个不同的需求层级。经济学家们利用反映需求量对收入变动灵敏度的需求收入弹性研究发现，需求量和收入变化一般成正比，收入增加，正常商品需求量也会增加。那么，放在社会细胞家庭中来看，究竟是什么需求量增加，恩格尔通过统计调查研究发现：在家庭消费支出中，食物收入弹性大于0而小于1，它随收入增加而减少；衣服、住宅和燃料的收入弹性等于1，它们不随收入增减而变化；文化消费的收入弹性大于1，它随收入增加而不断增加。这就是后来被称做恩格尔系数的经济指标带给人们的思考。

这些经典理论告诉我们，经济增长是文化消费增长的基础，只有加快经济，提高国民收入水平，国民对于精神文化的消费需求才会不断增长。的确，民族传统体育产业发展有赖于经济的支撑，建立在经济增长基础之上，没有经济基础这一后盾也就没有民族传统体育产业，民族传统体育产业落后是经济落后在体育产业层面上的直接反映。这不仅仅表现在经济增长能为民族传统体育产业发展提供物质与技术保障，如经济增长能够确保为民族传统体育产业提供其需要的生产力要素；而且，由经济增长带动的不断增长的民族传统体育文化信息服务和信息产品消费将促使民族传统体育产业快速扩容，为民族传统体育产业提供宽松的市场环境。

总之，经济发展的速度与文化产业发展的速度成高度正比。经济快速增长时，文化产业呈高速发展态势；而经济萧条时，文化产业发展则受到严重制约。因此，西部民族地区应奋发图强，在又好又快地促进经济建设和社会发展的同时大力发展民族传统体育产业。

（二）消费环境

古人云："仓廪实而知礼仪。"世界经济文化发展规律表明，当社会生产力处于快速发展时期，随着物质生活水平的提高，人们更加关注文化、精神和心理需要，包括科技、教育、运动休闲、影视娱乐在内的文化消费将不断增长。特别是在知识经济时代，人们的这一需要将超常规地放大，它无疑能为满足这些需求的西北地区的民族传统体育产业的发展提供广阔的发展空间。

从更深层次研究，我们发现人们追求物质生活与精神文化生活的平衡将促进体育文化产品消费增长。人们对物质生活的追求总是有限度的，而对精神生活和文化生活的要求则"永无止境"。当今，由物质生活与精神生活失衡所引发的诸多问题已经引起社会的广泛关注，西部民族地区发展民族传统体育文化产业，以更丰富的民族传统体育文化产品陶冶情操、舒展身心、释放压力、化解矛盾已成为西部民族地区科学发展战略中的一个重要内容。

正是内在需求和外在压力的双重作用不断拓宽广大西部地区文化消费空间，才能为广大西部地区民族传统体育产业发展提供巨大的市场。

（三）文化环境

文化是人类在社会历史发展过程中所创造的物质财富和精神财富的总和，尤指文学、艺术、体育、教育、科学等精神财富。民族传统体育产业发展与社会文化环境的关系极为密切，具体表现在：

第一，良好的文化环境为民族传统体育产业发展提供得天独厚的土壤。民族传统体育产业发展的核心在于其内容，而深厚的文化底蕴能为民族传统体育产业提供广泛的题材和丰富的内容。

第二，良好的文化环境为民族传统体育文化产品消费提供广阔的市场。众所周知，文化的提升基于教育，教育培育文化创造者和文化消费者，促进大众文化的发展。当发达的教育体系培育的文化产品消费者形成庞大的消费群体时，它所产生的集聚效应对于壮大民族传统体育文化市场将产生倍增作用。

（四）市场环境

竞争是同一经营范围内不同经济主体从自身利益出发战胜对手的行为。民族传统体育产业是由其进入的政府调控壁垒与市场壁垒等决定的，但同时其产业内部竞争是客观存在的。

民族传统体育文化市场竞争具有积极的作用，突出表现在如下几方面：第一，有利于提高民族传统体育文化产品质量。第二，有利于优化民族传统体育产业结构，壮大民族传统体育产业规模。市场机制是竞争产业的根源，在市场配置资源的基础性作用得到充分发挥时，优胜劣汰将成为必然。

（五）法治环境

法是国家意志的表现，在市场经济中，法居于支配地位，是市场主体最基本的行为准则。索罗斯曾经说，不怕因市场风险而亏钱，最怕无规则、无秩序、不可预测。英国学者布莱克指出，文化的量与法的量应当成正比，文化的量越大，法的量也越大。法律越完善、越公开、越透明，越有利于文化产业的发展。

民族传统体育产业发展离不开法治环境，这是由其特殊性和复杂性决定的，其特殊性表现在它必须坚持社会效益与经济效益的有机统一，即既要遵循市场经济发展的一般规律，注重经济价值创造，又要遵守相应的管理法规，充分创造并反映社会价值与社会效益，为消费者提供的产品无论在内容还是形式方面都必须符合社会主流价值规范。复杂性则表现在与民族传统体育产业相关的各种利益主体错综复杂的利益关系。完善的法治环境能够有效规范行为、保障权益、维护产业发展秩序。

三、民族传统体育产业发展所产生的关联效应推动相关产业的发展

产业关联是指不同产业部门之间在生产投入中的相互依存关系。A. 赫希曼曾就产业关联作出如下分类：第一，前向关联度与后向关联度都很高的产业，主要指以中间产品生产为主的产业；第二，前向关联度低、后向关联度高的产业，主要指以最终产品生产为主的产业；第三，前向关联度高、后向关联度低的产业，主要指以中间初级产品生产为主的产业；第四，前向与后向关联度都很低的产业，主要指以最终初级产品为主的产业。

我们可以通过感应度系数、完全消耗系数等指标就民族传统体育产业对相关产业的影响作出量化分析，从中不难推断出民族传统体育产业是前向关联度与后向关联度都较高的产业。前向关联表现在为民族传统体育产业发展提供生产力要素的产业非常庞大。民族传统体育产业的发展将为这些前向关联产业创造巨大的市场空间，这种强大的产业需求推动其不断发展。而后向关联产业则更为庞大，几乎渗透到国民经济各个部门和社会生活的方方面面。民族传统体育产业的发展还有助于提高民众的科学水平、文化水平和道德水平，为经济发展提供强大的智力支持和精神动力，这对社会经济发展的作用与贡献显然不是以算术级计量的，而是呈几何级数增长。

综上所述，民族传统体育产业发展的产业关联效应对于增进西部民族地区经济社会的又快又好发展，对提高整个西部民族地区社会文明水平具有重大的战略意义。

第七节　民族传统体育产业发展与体育旅游

一、体育旅游的内涵及体育与旅游的关系

所谓体育旅游，目前较为权威性的解释是：“体育旅游是‘以欣赏、观

看或参与体育活动’为内容的旅行游览活动”，世界贸易组织曾给旅游下了一个定义：以消遣、朝觐、公务、健康等为目的，到惯常环境之外的地方旅行，时间在12个月之内的游客的活动。这个定义虽然没有就旅游行为本身加以具体说明，但至少清楚地表明了两层含义：首先，旅游是现代人们的一种休闲、休息方式，它不应有任何谋生的意图或精神负担；其次，旅游是离开常住环境的休息方式，但应持续不少于一天的时间。大众体育是以健身、娱乐和社会交往为特征的群众性体育活动，与体育旅游有相似之处，因此，可以将体育旅游和体育健身旅游看成是其中的一部分。只是，体育健身旅游有其自身的特点，它强调生态环境与健身效果，在一定程度上可以不受距离远近和时间长短的界定。体育旅游与体育运动的其他领域有着外延的联系。根据体育旅游的目的和作用，可以这样认为，体育旅游是指游客借助各种自然文化资源并通过旅游而获得心理满足和身体健康的活动。

体育与旅游之所以协同，是因为二者有着相类似的经济和文化内涵，存在着可以结合的机理。旅游的含义包括“旅”和“游”两个方面：“旅”是指旅行，即旅游者从住地到目的地的空间移动；“游”则是指游览，是一种休闲、消遣活动，它以游览对象和内容为基本条件，主要是满足人们在身体、精神和文化等方面的需求。而体育运动作为人类社会的一种文化现象，其发展也是基于满足人们不断扩大的身心享受的需要之基础上的。体育和旅游虽分属两种社会现象或人类活动范畴，但由于两者存在许多共同的或相似的特性，其发展有着相同的社会经济文化背景，对人类与社会的发展起着相似的作用。特别是其活动内容在满足人们心理和生理的高层次需要方面有异曲同工之处。体育和旅游活动就其性质而言，同属社会文化活动。首先，体育与旅游都是人类社会发展到一定时期，为了满足人们日益增长的社会文化需求而出现的产物，其发展均有着共同的社会经济背景。其次，体育和旅游活动都是社会消费活动，是人们满足自身精神文化需要的方式。再次，说体育和旅游都是文化活动，是因为两种活动都具有丰富的文化内涵。在活动过程中，人们既增长了见识，又增强了体质；既领略了大自然的美景，又体会了人与自然的和谐；既欣赏了人类文化遗产，又丰富了现代生活知识；既了解了世界各地的风土人情，又促进了各国和各民族之间的交往与友谊。因此，就参与体育活动或旅游活动的个体来讲，一般都不把经济收益当成是活动目的，而只是把经济作为参与体育和旅游活动的条件。由此可见，体育同旅游一样，对参与者而言主要不属于物质生活方式，而是一种文化生活方式和消费性活动。最后，任何构成体育或旅游商品的对象物，都具有其自身独特的历史、民族特质与文化氛围。参与者可以从中吸取这种特质，感受这种氛围并接受其熏陶，以达到愉悦身心和增长见识的目的。

二、体育旅游的特征

体育旅游之所以成为当今新潮，并折射出强大生命力，除其本质最接近自然，最易被现代化条件下的人民大众所接受外，还有其自身的独特之处。

体育旅游首先是体育与旅游相结合，满足人们健身与娱乐的需求；其次是由于体育运动具有宽泛的外延，其丰富的内容让参与者容易找到切入点，能满足个性化的需求；再次是体育旅游具有可重复性，消费者更加注重的是体会体育旅游的过程。此外，体育旅游既吸引外地人，也吸引本地人。不同地区体育旅游业的发展形式不同，而且进程也不同。体育旅游开发的民族性、区域性、阶段性是体育旅游产业可持续发展的三大主题。体育旅游与一般意义上的旅游既有相同之处，又有其特点。从宏观上说，体育旅游属旅游范畴，它是现代旅游和大众体育的一个重要组成部分，体育旅游与一般意义上的旅游的区别有三点：一是目的不同；二是活动的内容、方法、手段不同；三是最终的效果不同。由于体育旅游主要是围绕参与体育娱乐、健身、竞技、康复、探险等活动而产生，因而实现这一目的具体内容、方法、手段独具特色。

体育旅游的另一表现是度假旅游。随着国民生活质量的提高，越来越多的城乡居民利用双休日或黄金假日，到特色度假村进行阶段性休养。一方面感受大自然，另一方面恢复脑力疲劳或进行康复性治疗，调适心态。在国外，旅游度假村很发达，功能齐备。如法国的阿尔卑斯冬季体育娱乐度假区便有200多处。在我国，旅游度假村虽起步较晚，但来势看好。各地各具特色的度假村层出不穷。显然，无论何种类型的度假村，都与休闲及康体健身联系在一起，是一种高品位的体育健身旅游，且呈日益发展之势。

可以看出，学术界对体育旅游特点的认识，比较到位。但还有三个不足，第一是对体育旅游突出以体力为本不够。张发强说：“既然是姓‘体’字的旅游，就不能仅仅只搞一般的旅游，要把体育的特色放进去。”① 这是一个体育旅游如何定位的问题。第二是对体育旅游关于健身康体的特点突出不够。第三是对我国体育旅游与国外体育旅游的比较少有涉及。

三、体育旅游的作用

首先，体育旅游能促进非贸易性创汇。其次，能创造大量的就业机会。根据国际经验，旅游业每直接增加一个就业人员，就能间接为社会提供五个就业机会。再次，能带动社会和城乡居民个人消费。最后，体育旅游能促进社会各行业的发展。开拓体育旅游业可以提高国民素质，可以帮助体育旅游的消费者掌握不同的体育活动基本技能，了解不同种类体育旅游活动的作用、功能、方法和运动处方，提供帮助消费者快速恢复体力和精神的服务等等，使参与体育旅游活动的消费者不仅满足愉悦身心的需要，而且能促进身心健康，缓解和消除身心疲劳，增强体质，防范“文明病”；体育旅游可以带动相关产业的迅速发展，体育旅游与观光旅游不同，需要服装、体育用品等专项产品与之配套，发展体育旅游不仅可以带动体育咨询培训业、体育医疗康复与健美服务业、体育器材业、体育服装业、体育建筑业等产业的发展，而且还能启动消费品市场，刺激制造业的发展，提高工业技术水平，还可带动投资环境改善，促进对外经济合作与交流。

体育旅游的发展和兴盛，标志着人们体育生活观念和体育生活方式的改变，体育旅游的主要作用，一是拉动消费，发展社会经济，利国利民；二是健康身心，这是人们积极参与体育旅游的最重要的动机；三是提高全民的环境建设与环境保护意识。在一定程度上，体育旅游可理解为生态体育。在此基础上，还可提出生态体育经济、生态体育文化等概念。体育旅游是处在一个三维互动的平台上。因此，若将体育旅游圈入到国民体育生活方式变革的框图中考察，便可发现，发展体育旅游，对于实施全民健身纲要，开发大众体育健身资源，倡导中华体育资源共享意识和体育旅游资源保护意识，意义重大。

---

① 张发强：《体育经济漫谈》，128页，西安，世界图书出版公司，2000。

四、体育旅游资源的内涵与特征

体育旅游的产生和发展有赖于体育旅游资源。一个区域体育旅游业兴旺与否、效益高低，首先取决于体育旅游资源的丰富与否，取决于体育旅游资源开发价值的大小。关于体育旅游资源的概念，似乎尚未见有明确的界定。其实，无非是看体育旅游者的动机与欲望；看目的地对体育旅游者的吸引力；看能否为旅游业或体育旅游所带来的社会效益和经济效益等等。这些自然的、社会的、有形无形的因素都称得上是体育旅游资源。体育旅游资源既包括为体育的产生、生存和发展提供适宜的自然空间与各种自然生物圈等自然环境，又包括有参与、观赏和健身价值的各种各样的体育文化、体育项目、体育游戏，同时还包括为旅游或体育旅游而兴建的服务设施。这些资源可为人们提供观赏、度假、娱乐、探险、康复、健身等项目。所以，简单地说，体育旅游资源就是一切为人们开展体育和健身活动所提供的身体活动场所、项目和物质环境。体育旅游资源可分为自然体育旅游资源、人文体育旅游资源两大类。自然体育旅游资源是直接利用自然界中的山川名胜、水域风光、生物景观等为旅客服务；人文体育旅游资源则凝聚着前人开创性的智慧与汗水，是体育文化、养生文化、健身文化的汇合与沉积。它包括历史古迹、历史建筑，以及科教文化设施、休闲疗养、社会福利设施、公园、体育活动设施和场所等。其实，自然体育旅游资源与人文体育旅游资源是我中有你，你中有我，紧密结合，密不可分的，既有名山大川雄伟的壮丽风光，又有历代文物和名人名胜的优美传闻，还有历代体育文化成果，两者交相辉映，相辅相成。

中国历史悠久、山川壮丽、民俗奇异，体育旅游资源十分丰富，并有着鲜明的特色。

第一，多样性。中国是世界上体育旅游资源最丰富的国家之一。资源种类繁多，类型多样，具备各种功能。首先是自然资源的多样性。中国拥有类型多样、富有美感、不同尺度的风景地貌景观，这在世界上是独一无二的。从海平面以下155米处的吐鲁番盆地的艾丁湖底，到海拔8848.13米的世界第一高峰的珠穆朗玛峰，绝对高差达9003米。中国不仅有多样气候带变化，还有鲜明的立体气候效应，尤其是横断山脉地区，即所谓“一山有四季，十里不同天”。不论东南西北都有繁花似锦的美景，不仅有海滨、山地、高原、高纬度地区的避暑胜地，而且还有银装素裹的冰雪世界，以及避寒休闲度假胜地海南岛。多样的风景地貌和多功能的气候资源，为体育旅游和体育健身提供了优越的生态场所。其次是传统体育项目的多样性，如云南和四川，传统体育项目达300多个。《中华民族传统体育志》便收录了传统体育项目978项。这些项目，既产生于自然，又在自然中发展，与自然环境融为一体，使许多旅游胜地同时具备体育胜地的功效。

显然，不论是从体育旅游资源供给的角度还是从体育旅游消费的角度看，中国拥有世界体育旅游活动的各种资源和要素，可以开发成为适合现代体育旅游趋势的各种旅游产品。很少有国家像中国这样具有如此多样和复杂的体育旅游资源系统。这一方面是由于中国的国土辽阔，地质复杂，气候多样，另一方面也与中国历史悠久、文明发达有关。

第二，历史性。中国是古人类发源地之一，也是世界文明发祥地之一，流传至今的宝贵遗产构成了极为珍贵的旅游和体育旅游资源，其中许多资源以历史久远、文化古老、底蕴深厚而著称。如宗教名山峨眉山、五台山、九华山、武当山、衡山等，具有非常丰厚的体育文化、健身文化、养生文化、长寿文化积累。

中国体育旅游还有其广泛性和区域性，令体育旅游的内容更加多姿多彩。

五、民族传统体育旅游资源概览

民族传统体育历史悠久，源远流长，在漫长的历史长河中，不同民族以自然的悟性，创造了许多富有特色的传统体育项目，其内容非常丰富，分布非常广泛，表现形态千差万别：一是与生产劳动相结合，具有鲜明的从业特点；二是与风俗习惯紧密相连，并且许多项目都是通过风俗习惯的沿袭而流传发展，这反映在节日、喜庆等习俗上尤为突出；三是许多活动项目都与歌舞艺术融为一体；四是场地、器材简便易行，山坡、河流、场院、沙滩、草地等都可成为项目的表演和比赛场所，所需器械用品，大多是生产、生活用具或可就地取材自制而成。民族传统体育集观赏、健身、艺术、娱乐、参与等多种功能于一体，具有广泛的民俗性、显著的健身性、良好的观赏性、娱乐性和丰富的文化内涵。

特别是西部地区，少数民族最集中，民族传统体育项目最丰富。如西藏的体育旅游资源丰富独特、品位极高，对海内外旅游者有着非凡的吸引力，是发展体育旅游的好地方。这些资源涉及自然、地理、民族、宗教、历史等领域，不仅与国内其他地方相比独具特色和魅力，而且从世界范围看，许多地方也是举世无双、“唯我独尊”的。像世界屋脊青藏高原，地球之巅珠穆朗玛峰，最深峡谷雅鲁藏布大峡谷，集宗教、艺术、建筑魅力之大成的布达拉宫、扎什伦布寺，号称亚热带天然植物园的藏东南，与五个国家毗邻的长达4000多公里边境线，多民族及其异彩纷呈的代表性文化。再如云南省，分布着52个民族，其中人数在4000人以上的少数民族有25种。在长期的历史发展进程中，他们创造了300种以上的传统体育项目。还有地处东北和西北地区的各少数民族，创造了近百种传统体育项目。

（一）跑、跳、投类

双飞舞跑、贵由赤、跑马城、跑火把、雪地走、顶罐走、顶瓜竞走、顶壶竞走、夹兽跳、撑杆跳、赛威呼、十六走百病、跳马、跳骆驼、跳板、跳牛筋、投砂袋、打布鲁、打飞棒、抛尕、掷坑、掷白骨头、叉草人、击木轮赛、月下赛跑、扔木棒、投绣球、抛花包、丢花包、抛沙袋、打泥砣、掷石戏、赛跑、赛跳跑、撑杆跳远、斗走、投梭镖、皮风子、跳花盆、跳山羊、跳牛、跳板凳、跳小单门、跳大单门、穿花衣裙赛跑、穿针赛跑、织麻赛跑、跑人、俄多、扔石赛。

（二）体操类

二人翻跟头、爬杆、爬坡杆、爬花杆、爬树赛、爬滑杆、爬天杆、登独木天梯、绳梯、搭人山、打猎操、独木桥、爬绳比赛、溜索、竹林竞技。

（三）球类

马球、踢石球、打嘮嘮球、击石球、打牛毛球、马球、铜锣球、珍珠球、波依阔、毛皮球、叉草球、木球、打毛球、打石头、墙球、打铆球、帕卜孜棍球、毛线球、打咭古嘟球、棒击球、牛毛球、鸡毛球、打木球、打狗归坡、抛绣球、打篾球、背篓球、竿球、钱仔球、棕球、小包团、皮球窝、叶子球、跳鸡毛球、掷鸡毛球、布球、弹球、击球、草球、藤球、皮球得来火、丢球、牛尿泡球、布朗藤球、拍球、打篾鸡蛋、打鸡毛球、板羽球、丽江球、怒怒球。

（四）舞蹈类

踢踏舞、打扁担、舞龙、舞狮、高台舞狮、跳桌、跳灯、跳鼓、跳斑鸠、跳红灯、板凳龙、花棍、摇旱船、舞草把龙、打花棍、打垂鼓、跳竹竿、要草龙、玩花龙、打花龙、接龙舞、舞花棍、弄狮、弄龙、跳火绳、跳花鼓、猴儿鼓、舞铃铛、跳芦笙、舞龙头、要春牛、踩芦笙、霸王鞭、仗鼓、要火龙、跳铜鼓、东巴跳、跳木鼓、跳盔甲、要白象、跳大鼓、黄泥鼓。

（五）角力类

摔跤、乘马摔跤、拔河、藤条拔河、颈力拔河、躺倒拔河、手拉拔河、二人背向角力、对棍、赛颈力、拉棍、颈力、搬棍、顶杠、掼牛、拔腰、抱小腰、斗鸡、蹬棍、拉爬牛、顶牛、掼力、牙力、扁担劲、斗角、搭撑腰、耐砣、抵杠、推竹杠、对顶木杠、拉乌龟、肚顶棍、手顶棍、推八字马步、同顶、同填、同拼、同背、顶竹竿、顶棍、拉竿、斗力、蹲斗、杠术、顶头、对手拉、抵肩、扭扁担、顶扁担、三雄夺魁、脚踢架、扭扁担、拉鼓、格吞、赍牛、犟扳颈、蹬棍、抱石头、举沙袋、人拉人拔河、踢脚、踢架、拉绳、拉肚夺、四方拔河、推杆、扭棍子顶杠、拔腰力、扭杠、顶竹竿、扭竹竿、扳手腕、虎熊抱石头、操石磙。

（六）武艺类

铁连极、打响鞭、抹旗、打棍、夺腰刀、肉连响、撒尔嗬、拔地功、倒挂金钩、钱铃双刀、象步虎掌、舞吉保、芦笙拳舞、芦笙刀、金钱棍、铁链械、象脚鼓、对踢、各族武术等。

（七）水上球

桦皮船、潜水赛、游泳、赛皮筏、骑木划水、夹木过河、皮袋竞渡、放木筏、羊皮筏竞渡、划龙舟、潜水游戏、漂滩、脚踩独龙穿争流、踩独木划水、游水捉鸭、龙舟竞渡、划牛皮船、划竹排比赛、划爬子比赛、赛独木舟、划猪槽船、骑海马。

（八）射击类

弹弓、泥弹弓、打粑粑、射面兽、射荷包、打汤碟、打筒炮枪、步射、追射、射柳条、射香火、射鹄子、射米团、射元宝、射簇、射兔、打靶、射草靶、木枪射击赛、打粉枪、射弩、射箭、碧秀、打耳祭、打筒炮枪、射背牌、打五枪。

（九）骑术类

赛马、马术、斗马、赛骆驼、赛驴、骑射、叼羊、姑娘追、追姑娘、赛走马、压马走、压走骡比赛、一马三箭、叼羊、跑马拾银、乘马摔跤、乘马拔河、跑马捡哈达、乘马点火枪、骑马射箭、赛牦牛。

（十）游戏及其他

抢花炮、放风筝、打秋千、二人秋千、打磨秋、转秋、轮子秋、观音秋、八人秋、空中转轮、打陀螺、鸡棕陀螺、打手毽、踢毽、哆毽、踢毛毽、打和毽、跳皮筋、跳白索、花式跳绳、杠子、皮条、中幡、举石担、石锁、石刀、二贵摔跤、赶石弹、打瓦、冰嬉、打冰嘎、打石头、打土块仗、踢牛嘎拉哈、插鸡毛尾翎、拉地弓、穿树林、掷子、布木格、套马、玩篝火、转瓢、投骰、滑冰、滑雪、寻棒、萨克、陶力棒、猎熊戏、皮爬犁、赛狗爬犁、打爬犁、斗熊、打枕头、打嘎儿、夺万岁、快马子赛、冰磨、打抛俩、打梭儿、擢杆、扔包、赶老牛、滑冰车、打砖、击木、扔包、跳格、顺风扯旗、斗鸡赛、洒蛋蛋、打杈杨、高空走绳、奥都卡尔、抢花帽、三连石击目标、打鞭子比赛、打皇宫、奥尔托托甫、阔容铁、举重、踢熊头、技校螃蟹、打哑铃、打缸、要蚂蚱、打日头来、赛瓦、溜道滑柴、打撂抛、春榔争蛙、扒龙船、芭芒燕、打拐、赶猪进城、踩风车、扳腰、翻歪涧、虎抱羊、拾天灯、骑竹马、踩脚力、抢贡鸡、抱磨盘赛跑、跑泽田、地龙、攀藤、玩抱姑、高脚马、跳马儿、抱蛋、拉头巾、踏木桩、滚坛子、滚环、拣子、搂腰带、耍石碗、火棍、点冲天跑、人龙、穿藤圈、抢姑娘、打尺寸、登山、赛海马、虎抓羊、操石磉、抢山猪头、站柱、打野战、舞铃刀、母鸡护蛋、打灰包、驳脚、爬滑木、爬油杆、打狗、踩高跷、竹摔、挑担赛、编花冠、烤竹筒饭、搭茅屋、舂米赛、菠基伸、设渡比拉、抓石子、弹豆、跳大海、赶老牛、拔萝卜、跳高脚马、绵羊拉绳、舂谷子、斗鸡、斗马、踢毛菌、上刀梯、打泥脚、打禾鸡、打草蛇、踢枕头、斗风筝、赶喽喽、赶牛、打牛角、套圈、爬山、玩山、登高、踩石轮、骑木马、跳伟登、跳火把、老虎跳、跳花棚、打石头架、鸭子赛跑、堆沙、赖地、滑板子、跳牛、砍竹竿、蜡河毕、投茅、哈呜郭、瓦逮、瞎子摸鱼、熊顿、翻桌子、摔石子、飞石锁、跑罐子、偷狐儿、拨拨拉、飞石索、甩皮封、抱蛋、丢窝窝、接竹筒、拉拉、蛇龙、赶猪、亚都都、打跳、跳竹、翻竹竿、羊打架、蹬窝罗、拉姆、网石、滑草。

六、维护与开发相结合，促进民族传统体育旅游可持续发展

民族传统体育旅游的可持续发展是一个新颖而又充满时代特色的旅游发展模式，而生态体育旅游是实现这一发展模式的有效途径。所谓民族传统体育旅游可持续发展，它是指在不损害生态持续性、旅游地居民利益的基础上，既满足当代人高质量的旅游需求，又满足下一代人高质量的旅游需求，实现旅游业的长期稳定和良性发展。

当今，旅游已成为世界性潮流，但在发展的同时，旅游业对环境的破坏亦越来越严重。据中国“人与生物圈国家委员会”提供的对全国100个省级以上自然保护区的调查表明，我国有22%的自然保护区由于开展生态旅游而造成保护对象的破坏，11%出现旅游资源退化。因此，在开发民族传统体育旅游资源过程中，应以保护生态环境和风景名胜资源为前提，合理开发建设和科学管理，把民族传统体育旅游经济发展稳定在生态持续性的阈限内，保证不因民族传统体育旅游而破坏自然环境，使民族传统体育旅游经济效益与生态效益相协调。也就是说，民族传统体育旅游资源的开发要适度，必须以培育为前提。若对资源粗放式、掠夺式、野蛮式的开发，必然会导致生态环境的急剧恶化，以及人文资源的严重破坏。我们在规划民族传统体育旅游项目时，可以专业性观赏或对环境影响较小的特色项目为主，如生态探险、生态保健、生态康复、生态度假、生态科研考察等。保护生态环境是为了更合理地持续利用，适度开发不仅是为了充分利用它的各项资源，发挥其综合效益，而且是开发利用与生态环境保护相结合，最终达到持续发展的目的。

生态旅游作为一种对自然和文化旅游资源有着特别保护责任的可持续发展模式，可以通过减轻环境压力，实现民族传统体育旅游资源可持续利用，通过保护旅游景观资源和文化的完整性，平衡经济利益，实现相互间的利益共享和公平性，是实现民族传统体育旅游业可持续发展的必然抉择。

第八节 民族传统体育产业发展所面临的困惑

一、文化力是民族传统体育文化的价值基础

进入21世纪，有两个概念连续被人们关注：一个是美国前国防部长助理、哈佛大学政治学院院长约瑟夫·奈在20世纪80年代末提出的“软实力”，2004年4月他的新作《软实力，世界政治中的制胜之道》再度吸引了有关有识之士的眼球；另一个是未来学者和文化经济专家的观点：在21世纪，各国竞争的胜负决定于文化产业。其实二者所指的都是“文化力”，都是对文化力的重视。“软实力”和“文化产业胜负论”是当今和平发展为主题的世界总趋势的产物，当非战争手段成为地区或国家之间关系的主要处理方式时，以吸引力、号召力、影响力为内容的文化力作用日益突出。约瑟夫·奈定义的软实力就是“通过吸引别人，而不是强制他们来达到你想要达到的目的的能力”①。利用好莱坞和优势的传媒业，成功传播精心设计的美国形象和美国价值，用文化力实现军事力和常规政治力、经济力难以渗透占领的心理领域，是第二次世界大战后美国国际战略史重要主线之一。

文化产业迅速从传统产业与一般服务贸易中崛起，文化经济成为世界新经济的基本形态，这是“文化力”等概念生命力的又一主要背景。最近几十年来，西方发达的文化产业普遍优于其整体经济，获得长足的进步；英国文化产业平均增长速度是其全国经济增长速度的两倍，2002年文化产业出口率达到175亿美元，2003年成为金融业之后的全国第二大产业。日本近十年发展乏力，然而其文化产业却一枝独秀：1993年至2003年全日本商品出口总额仅增长36%，同样十年间，文化产业出口额却增长了两倍，

① ［美］约瑟夫·奈：《软力量：世界政坛成功之道——哈佛大师系列》，吴晓辉、钱程译，63页，北京，东方出版社，2005。

从5343亿日元增加到1.5779万亿日元。美国文化产业从1977年到2001年的24年里，平均年增长率为7%，而其他产业只有3%。2001年美国文化产业总值占到其国民生产总值的7.75%，为7912亿美元，仅“核心版权产业”出口就达889.7亿美元，荣登全美最大出口产业之首，比其第二大出口产业“化学原料及有关产品业”高出近143亿美元。

媒体注意到，1996年发达国家摇滚乐经营效益超过钢铁产业，1998年“辣妹”是英国最大的出口项目；2000年旅游业被誉为世界头号产业；日本人因动漫、音乐等流行文化在国际上备受推崇，创造出“国民总魅力度”一类词汇宣扬文化力的意义，并很有成就感地认为日本在20世纪90年代已成为文化上的新超级大国。于是取得经济建设与发展一定成就的地区和国家，纷纷将文化经济确定为主要发展的目标，将文化产业作为最重要的替代型产业，将文化资源转化为社会经济综合效益，当做未来经济建设和社会发展的基本切入点和结合点。韩国在这方面堪称楷模。当韩国经济起飞、综合国力上升到一定阶段时，他们不是自我欣赏，而是提出“要4000万人口的国内市场，还是要60亿人口的全球市场”的尖锐问题，倾举国之力发展文化产业，在韩国影视、游戏等产业迅速地创造了年出口额达5.9亿美元的奇迹后，毫不犹豫地提出到2007年力占世界文化贸易市场5%份额，实现文化产业出口额100亿美元，跻身世界文化产业“五强”之列的发展目标。

文化力，已经是当今世界体现政治、军事、经济、外交等综合国力的高层竞争领域，以文化力为核心的“软实力”辐射出的魅力、吸引力、亲和力、渗透力，大规模地引领着信息流、资本流、人才流、消费流，西部民族地区加快经济发展、构建和谐社会要积极发展文化产业，利用文化需求构筑西部民族地区民族传统体育产业发展的根本动力，利用文化力为牵引，做大做强西部民族地区民族传统体育文化产业。

二、文化自觉缺乏影响社会资源向民族传统体育文化产业汇聚

如前述，21世纪的发展趋势是文化经济，文化产业是国家的主导产业之一。经济发展、社会进步、民生改善以及文化吸引创造的需求是极为重要的环境条件，可以说是一种思想观念上的进步。但仅仅如此是远远不够的。促成民族传统体育文化经济规模价值的关键是内部条件，拥有民族传

统体育文化资源配置权力者和其产业置业者的文化自觉是形成良好内部条件的主要动因和前提。

文化自觉首先是文化精神的自觉，同时指文化经济意识的自觉。众多发达国家及其文化产业发达地区已经在近几十年建设过程中通过让其传统产业增加文化含量、突出文化价值，使以新兴文化产业为主体的服务贸易占据其经济总量的80%，甚至90%的发展模式，开辟了科学发展的先河。20世纪90年代中期的维也纳就远离污染和过量能源消耗，以100万人口的文化型城市接待并吸纳1090万游客的文化消费力，每年仅此一方面就有上百亿美元的收入。文化自觉可以使得民族传统体育的文化环境、资源、产业相得益彰。文化自觉决定了态度坚决和选择正确，较少陷入短期效益、毁坏形象、污染环境等问题。

三、民族传统体育文化消费吸纳力与生产力的弱势制约其产业化和规模化

原生态的民族传统体育文化的确能创造其文化消费的需要背景，当文化自觉转为对西部民族地区文化经济的有效供应力、消费吸纳率、社会满足度等方面的审视时，我们就有所不安，有一种紧迫感、危机感。

1. 西部民族地区极度缺乏代表地域特色和中华文化气派的民族传统体育文化项目及其服务群落，因此对大规模的消费需求的有效供应力不强。面对国内外对民族传统文化和民族传统体育文化的兴趣高潮，西部民族地区将因文化消费吸纳力的弱小，难以将理念文化资源转化为文化经济意义上的综合效益，缺乏富于世界眼光和杰出感召力的项目、产品、服务。所谓商机只会化为媒体泡沫。

2. 西部民族地区目前没有建立权威、定时、准确、全面、成熟的民族传统体育产业及其信息平台，若连国人都无法快捷方便地了解西部民族地区民族传统体育项目、产品、服务情况，无法进行可靠有效的远程消费咨询和预订，更不必提外国获取西部民族地区民族传统体育文化信息的及时性和准确率。信息平台的有无与质量有无既关系西部民族地区民族传统体育的虚拟文化形象，又是其生产与消费之间的沟通渠道，它与进行跨地域、跨文化改造包装企业，与民族传统体育优秀文化产品生产和储备单位，与目标市场的营销网络，有着互为支撑的关系。当西部民族地区有了令自己

自豪、让外人羡慕的民族传统体育文化经济提供物时，却没有使世界知道它们的存在以及了解并得到它们的路径和渠道，也将影响西部民族传统体育产业的发展。

3. 西部民族地区民族传统体育文化产业微观主体较弱，缺乏核心业务供应链和产业链，更谈不上完整性、有效性和较强竞争力，具备较高水准且具有唯一性的项目、产品和服务保存量少，更新换代的能力差，宣传推广的底气和手段也受到了限制。西部地区文化产业发展普遍面临需求火热而有效供应严重不足的巨大缺口，面临政府倡导超前而产业发展严重滞后的问题，面临舆论声势浩大而产业政策支持力度不强的局面。文化经济的创意、执行、营销亟须社会资本的汇集，而政府、金融和其他行业有实力的产业、企业却无法形成统一大规模行动，其中一个重要因素是西部民族地区民族传统体育文化产业链的微观主体少有强势，导致整体形象、公信度、可靠性、良好预期受到影响。

民族传统体育文化产业应以微观主体的优先优育为基础，这里所讲的微观主体不单是一般意义上的文化企业，而是根据文化需求和文化消费目标市场，按照有所为有所不为的原则设计组合民族传统体育文化供应链和产业链中的基本环节，使这些环节出现支柱型机构、有核心竞争力的强势企业系列，有符合文化经济根本利益的运行规则和局部环境。

第四章 民族传统体育产业评价

第一节 民族传统体育文化资源评价

资源问题是当今世界为世人瞩目并担忧的一个问题。过去，人们更多的是在谈论自然资源，谈论与人类生活息息相关、人类可直接或间接利用的那些物质资源，如水资源、矿产资源、石油资源、煤炭资源等等，而忽视了人类自身繁衍发展过程中所创造的资源即文化资源。随着人类科学技术的迅猛发展，人类自身的需求也产生了巨大的变化，特别是随着旅游业的快速发展，人类的基本需求进一步提高，文化、运动休闲、娱乐等方面的需求在普通人的生活中已成为一种必然。人们逐渐意识到，文化也可以作为一种资源来开发利用，也可以通过开发建设产生经济效益。越来越多的文化、经济、企业界人才开始关注文化资源的开发。文化资源开发的产业化运作，也已成为一种可能甚至是必然。

西部地区民族传统体育文化资源的多样性和独特性，已为世人所注目。面对丰富的资源，如何使其由资源优势转化为产业优势，进而发挥经济优势，这是摆在我们面前的一个难题。资源优势转化为经济优势的前提，是要实施经济投入，对资源进行开发利用。当然，民族传统体育文化资源不同于人们普遍认识到的一些资源，它的涉及面极广，其开发利用绝不仅是简单的资金、技术问题，而是一项复杂的系统工程。因此，有必要对民族传统体育文化资源进行评估。

如何对民族传统体育文化资源进行评估，采用什么样的方式，首先取决于民族传统体育文化资源自身所固有的特点。与自然资源相比较，民族传统体育文化资源所具有的独特性在于其综合性、整体性、时代性、地域性、民族性、竞技性、娱乐性、变异性、可重复性、持续利用性、使用价值的不可储存性、交叉性、互补性。因此，民族传统体育文化资源的评估也有别于对其他一些资源的评估。

一、评价资源的前提

民族传统体育文化资源不是民族传统体育文化的产品和服务，更不是成熟的产业或产业组织。民族传统体育文化资源转化为民族传统体育文化产品，首要的问题就是要对它的产品属性进行评价和界定。这种评估和定位，对于民族传统体育文化资源的生存和发展具有重要意义：

第一，对民族传统体育文化资源进行统计评价有利于明确资源价值，指出资源开发和利用的方向，对于民族传统体育文化资源的产业化发展具有重要意义；

第二，民族传统体育文化资源评估有利于不同资源之间的横向比较，对于明确资源开发的重心，决定资源取舍具有重要价值；

第三，从产业角度看，民族传统体育文化资源产业化的前提首先必须是对其资源进行客观的评价。

二、资源的种类

（一）民族传统体育文化消费需求资源

文化产业存在和发展的基础是需求，民族传统体育文化产业的存在和发展的基础也不例外。古今中外，只有文化产业在达到一定规模和形成相当品牌实力之后，可以走上外向型之路，即以一城为总部向外地、外国推销文化产品，实施其文化服务。然而在初期阶段，或在大多数文化行业，所在地的文化消费需求资源是非常重要的客观条件。当今世界，某一地区、某一城市能够成为世界的、或一国的、或一地的文化中心，若没有比周边地带和同类城市集中、强大的文化需求和文化消费能力，是难以想象的。正是在文化消费需求的推动下，催生出形形色色的文化现象、文化生产、文化服务，跨越饱和型经济门槛的地区，一般都有文化消费巨大的增长潜力，它是激活其他文化资源经济价值的源泉，是创造新兴文化产品、文化服务的环境因素。当然，外地、外国对于本地区文化消费需求资源则是民族传统体育文化产业规模化的前提，这一需求越大越强烈，越说明民族传统体育文化出色，其文化产业服务、项目越成功，其文化品牌越有价值。

（二）民族传统体育文化遗存资源

历史是由人和事所组成的，文化遗存是历史上人和事延续的痕迹，历史上的人文遗存加大了该地区或城市文化资源的厚度和深度，对于它们的态度体现着民族的感情，反映着对过去的尊重和珍视。外国、外地、外民族在进行跨文化交流时，往往会对异域文化遗存抱有强烈的兴趣，这不仅仅是猎奇，还有对一方文化资源的探讨，对人类文化某一往昔部分的朝拜。因此，民族传统体育文化遗存资源，作为一种不可再生的独特痕迹，应被视为瑰宝，它实际存在两种形态，一为包括可以直接看到的历经沧桑硕果仅存的遗迹、相关器物；一为包括以口述、文字、图形等形式间接传承的历史形态，两者共同构成民族传统体育的历史文明。

（三）民族传统体育文化人才、机构、设施资源

民族传统体育文化人才是民族传统体育文化的代言人、传播者。他们或研究、或梳理、或讲述、或展示、或管理、或经营，充当民族传统体育文化资源的组织、加工、开发、整合的角色，是社会与民族传统体育文化资源间的媒介和桥梁，是民族传统体育文化产品的生产者、民族传统体育文化服务的实施者，是民族传统体育文化生产力的中坚。民族传统体育文化机构作为专业组织形式，是民族传统体育文化人才或紧密、或松散的联系纽带和职业集体，体现民族传统体育文化领域中的培养、教育、训练、生产、服务等等的社会分工。民族传统体育文化设施是许许多多民族传统体育文化人才、民族传统体育文化机构的职业劳动场所，是民族传统体育文化专业生产和服务的基地。民族传统体育文化设施反映的是民族传统体育文化发展的水平，是民族传统体育文化建设科学化、现代化、大众化程度的体现。民族传统体育文化中的人才、机构、设施组成西部民族地区民族传统体育文化资源具有较大能动性的供应系统。

民族传统体育文化资源是西部民族地区经济建设和社会发展的财富之一。尽管它的价值和功能目前还不能十分清晰地描述，有的也尚无产业化、经济化的前景，有的相对于上游已是成品或半成品，有的也无法实物还原，等等，但是都应纳入民族传统体育文化资源库的视野，给予积极有效的关注和保护。并且结合科技的进步和认识能力的提高，适时发挥它们在西部民族地区经济建设、社会发展方面的积极作用，促进西部民族地区的文明

进程。

（四）民族传统体育文化资源管理经营现状

广大西部民族地区随着改革开放的逐步深入和社会主义市场经济体制确立后取得的成就，使该地区人民生活水平大幅度提高，消费品从短缺转为丰富，大量生产行业和服务行业由卖方市场过渡到买方市场，实际利润率节节下滑；另一方面，因生活质量改善，人们的文化消费和文化品位随之提高，市场条件、市场环境的改变迫使第一、第二产业系统和传统商业地带先后打起文化牌。关注文化资源，发掘文化亮点、卖点似乎一步跨越认识和舆论的阶段，进入全民大行动的时期。古代底蕴、民族特点、地域情趣、宗教气息、前卫风范、乡间色彩、自然氛围、另类思维等等成为商业化运作的包装材料。然而通过对热潮的冷观察，可以发现在社会的文化资源意识空前高涨、商业性发掘文化的经济价值的拥挤行为的背后，文化资源面临的矛盾日渐凸显，特别是符合地区长远利益，起点高、有规模、有发展潜力与后劲、前景看好的民族文化资源建设项目很少；民族传统体育文化资源向经济资源转化的前提条件尚缺真正的关注者、创造者；珍视、保护、引导、管理、协调民族传统体育文化资源的力量与措施目前还没有。宏观分析西部民族地区民族传统体育文化资源的现状，大致有如下困惑：

1. 由于历史的、现实的局限，西部民族地区民族传统体育文化资源处于放任、分散的境地，总体上没有完整的资源数据库，没有相应的围绕民族传统体育文化资源与产业发展变化动态的信息采集、监控系统。人们没有把民族传统体育文化资源当成诸如石油、煤炭等珍贵的资源来看待。不清楚自己所拥有的财富，必然导致无法周全的保护、建设和利用，更谈不上可持续的科学发展和利用。

2. 由于体制、机制的局限，西部民族地区民族传统体育文化资源不同程度地存在条块分割、部门所有的问题，存在缺少真正意义上的总体规划，缺少以地区利益为全局、为原则的互动连动机制问题。无序、分散、盲动就像“小煤窑”一样是对其形象的败坏、资源的损毁，更谈不上产业存活率和增长率。

3. 由于文化见识、文化自觉、调控观念、管理思想的相对滞后，西部民族地区民族传统体育文化资源开发利用的环境建设责任角色常常空缺。

现实中，民族传统体育文化资源缺少环境条件，只是潜在的、可能的、属于将来的。例如有的只能与其他资源配套，才能形成价值和规模；有的不解决周边环境问题就毫无发展生机。

三、资源的要素构成

（一）品相要素

民族传统体育文化资源不同于一般自然资源、经济资源或者可形象化的任何其他资源，其关键的一点就是资源的内生性。外生的资源具有可以界定的清晰轮廓，如矿产资源、水资源、森林资源等，这些资源的自然生成和产业化发展具有鲜明的轨迹，而且可以毫无障碍地度量。也就是说，自然资源、经济资源等外生性资源的评价和分析具有清晰的指标和可以量化考察的前提，而内生性的民族传统体育文化资源则需要更为强烈的主观意志对其加以评价。

民族传统体育文化资源的品相要素集中地浓缩了资源的特征和基本属性，它包括文化特色、存在状态、知名度、竞技性、娱乐性、独特性及分布范围。

（二）价值要素

第一，文化价值。这是民族传统体育文化资源最为显著的价值本体。文化一旦成为资源的核心和本质，这就表明了这种资源的社会性和人类活动赋予资源的浓厚的价值取向。这是民族传统体育文化资源之所以区别于其他资源的根本所在。有没有文化是一种资源的重要特征。

第二，时间价值。首先是民族传统体育文化资源形成的历史久远性。一般来说，形成的年代久远的文化资源，其时间价值要高于年代较短的资源。时间是检验民族传统体育文化资源生命力是否旺盛的重要尺度，也是检验民族传统体育文化资源是否具有传承能力的试金石。

其次是民族传统体育文化资源生成年代的社会经济发展水平。一般来说，民族传统体育的形成会受到当时社会经济发展的影响，只有发达的文化和社会经济状态才有可能孕育衍生具有丰富内涵的民族传统体育文化资源，也才有可能形成历经朝代更替的传承。

再次是民族传统体育文化资源的比较优势。民族传统体育文化资源的衍生和发展具有很强的地域性特征，即所谓的民族文化或者地方文化特色。资源的比较优势主要体现在其独特性和差异性方面，但不能简单地把其差异诠释为优劣之间的得分差异。比如摔跤是我国不少民族共同喜欢的传统体育活动，它源远流长、历史悠久，是各民族节日活动中不可缺少的活动之一。但是各民族的摔跤方式方法各有不同，并各自具备比较完整的比赛规则。地域的不同和生活方式的差异使得民族传统体育文化资源具有独特性和差异性。

第三，消费价值。民族传统体育文化资源传承的一个重要的内在动力，就是其消费性。文化具有显著的社会功能，公众的文化消费导向具有一定的社会性，这也是民族传统体育文化资源区别于其他资源的重要标志之一。民族传统体育文化消费不同于一般的物质消费，具有物质消费不可替代的功能取向。

（三）效用要素

民族传统体育文化的绝大多数资源不是民族传统体育文化产品，称不上是其产业的结果，但是民族传统体育文化的效用无疑是其得以流传和发展的重要因素，它大致包括社会效用、经济效用、消费人群及资源市场规模等方面。

需要说明的是，民族传统体育文化资源不同于经济资源或者其他直接用于人们生活和生存方面的资源，它具有强烈的可替代性和地域差异。这实际上就是丰富多彩的民族传统体育文化差异形成的关键。

（四）发展预期

民族传统体育文化资源应作为民族传统体育产业化发展的核心要素之一，产业化的开发是其重中之重。这种资源包括地方经济发展水平、交通便利度、生活服务能力、商务服务能力、人力资源、环境资源等。

（五）传承能力

民族传统体育文化资源的传承能力主要是指其资源规模、资源综合竞争力、资源成熟度、资源环境等。一般来说，发展规模大、传播范围广的资源则具有较强的传承能力。

资源的综合竞争力是指资源在产品、地域、人群、发展、竞争对手等方面集中表现出来的强于同类资源的竞争优势，这种优势从竞争的角度看，实际上就是竞争力，称为民族传统体育的文化资源的竞争力。

成熟的文化资源具有更好的发展空间和发展潜力，也更容易形成良好、健康的传承机制，同时对文化资源的环境也具有很大的影响。

四、资源的禀赋分析

针对不同区域的民族传统体育文化资源，需依据其资源单体或整体的禀赋进行分析。评价内容包括：

（一）资源的特色分析

在资源分析统计的基础上，主要通过对资源单体的视觉外观，分析其文化现象及其内在的文化承载，进而分析特定区域民族传统体育文化资源的总特色，找出其文化的独特性，特别是垄断程度。若能够与旅游业相结合，则进一步分析其吸引力和可参与度。

（二）资源的成因分析

资源的成因蕴含着文化的底蕴，也显示出了其内在的价值，由民族传统体育文化资源的特点所决定，其形成必有地域特色和历史渊源。这也正是民族传统体育文化资源步入市场、走产业化道路，进而产生社会、文化、经济和生态效益的根本。

（三）量化分析

具体根据资源统计表，分析特定区域内民族传统体育文化资源的数量、分布、种类、特色、质量等内容。

五、定量综合评价

以资源品质评估、产品市场评估、预期效益评估、开发条件评估为四大类评估指标。采用专家调查评分的方法，对各地域民族传统体育文化资源的资源品质、产品市场、预期效益、开发条件为评估指标，进行综合评价。然后，采用统计学的方法，组织专家打分，然后对专家的评分进行综合分析，计算得出对于该区域的总体评价。

（一）资源评估指标及评分标准

1. 资源品质评估指标

将民族传统体育文化资源品质评估指标进一步细分为历史承传、流布范围、文化特色、美学特性、科学性、独特性、竞技性、娱乐休闲性、知名度九个方面的要素。根据统计学中的大数原理，选择数十位专家学者、管理人员、游客，针对该区域的历史、文化、经济、民风民俗、旅游环境等，对上述各项按照评分标准打分，经数据处理得出结果（见表4-1）。

表4-1　资源品质评分标准

参　数	评分等级				
	(10~8)	(8~6)	(6~4)	(4~2)	(2~0)
历史承传	非常全	比较全	一般	很少	濒临失传
流布范围	极有代表性	具有代表性	一般	代表性较小	无代表性
文化特色	罕见	少见	较少见	较普通	很普通
娱乐休闲性	极强	很强	较强	较小	很小
美学特性	极高	很高	较高	一般	不高
科学性	极佳	很好	较好	一般	不好
独特性	罕见	少见	较少见	较普通	很普通
竞技性	极佳	很好	较好	一般	不好
知名度	极有名	很有名	较有名	略知	不知
$\bar{y}$					

其中，历史承传包括时间久远性、传承完好性和现实濒危度三个方面：流布范围：尤其需要考虑个性化和代表性；文化特色：主要表现在地方性和民族性两方面；科学性：主要包括学术价值及意义、保存发展价值等；独特性：普及程度、可接受性、可参与性等；民族传统体育在民族传统体育文化资源的开发中，必须高度重视资源的稳定程度；知名度：民族传统体育文化资源的开发利用多借助于节日经济、旅游业、演艺业，因此知名度对其吸引力有较大影响。

2. 产品市场评估指标

对民族传统体育文化资源的产品市场评估，主要从现在市场和潜在市场两方面入手，市场又分市场地区和消费群体等方面。工作方法同上，同样采取特尔菲法，参照所提供的评分标准，进行量化评价，得出评价结果（见表4-2）。

表4-2 产品市场评分标准

参数	评分等级				
	（10~8）	（8~6）	（6~4）	（4~2）	（2~0）
现有市场	最大	大	较大	较小	很小
潜在市场	很广	广	较广	较窄	很窄
$\bar{y}$					

3. 预期效益评估指标

预期效益包括社会效益、经济效益和环境效益三方面。专家对预期效益评估指标要素进行打分。通过专家调查法，参照所提供的评分标准，进行量化评价，得出评价结果（见表4-3）。

表4-3 预期效益评分标准

参数	评分等级				
	（10~8）	（8~6）	（6~4）	（4~2）	（2~0）
社会效益	极佳	优良	中等	较差	很差
经济效益	雄厚强大	好	中等	较差	很差
环境效益	优秀	良好	中等	对环境有破坏	对环境破坏很大
$\bar{y}$					

其中，社会效益主要包括通过民族传统体育文化资源的开发及民族传统体育产业的发展，对地区整体形象塑造的影响；对当地文化事业的促进程度；对文化保护的作用；对扩大当地文化的知名度、公众的参与度的影响；对当地居民及相关文化项目参与者文化素质提高的影响等。

4. 开发条件评估指标

开发条件评估包括经济现状、产业借助平台、可进入性、人力资源、当地积极性、邻近中心城市等方面。对开发条件要素进行打分，通过专家调查法，参照所提供的评分标准，进行量化评价，得出评价结果（见表4－4）。

表4－4 开发条件评分标准

参 数	评分等级				
	（10～8）	（8～6）	（6～4）	（4～2）	（2～0）
经济现状	雄厚强大	好	中等	较差	很差
产业借助平台	优良、齐全、充沛	配套良好	中等	不配套、较差	很差、缺乏
可进入性	枢纽齐全、快速近便	直快干线通过、交通方便	支线经过、单一、中转	靠近支线、慢、不方便	交通线无法进入
人力资源	极佳	优良	中等	较差	很差
当地积极性	极高	高	较高	一般	差
邻近中心城市	很近	近	较近	较远	很远
$\bar{y}$					

（二）民族传统体育文化资源的综合定量评价模型

针对民族传统体育文化资源评估的复杂性，采用模糊变换原理和最大隶属原则，考虑被评价的民族传统体育文化资源的各种因素和评估指标之间的关系，对其进行综合评价。根据模糊数学的理论，首先建立抉择评语集合V：

V＝｛优（特级），良（Ⅰ级），中（Ⅱ级），差（Ⅲ级），劣（Ⅳ级），等外级（Ⅴ级）｝

表达式为：$V = \{v_1, v_2, v_3, v_4, v_5, v_6\}$ （1）

其次建立评价因素集合，对民族传统体育文化资源的各种评价如公式（1）所示，并将各项因素分为四大类，即资源品质评估、产品市场评估、预期效益评估、开发条件评估。故评价因素集合为：

U_1＝｛历史承传、流布范围、文化特色、娱乐性、美学特性、科学性、独特性、竞技性、知名度｝

U_2＝｛现在市场、潜在市场｝

$U_3=$ {社会效益、经济效益、环境效益}

$U_4=$ {经济现状、产业借助平台、可进入性、人力资源、当地积极性、邻近中心城市}，依次将各单项因子表达为：

$U_1=\{u_1,\ u_2,\ u_3,\ u_4,\ u_5,\ u_6,\ u_7,\ u_8,\ u_9\}$

$U_2=\{u_{10},\ u_{11}\}$

$U_3=\{u_{12},\ u_{13},\ u_{14}\}$

$U_4=\{u_{15},\ u_{16},\ u_{17},\ u_{18}u_{19},\ u_{20}\}$

因此总的评价因素集合为：$U=U_1\cup U_2\cup U_3\cup U_4$　（2）

且各因素之间满足：$u_i\cup u_j\quad i\neq j$

根据专家按公式（1）打分的结果，进行统计分析，计算出各项因子 u_i 对文化资源评价等级的贡献（加权）系数向量：

$A=(a_1\quad a_2\quad a_3\quad \cdots\cdots\quad a_n)$　（3）

同时按照归一构造评价变换矩阵 R：

$$R=\begin{Bmatrix} r_{11} & r_{12} & r_{13} & r_{14} & r_{15} \\ r_{21} & r_{22} & r_{23} & r_{24} & r_{25} \\ r_{31} & r_{32} & r_{33} & r_{34} & r_{35} \\ \vdots & \vdots & \vdots & \vdots & \vdots \\ r_{n1} & r_{n2} & r_{n3} & r_{n4} & r_{n5} \end{Bmatrix} \tag{4}$$

由模糊数学理论可建立评价数学模型：$B=A\cdot R$　（5）

即：

$$(b_1b_2b_3\cdots\cdots b_5)=(a_1a_2a_3\cdots\cdots a_5)\cdot\begin{Bmatrix} r_{11} & r_{12} & r_{13} & r_{14} & r_{15} \\ r_{21} & r_{22} & r_{23} & r_{24} & r_{25} \\ r_{31} & r_{32} & r_{33} & r_{34} & r_{35} \\ \vdots & \vdots & \vdots & \vdots & \vdots \\ r_{n1} & r_{n2} & r_{n3} & r_{n4} & r_{n5} \end{Bmatrix}$$

B 中的各元素 b_j 是在广度模糊合成运算下得出的结果，其计算为：

$b_j=(a_1\dot{\times}r_{1j})\hat{X}(a_2\dot{\times}r_{2j})\hat{X}(a_n\dot{\times}r_{nj})(j=1,2,\cdots\cdots n)$

简记为模型 M（$\dot{\times}$，$\hat{X}$），其中 $\dot{\times}$ 字义为广义模糊“与”运算，$\hat{X}$ 为广义模糊“或”运算。

将广义模糊合成运算的结果按照对应的评价等级进行计算，运用最大隶属度原则，即可判别出评价等级。

根据民族传统体育文化资源的情况和专家评价打分结果（见表4-5），建立其隶属函数于公式（2）所示。

表4-5　评价等级隶属函数表

等　级	隶属函数	
Ⅰ级	X≤85 80<X≤100 X>100	Y=0 Y=（X-85）/15 Y=1
Ⅱ级	X>100或X≤70 70<X≤85 85<X≤100	Y=0 Y=（X-70）/15 Y=-（X-100）/15
Ⅲ级	X≤50或X>70 50<X<70 70<X≤85	Y=0 Y=（X-50）/20 Y=-（X-85）/15
Ⅳ级	X≤20或X>70 20<X≤50 40<X<60	Y=0 Y=（X-20）/30 Y=-（X-70）/20
Ⅴ级	X>50 0<X≤50 X≤20	Y=0 Y=-（X-50）/30 Y=1

（三）民族传统体育文化资源定量评价结果

应用模糊评判理论和方法，对民族传统体育文化资源进行定量评价。首先根据资源品质评估、产品市场评估、预期效益评估及开发条件评估4大项共计20小项的打分，采用统计计算的方法，算出各项评价因素的加权系数和模糊关系矩阵，然后输入计算机，由所编制的计算机程序自动计算，打出评价等级。采取特尔菲法（专家调查法）获得民族传统体育文化资源因子即加权因子分值，运用所建立的模糊评判模型，对专家的打分结果进行综合评价，得出结果。

表 4－6　民族传统体育文化资源定量综合评价表

一级因子	二级因子		三级因子	
	因子	权值	因子	权值
民族传统体育文化资源	资源品质		历史传承	
			流布范围	
			文化特色	
			娱乐性	
			美学特色	
			科学性	
			独特性	
			竞技性	
			知名度	
	产品市场		现在市场	
			潜在市场	
	预期效益		社会效益	
			经济效益	
			环境效益	
	开发条件		经济现状	
			产业借助平台	
			可进入性	
			人力资源	
			当地积极性	
			邻近中心城市	

六、综合评价

在定性、定量评价完成之后，须把两者的结论进行综合，对民族传统体育文化资源状况进行总体评述。民族传统体育文化资源评估的目的是为其资源开发作准备，因此最后应以评估的结论为依据，确定民族传统体育文化资源开发的项目及其时序，制定近、中、远期的发展规划，为民族传统体育产业的发展提供理论依据。

第二节　民族传统体育产业评价

一、评价体系的前提

建立民族传统体育产业评价体系的前提是行政与市场的博弈。“博弈理论”是现代经济学的基础理论之一，作为一种关于决策和策略的理论，博弈理论来源于并适用于一切通过策略进行对抗或合作的人类活动和行为。按照通常的理论，博弈就是一些人、团队或其他组织，面对一定的环境，按照一定的规则，从各自循序选择的行为或策略中进行选择并加以实施，并从中各自取得相应结果的过程。

产业制度的本质差异，在于政治取代市场和市场取代政治的程度。有人说政府对产业的调控过程是一场政治力量和市场力量的“博弈”，而在博弈过程中，政治力量和资本力量都处于最强的优势地位的时候，也就是政治力量在行政性管理管制被限定在某些范围，产业自身也进入自由竞争的市场，依靠市场运行机制中的各种手段获取发展所需要的资本的来源，而不是再依靠过去那种行政管制所赋予它的经营权利。那么这种博弈的结果，被称之为“强政治强资本——双赢”模式。当然，这是一种理想化状态，也应该是行政和市场博弈的目标。如果承认双赢是一种最理想决策的话，允许产业与资本合流就是一种必然的政策取向。在这样的大前提下，探讨民族传统体育产业的发展及相应评价体系的模型及构架，就有了时代意义和理论价值。

文化产业的发展逻辑是：如果文化按照产业来运作的话，市场化因素的渗透就是不可避免的；而市场化的发展必然带来资源配置的集中化趋势，即所谓规模化竞争和集团化建设；而资本市场的介入则是这种资源配置的集中化趋势的最好“助力剂”；而资本市场的进入则意味着文化领域的游戏规则必须为资本的规模化运作提供必要的体制创新空间。

正因为市场化、产业化发展给我国的体育及其产业带来了巨大的冲击，对作为一个社会子系统的民族传统体育文化产业的市场控制和影响因素的研究就成为本节的理论基础。尽管人们理论上都承认文化产业市场评价的重要性和必要性，但在现阶段，多数决策者并未充分理解和使用体育文化市场评价。在发展西部地区民族传统体育产业，促进西部民族地区和谐社会构建的过程中，民族传统体育产业综合评价体系对其市场化发展的配套性研究就显得非常迫切。

二、评价的理论视角

1955 年，美国人类学家斯图尔德发表“文化变迁论”，标志着文化生态学正式诞生。以斯图尔德为代表的文化生态学派主要研究人类文化如何在其环境中获得合理的生存与发展，同时人类的社会生产方式又如何影响文化等诸多方面。但随着人类所创造的全球经济一体化的工业文明正在改变人与自然的关系，同时也在改变文化本身的发展过程，改变着文化与其所居住的地理环境的关系时，文化生态就不仅是指人类文化和行为与其所处的自然环境之间相互作用的关系，同时还理所当然地指向生命圈中各种不同文化之间相互作用的关系，即以一种类似自然生态的概念，把人类不同的文化因子或文化种群看成一个相互作用的整体，从而使得人类文化历久不衰，保持着不同文化之间的多样性统一与平衡。斯图尔德把社会看做是一个有机的结构，文化系统是现代社会结构的一个重要组成部分，与个人、团体、组织和其他社会系统都有关系，它不仅可以说明文化的影响力，也可以充分说明文化与社会的关系。

我们可以通过这个理论来观察民族传统体育产业与社会宏观和微观系统的各部分怎样发生关系，形成怎样的影响因素。换言之，文化依赖关系，不仅涉及其他系统怎样依靠文化系统，而且也涉及文化系统怎样依靠其他系统所控制的资源。如文化系统和政治系统之间的关系，政治系统控制着立法和行政的管理，它可以影响文化系统的营收、扩张机会和经济稳定，文化系统在这方面要依赖它所生存的政治系统，而一个民主文明的社会必然是一个多元文化并存与和谐发展的社会。所以政治系统也常赋予文化作为咨询系统的宪法权利和其他合法权利。

虽然文化系统依赖社会的政治经济系统，但是文化系统本身拥有很多独有的资源，其他系统也想要获取这些资源，以减少和消除对它的依赖。虽然相互依赖是在彼此理解的基础上产生的，但它也存在潜在的冲突，这种争夺宝贵资源的冲突性也许会潜伏较长一段时间，在时机适合的时候才会出现。

社会系统是指人们所生活于其中的物理、社会、文化等环境。研究表明，一个现代的社会系统具有如下特点：

1. 对变化具有积极的态度；

2. 技术发达，劳动力水平高；

3. 对科学和教育普遍尊重；

4. 强调理性和有序的社会关系而非情绪化的；

5. 容易与外界互动，故容易接受新的思想和观点；

6. 每个成员都有且能看到他们有不同的定位。

如果文化是一个社会系统，那么文化的生产销售单位就是“次系统”，整个人类社会就是超级系统，也可以说，民族传统体育产业系统与超级系统中的文化、政治、经济等影响因素彼此互动。

三、综合评价指标体系的设计原则

（一）综合性原则

要求该指标体系的设计能综合反映民族传统体育产业的总体概况，评价指标将遍历民族传统体育产业的规模、投入、产出、发展速度、人力资本、经济效益、可持续发展、贡献率、创新度、投资结构、对外影响度、经济规模等方面。尽可能全方位地反映民族传统体育产业的总体面貌和发展水平。

（二）科学性原则

设计评价指标体系与评价方法必须科学。这里所说的科学包括两层含义：一是指选择的指标必须科学地反映民族传统体育产业的发展水平，必须具有理论依据，不能选择没有意义的指标，影响整个评价指标体系的效用；二是指标设计在名称、涵义、内容、时空、计算范围、计量单位和计算方法等方面必须科学明确，没有歧义，以减少统计数据收集和统计工作中的登记性误差。

（三）可比性原则

评价指标设计的依据之一是能够进行民族传统体育产业发展的比较研究。要研究民族传统体育产业的发展状况，必须要进行比较研究，同时，也要兼顾考虑到民族传统体育产业各项水平值与其他行业之间相应值的对比问题。为此，设立民族传统体育产业的核心指标为增加值而不是总产出，增加值是国内生产总值（GDP）的同量度指标，这样以便于同其他行业之间的横向对比。

（四）可操作性原则

综合评价指标体系的设计不仅应遵循综合性、科学性、可比性原则，同时也要注意指标变量的数据收集、计算具有可操作性。所选取的指标应该尽量与民族传统体育产业的数据衔接，必要的新指标应定义明确，便于数据采集。评价指标体系应具有资料易得、方法直观和计算简便的特点，具有操作上的可行性。

四、综合评价指标体系

综合评价指标体系立足于综合性的角度，分别从总量规模、人均水平、发展速度、人力资源、投资结构、经济效益、经济贡献、可持续发展、民族传统体育文化产品的消费能力、民族传统体育文化产品市场化程度、民族传统体育文化产品对外影响程度、民族传统体育产业规模等 12 个方面对民族传统体育产业进行综合评价与分析。针对以上 12 个方面我们分别设立了 12 个一级评价指标，也即设立了 12 个评价子系统，各一级评价指标的下层再设立若干个二级评价指标。比如，第一个评价子系统总量规模下设立 8 个二级评价指标，12 个评价子系统下总共设立 48 个二级评价指标。本系统所设立的 48 个二级指标均为可量化的定量分析指标。上述所设立的 12 个一级指标以及所属 48 个二级指标的明细列于表 4－7 中，各指标的有关内容与说明见下文。

表 4－7　民族传统体育产业综合评价指标

一级指标	二级指标
总量规模	1. 增加值 2. 从业人员数量 3. 资产总额 4. 资产净值 5. 固定资产净值 6. 总投资额 7. 税收总额 8. 净利润

续表

一级指标	二级指标
人均水平	9. 人均产业增加值
发展速度	10. 增加值年增长率 11. 资产总额年增长率 12. 从业人员年增长率 13. 资产净值年增长率 14. 总投资额年增长率 15. 税收总额年增长率
人力资本	16. 就业人员中大专学历员工的比重 17. 专业、科技人员占在岗员工的比例 18. 就业人员中营销人员的比重 19. 从业人员年人均教育与培训经费
投资结构	20. 政府投资比重 21. 利用外资比重 22. 民营或私人资本比重 23. 市场融资比重 24. 贷款资金比重
经济效益	25. 净资产增加值率 26. 净资产利润率 27. 劳动生产率 28. 百元固定资产净值实现的增加值
经济贡献	29.GDP 贡献率 30. 全社会就业贡献率 31. 税收贡献率
可持续发展	32. 环保投资占增加值的比重 33. 研究与发展经费占增加值的比例 34. 新开发项目的增加值比率
产品消费能力	35. 人均 GDP 36. 人均财政收入 37. 人均受教育水平 38. 恩格尔系数 39. 城镇人口比率 40. 居民文化消费系数
产品市场化程度	41. 民族传统体育产业从业人员的比率 42. 民族传统体育文化产品的产业化比率
产品对外影响程度	43. 民族传统体育文化产品的出口比重 44. 民族传统体育文化旅游业境外游客的比重 45. 产品或项目获国家级奖项次数 46. 省级以上媒体报道次数
产业规模	47. 前四位产业增加值占总额的比重 48. 平均每个产业企业或单位的增加值

五、综合评价指标说明

（一）总量规模

该子系统从总量水平的不同角度与不同方面对民族传统体育产业进行评价，其核心指标是增加值，它是反映民族传统体育产业总产出水平的指标。总产出规模选择增加值指标，而不用总产值或总产出，这是出于我国现行核算体系的考虑，我国现行的核算体系中体现总量水平的指标是 GDP，即增加值指标，而非过去 MPS 核算体系中的总产值。总量规模分别从 8 个方面进行评价与考核，依次是增加值、从业人员数量、资产总额、资产净值、固定资产净值、总投资额、税收总额和净利润等。

1. 增加值。指被评价区域的民族传统体育产业的增加值的总额，是反映民族传统体育产业总量规模最主要的指标。

2. 从业人员数量。指民族传统体育产业部门当年的全部在岗人员数量。

3. 资产总额。指民族传统体育产业的全部资产总值，包括固定资产、流动资产和无形资产。

4. 资产净值。指民族传统体育产业部门的全部资产总额减去负债总额后的余额。

5. 固定资产净值：指民族传统体育产业部门的固定资产原值减去累计固定资产折旧后的余额。

6. 总投资额。指民族传统体育产业部门当年的投资总额，包括各项投资，是衡量民族传统体育产业部门投资总水平的指标。

7. 税收总额。指民族传统体育产业部门上缴的各项税收的总和，包括所得税，是衡量民族传统体育产业部门对国家与地方税收贡献的指标。

8. 净利润。指利润总额减去所得税收后的余额，是反映民族传统体育产业部门盈利能力的指标。

（二）人均水平

这一部分只设立了一个指标，即人均民族传统体育产业增加值，是反映民族传统体育产业人均产出水平的指标，考虑到总量水平并不能代替人均水平，故设立该指标。人均民族传统体育产业增加值由民族传统体育产业增加值除以人口数计算而得出。

（三）发展速度

该子系统的目标是从六个方面对民族传统体育产业的发展速度进行评价，其主要指标为增加值的发展水平即增加值年增长率，它是反映民族传统体育产业发展水平的核心指标。评价民族传统体育产业发展水平的6个指标依次是增加值年增长率、资产总额年增长率、从业人员年增长率、资产净值年增长率、总投资额年增长率、税收总额年增长率等。

1. 增加值年增长率。指被评区域民族传统体育产业被评价年份的增加值与上一年份增加值按照可比价格计算的增长率。

2. 资产总额年增长率。指被评价年的资产总额与上一年资产总额之差额与上一年资产总额的百分比。

3. 从业人员年增长率。指被评价年的从业人员数量与上一年从业人员数量之差额占上一年从业人员数量的百分比。

4. 资产净值年增长率。指被评价年的资产净值与上一年资产净值之差额占上一年资产净值的百分比。

5. 总投资额年增长率。指被评价年的总投资额与上一年总投资额之差额占上一年总投资额的百分比。

6. 税收总额年增长率。指被评价年的税收总额与上一年税收总额之差额占上一年税收总额的百分比。

（四）人力资本

该子系统从四个方面对民族传统体育产业的总体人力资本水平进行评价，其主要指标为从业人员中大专以上学历员工的比重，除此之外还有专业、科技人员占在岗员工的比例，从业人员中营销人员的比重，从业人员年人均教育与培训经费等指标。

1. 从业人员中大专以上学历员工的比重。计算从业人员中大专及以上学历的员工人数占总体员工人数的比重。

2. 专业、科技人员占在岗员工的比例。计算民族传统体育产业中与民族传统体育文化产品的生产、销售、服务、管理等有关的专业、技术人员在员工总数所占的比重。

3. 从业人员中营销人员的比重。计算从业人员中从事宣传、设计、推广及策划的人数占总体员工人数的比重。

4. 从业人员年人均教育与培训经费。计算民族传统体育产业全部用于员工教育、培训的经费与从业人员数量之比。

（五）投资结构

该项指标是考核民族传统体育产业投资主体的多元化问题以及投资来源构成比例，有政府投资比重，利用外资比重，民营或私人资本比重，股票、债券市场融资比重，贷款资金比重五个指标，分别从五个方面考查投资构成。目前，在利用外资与股票、债券市场融资方面还处于空白，但是，随着国家对文化产业特别是对民族传统体育产业发展支持力度的加大以及民族传统体育产业的快速发展，这两项的数据会改变目前零的处境。

1. 政府投资比重。计算政府财政用于民族传统体育产业的投资占民族传统体育产业总投资额的比重。

2. 利用外资比重。计算国外投入民族传统体育产业的资金占民族传统体育产业总投资额的比重。

3. 民营或私人资本比重。计算民营企业、私营企业或私人投入民族传统体育产业的资金占民族传统体育产业总投资额的比重。

4. 股票、债券市场融资比重。计算民族传统体育产业在股票、债券市场中的融资总额占民族传统体育产业总投资额的比重，目前，该项为零值。

5. 贷款资金比重。计算民族传统体育产业的贷款总额占民族传统体育产业总投资额的比重。

（六）经济效益

该子系统从四个方面考核民族传统体育产业的经济效益，包括净资产增加值率、净资产利润率、劳动生产率、百元固定资产净值实现的增加值。

1. 净资产增加值率。计算民族传统体育产业增加值与资产净值比的百分数。

2. 净资产利润率。计算民族传统体育产业净利润与净资产比的百分数。

3. 劳动生产率。计算增加值与民族传统体育产业从业人员数量比的百分数。

4. 百元固定资产净值实现的增加值。用增加值除以固定资产净值再乘以 100。

（七）经济贡献

分别从就业、税收、增加值三个方面度量经济贡献，包括 GDP 贡献率、全社会就业贡献率、税收贡献率。

1. GDP 贡献率。计算民族传统体育产业增加值占该区域的国内生产总值（GDP）的比重。

2. 全社会就业贡献率。计算民族传统体育产业的就业人员数占该区域的全社会就业人员总数的比重。

3. 税收贡献率。计算民族传统体育产业部门上缴的税收占该区域总体税收的比重。

（八）可持续发展

可持续发展问题是目前经济分析中较为重要的内容，对于民族传统体育产业综合评价也同样重要。本项目设立 3 个指标来考核民族传统体育产业的可持续发展水平，它们分别是环保投资占增加值的比重，研究与发展经费占增加值的比例，新开发项目的增加值比率。

1. 环保投资占增加值的比重。民族传统体育产业大多数应是绿色企业，虽然在排污、排废等方面不存在大的问题，但是民族传统体育产业更应当重视环境保护。尤其是民族传统体育文化旅游业，环境质量水平是其可持续发展的保障。该指标用民族传统体育产业的环保投资占增加值的百分比计算。

2. 研究与发展经费占增加值的比例。计算民族传统体育产业的研究与发展经费占增加值的百分比。

3. 新开发项目的增加值比率。计算新开发的民族传统体育产业项目在当年形成的增加值与民族传统体育产业总量增加值的比值，用此来度量民族传统体育产业新增项目的产出比重。

（九）民族传统体育文化产品消费能力

在市场经济条件下，消费是促进生产的主要动力，一个区域的产业是否发达，与该区域文化产品的消费能力有极大的关联，消费能力强的区域民族，其文化产业自然发展水平较高，否则正好相反。我们用6个指标来评价西部地区民族传统体育文化产品的消费能力，包括人均GDP、人均财政收入、人均受教育水平、恩格尔系数、城镇人口比率、居民文化消费系数。

1. 人均GDP。该指标是衡量经济发展水平的主要指标。国际文化产业发展现状的研究表明，经济发达的区域或国家，其文化产业相对发展水平也比较高。人均GDP指本区域的GDP与人口数之比。此项指标对极不发达西部地区的民族传统体育产业仍有参考价值。

2. 人均财政收入。财政收入是决定财政支出的主要因素，人均财政收入从另一方面来反映经济水平，用所在区域的财政收入与人口数之比计算。

3. 人均受教育水平。用人均受教育年限来量化，将小学、初中、高中、大专、本科等的受教育年限用数字表示，采用加权平均的方法来计算人均受教育年限。

4. 恩格尔系数。计算居民的生活费支出中食品支出的比重。

5. 城镇人口比率。计算城镇人口数占总人口数的比重。

6. 居民文化消费系数。计算居民用于消费民族传统体育文化产品与服务的消费占总消费支出的比重。

（十）民族传统体育文化产品市场化程度

民族传统体育文化产品市场化程度是一个过渡指标，由于目前我国西部地区的民族传统体育产业处于萌芽阶段，其产品非市场化的成分还比较大，因此考核民族传统体育文化产品市场化程度，即考核民族传统体育产业与体育文化事业的比例大小。过若干年之后，西北地区民族传统体育产业发达之时，这一指标就不重要了。我们用民族传统体育产业就业人员的比率及民族传统体育文化产品的产业化比率来度量民族传统体育文化产品的市场化程度。

1. 产业从业人员的比率。用民族传统体育产业从业人员数量占民族传统体育产业与民族传统体育文化事业从事人员数量之和的百分比反映。

2. 产品的产业化比率。用民族传统体育产业的增加值占民族传统体育产业增加值与民族传统体育文化事业部门总收入的百分比反映。

（十一）民族传统体育文化产品对外影响程度

考核民族传统体育文化产品的出口及创汇状况，有两个指标，分别是民族传统体育文化产品的出口比重和民族传统体育文化旅游业入境游客的比重。

1. 民族传统体育文化产品的出口比重。计算民族传统体育文化产品或服务的出口总额占民族传统体育产业总产出的比重。

2. 民族传统体育文化旅游业入境游客的比重。计算民族传统体育文化旅游业中入境游客数量占全部游客数量的比重。

3. 产品或项目获国家级奖项次数。计算民族传统体育文化产品或项目获国家级各奖项的次数。

4. 省级以上媒体报道次数。计算与民族传统体育产业或产品有关的省级或省级以上各种媒体报道次数。

（十二）民族传统体育产业规模

为了减少数据收集的困难，只设立两个指标评价民族传统体育产业的规模水平，分别是前四位民族传统体育产业增加值占总额的比重和平均每个企业或单位的增加值。

1. 前四位产业增加值占总额的比重。计算增加值排序在前四位的民族传统体育文化企业或单位的增加值之和占全部民族传统体育产业增加值的比重。

2. 平均每个企业或单位的增加值。用所在区域民族传统体育产业的增加值除以民族传统体育产业部门中的全部企业或单位总数。

六、统计与核算指标体系

民族传统体育产业统计与核算指标是为计算其综合评价指标而设立的，是进行民族传统体育产业综合评价的基础，也是计算综合评价指标数值的源指标。从民族传统体育产业综合评价体系的需要出发，我们设立了42个统计与核算指标，统计与核算指标体系见表4－8。

表 4－8　民族传统体育产业统计与核算指标

序号	编号	指　标　名　称
1	010	总产业
2	011	中间消耗
3	012	增加值
4	021	从业人员数量
5	022	从业人员中具有大专及以上学历的人数
6	023	从业人员中营销人员的数量
7	024	专业、科技人员数量
8	025	教育与培训经费
9	030	资产总额
10	031	负债总额
11	032	资产净值
12	033	固定资产净值
13	040	总投资值
14	041	政府投资额
15	042	利用外资额
16	043	民营企业或私人投资额
17	044	股票、债券市场融资额
18	045	贷款额
19	050	税收总额
20	060	净利润
21	071	环保投资额
22	072	研究与发展经费
23	073	新开发项目的增加值
24	081	总人口数
25	082	全社会从业人数
26	083	国家生产总值（GDP）
27	084	全部税收总额
28	085	人均 GDP
29	086	人均财政收入
30	087	人均受教育水平
31	088	恩格尔系数

续表

序号	编号	指标名称
32	089	城镇人口比率
33	090	居民消费总额
34	091	居民文化消费总额
35	101	民族传统体育文化事业单位总收入
36	102	民族传统体育文化事业单位从业人员数量
37	103	民族传统体育文化产品的出口比重
38	111	民族传统体育文化旅游业境外游客的比重
39	112	产品或项目获国家级奖项次数
40	113	省级以上媒体报道次数
41	121	民族传统体育产业前四位企业的增加值
42	122	民族传统体育产业部门中的全部企业或单位总数

在以上42项统计与核算数据中，总人口数、全社会就业人数、国内生产总值、全部税收总额、人均GDP、人均财政收入、人均受教育水平、恩格尔系数、城镇人口比率、居民消费总额、居民文化消费总额等指标是指被评价区域的全部数值，不只是民族传统体育产业的总值。这些指标的数据可以借助于人口普查数据及地方的统计年鉴获得。

在首次进行统计时，不仅要统计当年的有关数据，还要统计上一年的产业增加值、资产总额、从业人员数量、资产净值、总投资额、税收总额等指标，以便计算产业的增加值增长率等发展速度指标，从第二次统计起，只统计当年各指标的数据即可。

在民族传统体育产业的统计与评价指标中，关于投资来源的划分比较详细，其主要理由是考虑到要大力发展民族传统体育产业，关键在于：第一是观念要改变，第二是融资渠道要多元化，要充分发掘各方融资渠道，尤其是开发或创新一些划时代的项目，并利用资本市场进行融资，同时再利用民营资本、外资等。

七、综合评价方法设计

民族传统体育产业综合评价指标体系包括12个一级指标和48个二级指标，分别对应12大评价要素和48个单项评价指标，这些评价指标分别反映民族传统体育产业的不同方面。多指标评价体系无疑可以提高评价的全面性和科学性，但也增加了评价的复杂性。多指标评价方法虽然克服了单个指标评价的局限性，但经常会发生不同指标之间相互矛盾的情况。而且，评价指标之间往往存在一定的相互依赖关系，反映的信息有一定程度上的重叠，这给综合评价带来了一定的难度。从统计分析角度来说，要想对民族传统体育产业进行综合性的评价，需要采取一定的方法，在尽可能多地反映原有信息的基础之上，将多个指标组合成为一个或少数几个综合指标，从而使得分析简化。

从可操作性来看，需要分别考虑以下两种情况：一是当能够收集到足够多的评价对象数据时，先采用主成分分析法建立各个一级指标下的二级指标的若干个综合评价指标，计算出二级指标的综合评价值，再采用客观赋权法确定各评价要素即一级评价指标的权数，最后采用加权合成法计算出总的综合评价值或综合评价指数；二是当无法收集到足够多的评价对象数据时，采用层次分析法，确定出各一级指标所含二级指标的权数及各一级指标的权数，然后再采用加权合成的方法，分别计算出各一级指标评价值、综合评价值等。

（一）指标数据的无量纲化处理

民族传统体育产业综合评价是多指标综合评价，指标涉及范围广，指标间不可公度，即各个指标间没有统一的度量标准，难以进行直接比较。因此，无论采用哪种评价方法，在进行综合评价以前，均需要各指标的原始数据值统一变换为［0，100］范围内的数值，即对评价指标数值进行无量纲化处理。由于评价指标的类型往往不同，因此，各指标无量纲化处理的方法也不同。

民族传统体育产业定量评价指标不外乎下列几种类型：成本型、效益型、适中型。根据评价指标的类型，采用下列三种无量纲化标准函数进行无量纲化处理：

1. 成本型指标

$$y=\begin{cases}100 & x\leqslant x_{\min}\\ \dfrac{x_{\max}-x}{x_{\max}-x_{\min}}\times 100 & x_{\min}<x<x_{\max}\\ 0 & x\geqslant x_{\max}\end{cases}$$

2. 效益型指标

$$y=\begin{cases}100 & x \geqslant x_{\max} \\ \dfrac{x-x_{\min}}{x_{\max}-x_{\min}} \times 100 & x_{\min}<x<x_{\max} \\ 0 & x \leqslant x_{\min}\end{cases}$$

3. 适中型指标

$$y=\begin{cases}\dfrac{x-x_{\min}}{x_m-x_{\min}} \times 100 & x_{\min}<x \leqslant x_m \\ \dfrac{x_{\max}-x}{x_{\max}-x_m} \times 100 & x_m<x<x_{\max} \\ 0 & x \leqslant x_{\min},\ x \geqslant x_{\max}\end{cases}$$

式中，x 为有量纲的指标数据：$x_{\max}$为有量纲指标数据最大值；$x_{\min}$为有量纲指标数据最小值；$x_m=(x_{\max}+x_{\min})/2$。

（二）民族传统体育产业综合评价方法

1. 主成分分析法

主成分分析法是由霍泰林于 1933 年提出来的一种多元统计分析方法。该方法的思路是利用降维的思想，把多个相关性较强的指标转化为几个正交的综合指标，其优点是既不损失现有的信息，又避免了指标之间的相关性。由于各一级评价指标下的二级指标具有很大程度的相关性，因此必然存在起支配作用的共同因素，通过主成分分析法对原始指标变量数据矩阵的内部结构进行研究，找出若干个综合指标，综合指标是原指标变量的线性组合。

主成分分析法缺点是要有较多的样本数据，比如，对民族传统体育产业进行综合评价要有若干区域的相应数据，在获得一定数量样本数据的基础上，可以采用该方法对民族传统体育产业 12 大评价要素的若干指标进行分析，分别计算出 12 个一级指标的主成分，并以贡献率为权数进行综合加权合成，计算出 12 个一级指标的评价值。具体分以下几步进行：

（1）分别对 12 个一级指标下的二级评价指标进行标准化处理

$$z_{ij}=\frac{v_{ij}-\bar{v}_j}{s_j}$$

（2）根据样本数据确定主成分

各一级评价指标下所包含的二级评价指标之间通常具有一定的相关关系，所给出的信息有一定的重叠。为了简化分析，利用多元统计分析中的主成分分析方法，根据累计贡献率大于85%的原则，选出 m 个主成分，以方差贡献率为权数对主成分进行加权，分别计算出12个一级评价指标综合的评价值。

$$\begin{cases} f_1 = a_{11}x_1 + a_{12}x_2 + \cdots\cdots a_{1p}x_p \\ f_2 = a_{21}x_1 + a_{22}x_2 + \cdots\cdots a_{2p}x_p \\ \cdots\cdots \\ f_m = a_{m1}x_1 + a_{m2}x_2 + \cdots\cdots a_{mp}x_p \end{cases}$$

第 i 个一级评价指标的主成分计算如下：

$$y_i = \sum_{j=1}^{m} f_j w_j$$

（3）计算12个一级评价指标的权数

12个一级评价指标是从不同侧面反映民族传统体育产业的，彼此间具有相对的独立性。因此，可根据评价对象的评价值所提供的信息量大小，采用客观赋权法来确定各评价要素的权重。

评价指标是用来区分各被评价对象的，如果某指标数值能明确地区分开各被评价对象，则说明该指标数值在这项评价上分辨信息量比较丰富；反过来，若某指标数值在各被评价对象上相同，那么，这项指标就无助于区分各被评价对象，就不具备什么分辨信息。在评价中就会被淘汰，也就应将这项指标权数定为零。比如，净资产利润率是评价企业效益状况的重要指标，但若被评价的五个企业净资产利润率都相同，就不能依照此指标来分析；这五个企业的效益优劣状况，就应选用其他指标了。根据上述思想，权数的确定原则是：某项指标在各被评价对象间数值的离差越大，则该指标分辨信息越多，指标权数也就应越大；反之，离差越小，信息就越少，指标权数也就应越小。我们用各评价要素的变异系数来衡量其差异程度。

12个一级评价指标的变异系数计算如下：

$$V_i = \frac{S_i}{\overline{Y}_i} \qquad (i = 1,\ 2,\ \cdots\cdots 12)$$

S_i 是第 i 个一级评价指标的标准差，$\overline{Y}_i$ 是其均值。

计算第 i 个一级评价指标的权重：

$$\bar{\omega}_i = \frac{V_i}{\sum_{i=1}^{12} V_j}$$

（4）计算综合评价值

$$y = \sum_{i=1}^{12} y_i \bar{\omega}_i$$

该评价值是民族传统体育产业综合评价的得分值，其取值范围在0～100之间。依据该得分值可以对所评价的对象进行排序。

2. 层次分析方法

层次分析法简称 AHP，是美国运筹学家塞迪于 20 世纪 70 年代中期提出的一种实用的决策方法。其基本过程为：将问题分解为各个组成因素，将这些因素按支配关系分组形成有序的递阶层次结构，通过两两比较的方式确定层次中诸因素的相对重要性。我们采用层次法确定评价指标体系各层指标的权数，具体步骤如下：

（1）建立评价指标的递阶层次结构

民族传统体育产业综合评价指标体系的递阶层次结构有两个，结构如下：

第一层次为 12 大评价要素，即 12 个一级评价指标，设定其变量为：总量规模 Y_1，人均水平 Y_2，发展速度 Y_3，人力资本 Y_4，投资结构 Y_5，经济效益 Y_6，经济贡献 Y_{17}，可持续发展 Y_8，民族传统体育文化产品消费能力 Y_9，民族传统体育文化产品的市场化程度 Y_{10}，民族传统体育文化产品对外影响程度 Y_{11}，民族传统体育产业规模 Y_{12}。

第二层次为各评价要素下的二级评价指标，在各第一层次评价要素中的第二层次评价指标设定为 x_i，每个第一层次中的第二层次指标数不同，总共有 48 个第二层次评价指标。

（2）构造两两比较判断矩阵

利用建立的递阶层次指标体系，从最高层到最底层，在每一层次上通过对其指标间的两两对比，构造判断矩阵，确定其相对重要性的标度值。

用矩阵来表示同一层次各指标之间相对重要性的判断值。根据心理学家提出的“人区分信息等级的极限能力为72”① 的研究结论，层次分析法

① 王琳：《中国大城市文化产业综合评价指标体系研究》，中国网，2002。

在对指标的相对重要程度进行测量时，引入九分位的相对重要的比例标度，构成一个判断矩阵 A。

矩阵 A 中的各元素 a_{ij} 表示各个第一层次中的第二层次横行指标 x_i 对各列指标 x_j 的相对重要程度的两两比较值。a_{ij} 表示指标 x_i 与指标 x_j 相比的重要性，有如下标度（参见表 4－9）：

表 4－9

指标 x_i 与指标 x_j 比较	极重要	很重要	重要	略重要	相等	略不相等	不重要	很不重要	极不重要
x_i 指标评价值	9	7	5	3	1	1/3	2/5	1/7	1/9
备　注	当介于两项中间时，取 8，6，4，2，1/2，1/4，1/6，1/8 等上述评价值的中间值。								

若指标 x_i 与指标 x_j 重要性相比的评价值为 a_{ij}，那么指标 x_j 与指标 x_i 重要性相比的评价值就有：

$$a_{ji}=\frac{1}{a_{ij}}$$

于是，判断矩阵 $A=(a_{ij})_{n\times n}$ 具有下述性质：

$$a_{ij}>0,\ a_{ij}=\frac{1}{a_{ij}},\ a_{ii}=1\quad (i,\ j=1,\ 2,\ \cdots\cdots n)$$

其中，a_{ij}（i，j，1，2，……n）代表在各第一层次评价要素下第二层次指标 x_i 与指标 x_j 重要性的比例标度值。判断矩阵的值反映了人们对评价指标相对重要性的认识。

（3）计算相对权重并进行一致性检验

在建立比较判断矩阵 A 的基础上，通过求解判断矩阵的最大特征根及其对应的特征向量，计算出指标体系中各层指标相对于上一层中某指标的相对重要性权重值。设比较判断矩阵 A 的最大特征根为 λ_{max}，其相应的特征向量为 W，解判断矩阵 A 的特征根：

$$AW=\lambda_{max}W$$

所得 W 经归一化后，即为各单项指标相对重要性的权重向量。

由于客观事物的复杂性以及人们对事物认识的模糊性和多样性，所给出的判断矩阵不可能保持完全一致，有必要进行一致性检验，计算出一致性指标 C_i：

$$C_i=\frac{\lambda_{max}-n}{n-1}$$

其中，n 为判断矩阵阶数。

若随机一致性比率 $C_R=\frac{C_I}{R_I}<0.10$，则判断矩阵具有满意的一致性，否则需要调整判断矩阵的元素取值。随机一致性指标 R_I 取值见表 4－10。

表 4－10　平均随机一致性指标 R_I 取值表

n	1	2	3	4	5	6	7	8	9	10
R_I	0.00	0.00	0.58	0.90	1.12	1.24	1.32	1.41	1.45	1.49

（4）计算组合权重及一致性检验

计算指标体系中各项指标相对于评价总目标的重要性排序权重值。若上一层次 A 含有 m 个因素 A_1，A_2，……A_m，其组合权值为 a_1，a_2，……a_m，下一层次 B 包含 n 个因素 B_1，B_2，……B_n，它们对于因素 A_j 的相对权值分别为 b_{1j}，b_{2j}，b_{nj}（当 B_i 与 A_i 无关时，$b_{ij}=0$），此时 B 层因素的组合权重由表4－11给出。

表 4－11　组合权重计算表

层次A / 层次B	A_1	A_2	……	A_m	B 层组合权重
a_1	a_1	……	……	a_m	
B_1	b_{11}	b_{12}	……	b_{1m}	$\sum_{j=1}^{m} a_j b_{1j}$
……	……	……	……	……	……
B_n	b_{n1}	b_{n2}	……	b_{nm}	$\sum_{j=1}^{m} a_j b_{nj}$

此外，还需要进行递阶层次组合判断的一致性检验，该步骤也是从上到下逐层进行的。若 B 层某些因素相对于 A_j 的层次单排序一致性指标为 CI_j，相应的平均随机一致性指标为 RI_j，则 B 层随机一致性比率为：

$$CR=\frac{\sum_{j=1}^{m} a_j CI_j}{\sum_{j=1}^{m} a_j RI_j}$$

当 $CR<0.10$ 时，认为 B 层组合判断具有满意的一致性，否则，需要重新调整判断矩阵的因素取值。

在用 AHP 法进行专家咨询时，对同一问题，将获得多个判断矩阵，因而产生多个判断矩阵的合理综合问题。为了较好地兼顾不同专家的意见，可选用加权算术平均综合向量法来处理多个专家判断矩阵的合理综合问题。方法如下：

设 s 个专家的判断矩阵为 $A_k=(a_{ijk})$ $(i, j=1, 2, \cdots\cdots n;\ k=1, 2, \cdots\cdots s)$，分别求它们的权重向量 $W_k=(W_{1k}, W_{2k}, 0, W_{nk})$ $(k=1, 2, \cdots\cdots s)$，然后求出它们的加权算术平均综合权重向量 $W=(W_1, W_2, \cdots\cdots W_n)$，其中

$$\begin{cases} W_j=\sum_{k=1}^{s}\lambda_k W_{jk} & (j=1, 2, \cdots\cdots n) \\ \sum_{k=1}^{s}\lambda_k=1,\text{ 且 }\lambda_k\geqslant 0 & (k=1, 2, \cdots\cdots s) \end{cases}$$

这里 λ_1，λ_2，…，λ_n 是各个专家的权重系数，它是对专家能力水平的一个综合的数量表示，当对专家的能力水平高低难以获得先验信息或不易作出判断时，可取 $\lambda_k=1/s$ $(k=1, 2, \cdots\cdots s)$，此时

$$W_j=\frac{1}{s}\sum_{k=1}^{s}W_{jk} \qquad (j=1, 2, \cdots\cdots n)$$

可计算 W_j 的标准差 σ_j

$$\sigma_j=\sqrt{\frac{1}{s-1}\sum_{k=1}^{s}(W_{jk}-W_j)^2} \qquad (j=1, 2, \cdots\cdots n)$$

以及相应于新的综合判断矩阵 $A=(a_{ij})=(W_i/W_j)$ 元素的标准差 σ_{ij}

$$\sigma_{ij}=\sqrt{\frac{1}{s-1}\sum_{k=1}^{s}(a_{ijk}-a_{ij})^2} \qquad (i, j=1, 2, \cdots\cdots n)$$

再将信息反馈给专家，供进一步修改参考。

（5）各级指标评价值的确定方法

第一，单项指标评价值的确定：单项指标的评价值 v_{ij} 可以根据指标的类型，按照前面所介绍的指标的无量纲化方法来计算。

第二，12 个大评价要素价值的确定：评价要素价值是对单项指标的进一步收敛，其计算公式为：

$$Y_i=\sum_{j=1}^{m_i}v_{ij}w_{ij} \qquad (i=1, 2, \cdots\cdots 12)$$

式中，Y_i 为第 i 评价要素的评价值；w_{ij} 为第 i 评价要素第 j 单项指标的权重；m_i 为第 i 评价要素所设单项指标个数；v_{ij} 为第 i 评价要素第 j 单项指标的评价值。

第三，综合评价值的计算：综合评价值是对 12 大评价要素评价值的进

一步收敛，它的大小反映了民族传统体育产业综合状况，其计算公式如下：

$$Y = \sum_{i=1}^{12} y_i w_i$$

式中，Y 为综合评价值；w_i 为第 i 评价要素的权重。

（6）综合评价值的分级标准

按照上述的评价模型，参考国内外各种综合评价值的分级方法，我们给出民族传统体育产业的分级标准：

$Y<50$，非可持续发展；$Y\in[50，70]$，弱可持续发展；$Y\in[70，80]$，基本可持续发展；$Y\in[80，90]$，较强可持续发展；$Y>90$，强可持续发展。

八、综合评价程序

（一）收集民族传统体育产业的基础统计数据

收集第六部分设计的民族传统体育产业统计与核算指标体系中的全部指标的数据。当统计部门关于民族传统体育产业的统计指标体系建立之后，可以后者为主进行基础数据的收集。我们所设计的民族传统体育产业统计与核算指标是为计算民族传统体育产业综合评价指标而设立的，是进行民族传统体育产业综合评价的基础，收集不到这些数据则后面的综合评价数据就不能计算，这是综合评价过程中关键的一步。

（二）计算各评价指标的权重

由于现阶段基本没有民族传统体育产业的有关数据，民族传统体育产业综合评价的起步阶段只能用层次分析方法来确定各评价指标的权重，依据所设计的专家打分表，收集12位专家对48个二级指标及12个一级指标所打分值，采用项目所设计的算法及程序，对各位专家所打分值进行了有关指标的权重测算，然后将12位专家的权重进行算术平均，得到权重数据。

（三）计算各评价指标的数值

由基础统计指标计算48个二级评价指标的数值，对其进行无量纲化处理，化作0~100之间的数据，作加权平均，计算出各相应一级指标的评价值。

（四）计算民族传统体育产业综合指数或评价值

由一级指标的评价值及一级指标的相应权重计算一级指标的加权平均值，也即综合评价值或综合评价指数，这是民族传统体育产业综合评价的最终数据，也是民族传统体育产业综合评价的依据，其取值也是介于0～100之间，无量纲，可以直接用于横向比较，也可以用于同一对象的历史发展比较。

第三节　民族传统体育产业竞争力评价

一、理论与方法

随着经济的全球化进程加快，竞争力研究受到世界各国高度重视，其应用也越来越广泛。国际社会对国际竞争力的研究一般分为三个层次：一是宏观层面上的国家竞争力研究；二是中观层面上的产业竞争力研究；三是微观层面上的企业竞争力研究。

就国际竞争力的评价方法而言，世界经济论坛和瑞士国际管理发展学院均采取多指标综合评价的方法，即在收集国际竞争力评价指标的有关数据包括硬指标和软指标后，对这些数据进行分析、整理、标准化和加权汇总，得出一个指数或分值，对其竞争力水平、竞争力发展趋势进行定量描述。

我们运用波特的竞争力优势理论，借鉴世界经济论坛和瑞士国际管理发展学院的多指标综合评价的方法，结合我国西部地区民族传统体育产业发展现状，对我国民族传统体育产业竞争力进行整体性研究。

二、理论模型

任何一个针对某些社会经济现象设计的指标评价体系，都建立在特定的理论模型基础之上。具有科学逻辑性的评价体系的建立，必须有一个具体指标所依赖的基本框架即对应于特定的研究对象而建立的理论解释系统。一个具有理论说服力的理论解释系统总是有其内在的逻辑结构，这种逻辑结构的高度概括就称之为理论模型。如果说基本框架是评价指标体系的骨骼，理论模型就是基本框架的灵魂，只有理论模型才能把众多评价指标组建成一个有机整体，形成真正意义上的评价体系。

参照有关竞争力研究理论，我们经过对民族传统体育产业的相关理论、民族传统体育产业的价值形态、民族传统体育产业竞争力的具体表现形式，以及对影响民族传统体育产业竞争力的诸多因素进行综合分析后提出一个由生产要素系统、需求状况系统、相关辅助产业系统、企业战略系统、政府行为系统等5大要素系统构成的民族传统体育产业竞争力的理论模型，其主要内容如下：

（一）生产要素系统

民族传统体育产业生产要素包括文化资源、人力资源、资本资源和基础资源等。这些要素又可分为基本要素（即天然拥有或是不用付出太大的代价就能获得）和高级要素（即需经过长期投资和培育才能形成）两类，需要指出的是，在现代文化产业国际竞争中，基本要素的重要性逐渐下降，而高级要素的重要性日益凸显，且已成为文化产业竞争力的核心要素。

（二）需求状况系统

公众对民族传统体育文化产品和服务的需求，是民族传统体育产业不断发展的原动力。需求导致供给的产生，适应民族传统体育文化产品和服务的供给，又会促使其产品和服务不断更新，促进民族传统体育产业结构的升级，使民族传统体育产业的规模不断扩大。人们对民族传统体育文化产品和服务的需求包括国内需求和国际需求，其中，国内需求尤为重要。一般来说，国内需求状况决定着民族传统体育产业的国内发展状况，也决定着民族传统体育产业国际竞争力的状况。

（三）相关辅助产业系统

民族传统体育产业是由一系列产业链条所构成，从上游产业一直延伸至下游产业，而且产业关联度较大。民族传统体育产业竞争力的形成必须有相关辅助产业群的强有力的支撑，民族传统体育产业的竞争优势建立在由众多相关产业组成的产业群基础之上，产业间的作用机制是双向互动的，只有通过产业间信息、技术、资本、人力的相互融通，形成一个优势产业群之后，才能形成民族传统体育产业的真正竞争优势。此外，因为产业之间的关联作用，民族传统体育产业的发展反过来也会带动其他相关产业的发展。

（四）民族传统体育文化企业战略系统

民族传统体育文化企业战略系统包括其企业的经营战略、治理结构、营销方式和竞争状况等。民族传统体育文化企业是民族传统体育产业和服务的具体提供者，企业的竞争力状况直接影响着产业竞争力状况。在影响企业竞争力的诸多因素中，市场竞争状况至关重要，充分的市场竞争是提高一个产业竞争力的最有力的刺激因素，只有经受了市场竞争洗礼，方可在市场竞争中占据优势。

（五）政府行为系统

政府在提高民族传统体育产业竞争力中发挥着极为重要的作用。政府的作用具体体现在政策制定的合理性、及时性及法律法规的健全程度，对产业的扶持力度，市场的规范程度等。政府行为最重要的往往并不是对其产业的支持力度，而是其科学性、合理性。

机遇往往会对提高产业竞争力起到十分重要的作用。但机遇的作用不好量化，所以，笔者没有把机遇作为指标体系设计的基本要素。

综上所述，民族传统体育产业竞争力评价的逻辑结构可用下面的物理模型来表述（图 4－1）：

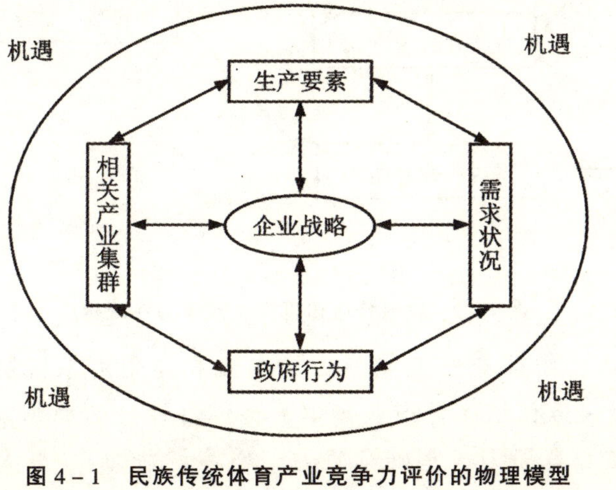

图 4－1　民族传统体育产业竞争力评价的物理模型

三、民族传统体育产业竞争力的内涵和竞争力系统构成

我们界定的民族传统体育产业竞争力的内涵是：民族传统体育文化企业通过生产和销售其产品，提供其服务，占有市场和获取利润，创造出更多的有效文化财富增加值的能力。

从系统论的观点分析，民族传统体育产业竞争力包括两个结构功能：一是竞争力模块功能；二是竞争力要素功能。竞争力模块功能由核心竞争力、基础竞争力和环境竞争力构成。要素功能由生产要素、需求状况、相关产业集群、企业战略、政府行为等构成。民族传统体育产业竞争力系统构成如图 4－2 所示。

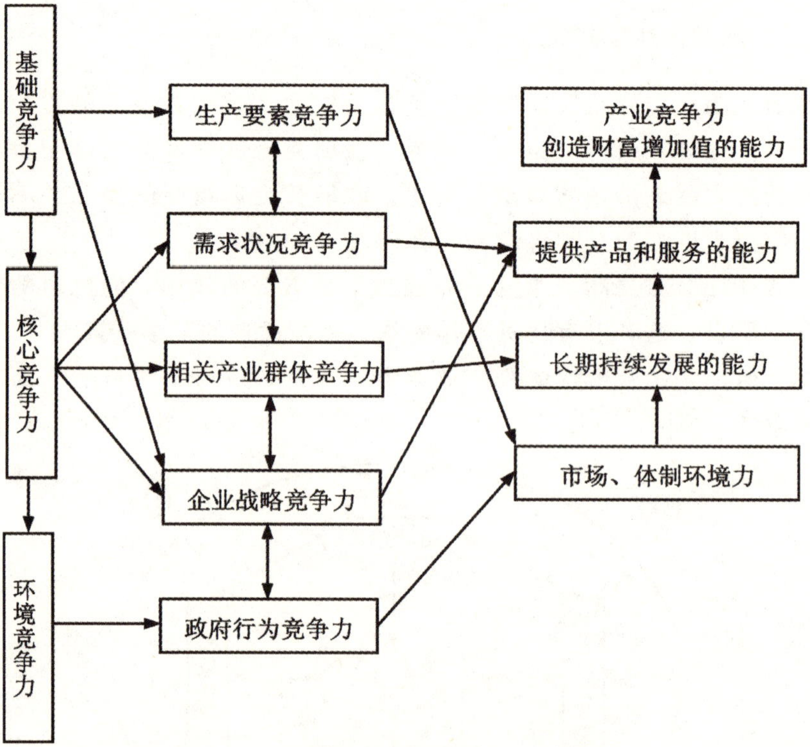

图 4－2　民族传统体育产业竞争力系统构成

依据民族传统体育产业竞争力的内涵和竞争力系统层次，按照系统性、层次性及民族传统体育产业竞争力整体性评价的原则，我们建立了由三大模块（核心竞争力、基础竞争力、环境竞争力）、五大要素（生产要

素、需求状况、相关产业集群、文化企业战略、政府行为)、多个竞争面和多个竞争力评价指标，构成全面反映民族传统体育产业竞争力的综合评价指标体系。

（一）核心竞争力

核心竞争力是民族传统体育产业竞争力的中心环节，直接体现民族传统体育产业竞争实力和发展动力。核心竞争力模块包括民族传统体育文化企业战略、需求状况两大要素。企业战略包括营运基础、企业运作、竞争对手三个竞争面；需求状况包括需求结构和消费者行为两个竞争面。

（二）基础竞争力

基础竞争力包括生产要素竞争力、相关产业集群竞争力两个竞争要素在内的竞争能力的综合。生产要素竞争力和相关产业集群的竞争力是民族传统体育产业竞争力的基础，支持核心竞争力的长期持续发展并直接提供竞争动力。生产要素竞争力反映人力资源、民族传统体育文化资源、资本资源、基础设施等方面的竞争实力。相关产业竞争力反映信息产业、教育产业、旅游产业及其他与民族传统体育文化相关产业等方面的竞争实力。

（三）环境竞争力

环境竞争力包括多方面内容，这里主要指政府行为的竞争能力。政府行为竞争力是民族传统体育产业竞争力发展的重要环境和激励因素，对核心竞争力的实现和基础竞争力的培育均具有直接的影响。环境竞争力直接体现政府对民族传统体育产业发展的宏观调控能力，以及对提高民族传统体育产业竞争影响力。具体包括政府的效率与信誉，政策和法律法规的公正性、科学性，政府的创新能力等。

第五章　民族传统体育产业经营与管理

第一节　民族传统体育产业经营管理及基本要素

一、经营管理的含义

民族传统体育产业经营活动，是指以营利为目的、以民族传统体育文化活动为内容、以商品形式进入流通领域的经营活动，包括各类民族传统体育健身、娱乐、训练、竞赛、培训、表演等经营活动。民族传统体育产业经营活动中的体育项目，包括国家体育总局批准开展、在国家体育总局的指导和有关项目协会的具体组织下开展的全国少数民族传统体育运动会运动项目，以及具有增强体质、娱乐身心作用的其他民族民间传统体育运动项目。

民族传统体育产业经营就是指经营单位，运用各自所拥有的资源面向市场，连续地进行民族传统体育商品生产和交换的有组织的经济活动。具体地说，民族传统体育产业经营就是其经营单位运用各自拥有的人力、物力和财力，以市场为出发点和归宿，进行市场调研和预测、选定产品发展方向、制定长期发展规划、进行产品开发、组织安排产品的生产、开展产品的销售和技术服务工作、达到预定的经营目标的连续的民族传统体育商品生产和交换的循环过程。

民族传统体育产业经营管理，它是指以经营合理化为目的，为执行经营职能所从事的各种与民族传统体育相关的经营管理工作的总称。也就是说，通过应用现代管理的原理、方法和手段，对民族传统体育产业经营单位的经营活动行使一定的管理职能即决策、计划、组织、指挥、协调、控制、教育、激励等，以实现民族传统体育产业经营的最优化及经济效益的最大化。

二、民族传统体育产业经营管理的基本要素

（一）人力资源

人是生产力中最活跃、最能动的要素，也是开展经营管理的关键要素。其中，人的能力、精神面貌及创造性等要素更为重要。人力资源包括两个部分：一部分是年轻化、知识化和专业化的管理队伍；另一部分是素质高、技术好的员工队伍，两者缺一不可。

民族传统体育产业经营管理需要的是既懂民族传统体育，又懂现代经营管理理论与方法的专门人才，其中经营管理人员最重要。经营管理者要有较高的素质，较扎实的经营管理知识和较强的经营管理能力，懂得科学的经营管理的方法，能够协调各方面的关系，熟悉民族传统体育文化的规律和特点，了解员工的思想动态以及掌握思想工作的一般规律等。经营管理者素质的高低，对于能否调动员工积极性，完成各项任务，提高经营效益，具有十分重要的决定性意义。

（二）财力资源

在商品经济条件下，财力资源即资金是民族传统体育产业经营活动中不可缺少的要素。经营单位要准备进行开展民族传统体育产业经营的各种要素，如器材、设备和劳动力等，都需要相应的资金去购买，没有资金来源，各种民族传统体育产业经营活动就无法开展。

（三）生产资料

民族传统体育产业经营单位在开展经营活动中所需要的建筑物、工具和原材料皆属于生产资料。生产资料作为生产的物质手段和条件，是民族传统体育产业经营不可缺少的物质要素。开展民族传统体育产业经营的生产资料主要包括场馆设施及运动器材设备等。

（四）民族传统体育产品

这是经营单位开展民族传统体育经营活动的主要任务。这里的产品包

括实物产品、劳务产品和精神产品。实物产品包括运动器材、运动服装、运动饮料及各种运动营养等；劳务产品包括运动竞赛、体育表演、健身辅导、场馆服务等；精神产品包括报纸杂志、图书画册、影视录像等。经营单位总是围绕着一定的民族传统体育产品来开展自己的一系列经营管理活动的。

（五）环境要素

环境要素即市场要素，在社会主义市场经济条件下，民族传统体育产业经营单位是民族传统体育商品的生产者和经营者，民族传统体育产业市场则是民族传统体育商品生产经营者的生存空间和天然活动场所，是民族传统体育产业经营环境中的基本条件和因素。对民族传统体育商品生产经营者的民族传统体育产业经营单位来讲，如没有市场，那么经营就无任何意义，更说不上什么有效经营了；从经营投入来看，如果没有市场需求，经营单位就找不到有利的市场经营机会，那么民族传统体育产业经营活动就根本无从谈起；从民族传统体育产业经营产出来看，若无快速而大量吸收民族传统体育商品的广大的市场消费需求，民族传统体育产业经营单位就无法生存下去。所以民族传统体育产业经营的环境要素，特别是民族传统体育产业市场的健全和完善从某种意义上说也是决定性的。

第二节　民族传统体育产业经营的特点

产业部门经营的特点是由其产品的性质决定的。因此在分析民族传统体育产业经营的特点时，必须先弄清楚民族传统体育产业其产品的性质和特点。

产品是由产业部门的劳动者生产的劳动产物，是劳动者同生产资料相结合加劳动过程的结果。但是由于民族传统体育文化产品的使用价值不同于其他物质产品，因此，在创造民族传统体育文化产品的劳动方式上又表现出不同于其他物质产品生产的特点。比如产品和服务的劳动形式与其他知识产品的劳动形式就存在着差异。前者以形象化的劳动形式表现出来，后者则以抽象化的劳动形式表现出来。

根据民族传统体育产业的“产品”所表现出来的形态，可区分为物质性的产品、娱乐性的产品以及相关服务。在市场经济条件下，这些产品同其他物质产品一样，都是商品，具有价值和使用价值。民族传统体育产业产品中的这些物质性产品的状况是衡量民族传统体育产业技术基础水平高低的重要标志，也是实现民族传统体育产业产品中使用价值的保证。

根据对民族传统体育产业产品性能的分析可以看出，民族传统体育产业经营的主要特点是：

一、经营的时效性强

民族传统体育产业的产品都具有一定的时效性，由此所决定的经营活动也必然具有时效性。从某种意义讲，经营时间就是民族传统体育产业的产品的经济效益。有些产品特别是服务只能在特定的时间和特定的地点经营，离开了特定的时间和特定的地点，也不可能取得理想的经济效益。

民族传统体育产业的产品经营的时效性特点，要求民族传统体育产业的经营者必须有较强的时间观念，学会科学地利用时间，把握时机，在观念上应把时机理解为是民族传统体育产业的资本，是民族传统体育产业部门财富的积累，是经营者素质较高的一种表现。

二、经营的经济效益受社会效益的制约较强

从一般意义上讲，任何产业部门的经济效益都会受其社会效益的影响和制约，所以，在经营活动中必须注意正确处理经济效益和社会效益的关系。对于民族传统体育产业的经营来说，其经济效益的大小在很大程度上取决于社会效益的好坏。因此，在从事其产业的经营活动时，一定要把提高产品的社会效益放在首位，这是保证经济效益实现的前提。强调社会效益对经济效益的作用，并不是否定经营管理或其他因素对经济效益的作用。要提高其产业的产品经营的经济效益，必须在重视提高产品社会效益的同时，还要重视经营管理，重视提高产品质量。

三、经营活动的参与性

民族传统体育产业的产品经营活动的参与性特征是由其产品生产的参与性决定的。民族传统体育产业的产品经营的参与性表现为对其他物质产品生产的直接参与和间接参与。

第三节　民族传统体育产业经营活动的实现

任何一个产业部门从事经营活动，都必须有明确的经营目标。而经营目标只是经营活动的归宿，要保证经营目标的实现，还必须采取有效的措施。根据社会主义市场经济体制目标模式的要求，实现民族传统体育产业经营的社会效益目标和经济效益目标，应该从以下几个方面入手。

一、树立社会主义市场经济的新观念

社会主义经济是市场经济，是经过了一个相当长的计划经济之后，在社会主义公有制经济牢固地树立起来并有相当发展的基础上建立起来的，它同一般市场经济社会相比较，具有许多新特点。所谓树立社会主义市场经济的新观念，也就是依据社会主义市场经济新特点而确立的新观念。这些新观念主要是：

竞争观念。竞争是市场经济的一条规律，是不可避免的，竞争就会有胜有败，破产也会出现，失业也会产生，必须能正确对待。

平等观念。市场经济条件下的平等观念是价值规律要求的，在商品交换活动中必须坚持等价交换的原则。在社会主义市场经济条件下，人们之间的物质利益关系仍然是一种相互交换劳动的关系，必须铲除一切特权，按照等价交换的原则实现劳动者之间的平等权利。

效率观念。根据社会主义市场经济的要求，其根本任务是发展生产力，它要求社会经济各部门必须持续、稳定、协调、高速发展，始终保持高效率地工作和劳动，争取时间，取得社会主义建设的更大胜利。

科学观念。所谓科学观念也就是自觉地按照自然、科学和思维活动的内在规律办事的观念。社会主义市场经济的发展是建立在现代科学技术基础之上的，它要求商品生产者必须重视科学、重视根据生产实验和自然科学原理总结出来的各种新的工艺操作方法和技能。

主体观念。发展社会主义市场经济，不论采用何种资源配置方式，在所有制方面必须坚持以社会主义公有制经济为主导的多种经济成分并存的所有制结构；在个人消费品的分配方面，必须坚持以按劳分配为主体，在此基础上允许其他分配方式的存在。

全局观念。社会主义市场经济并不是无政府状态下的自由市场经济，它要求国家的宏观调控，要求商品生产者必须树立整体观念，既重视微观经济效益，又重视宏观经济效益，并把二者科学地结合起来。

创新观念。社会主义社会是一种新型的社会形态，它没有固定的模式。正如恩格斯指出的那样，“所谓‘社会主义社会’不是一种一成不变的东西，而应当和任何其他社会制度一样，把它看成正常变化和改革的社会”①。因此，就需要有创新，就需要清除一切保守的、落后的思想观念。

经营观念。经营观念又称经济观念，是经营管理者在经济社会活动中应该具备的指导思想。强调树立经营观念是社会主义市场经济的要求。没有经营观念就会失去生存的条件。有人说，我们的经营管理人员好比关在笼子里的鸟，吃惯了现成饭，现在打开笼子，让自己寻找食物，他们就必须从头开始，先学会“飞”，再学会自己养活自己。我们强调树立经营观念，对于经营管理人员来讲，就是要学会经营；对于管理者来讲，就是为了更好地为各类经营者提供服务，为经营者创造良好环境，不要用行政手段干预经营者的经营行为。

服务观念。服务就是为他人的利益而工作。在社会化生产条件下，服务都是相互的，不存在单向服务，只有树立了服务观念，才能保证社会生产的顺利进行。

风险观念。发展市场经济，充分发挥市场机制的作用，必须树立风险观念，敢于冒险。否则，四平八稳，前怕狼后怕虎，是不会有大作为的。风险就意味着有成功和失败，要正确对待成功，正确对待失败。

二、加强对民族传统体育产业经营管理人才的培养和开发

人才是一种历史性概念，而且具有不固定性特征。这就是说，在人类社会发展的不同历史时期，人才的标准是不同的；由于社会生产力的发展、知识的更新，有学问的人如果不学习、不更新知识就会落后，甚至成为一般的劳动者，脱离人才范畴。因此，必须加强对民族传统体育产业人才的管理，注意对人才资源的开发，把民族传统体育产业界管理人员的智慧、知识、经验、技能和创造才能等充分地发掘出来，并经过认真的培养，使

---

① 《马克思恩格斯全集》第16卷，121页，北京，人民出版社，1979。

他们的才能都得到充分的发挥，为促进民族传统体育产业的发展作出贡献。

三、建立有民族传统体育产业特色的、适应中国特色社会主义市场经济体制要求的经营管理体制

中国特色社会主义市场经济体制是我国经济体制改革的目标模式，当然也是我国民族传统体育产业经营体制发展与改革的目标模式。中国特色社会主义市场经济体制要求加快转变政府职能，而转变的根本途径就是将政企分开。建立民族传统体育产业经营管理体制，应该从民族传统体育产业部门的实际出发，使其适应社会主义市场经济的要求，让民族传统体育产业各部门自觉地走向市场，各级管理部门要更好地为民族传统体育产业经营提供服务，并在政策上保证经营活动健康地发展。

任何一种新型的经营管理体制的建立，都需要一个过程，不能急于求成。这是因为：第一，要摆脱旧体制建立新体制，人们需要有一个认识和适应过程；第二，一种新型体制的完善和发展，也需要在实践中进行检验；第三，目前宏观上的市场经济体制还没有最后建立起来，许多问题还没有弄清楚。鉴于上述情况，民族传统体育产业的经营管理体制应该有步骤地进行。

经营管理体制是经营活动顺利进行的制度保证。从理论上讲，没有科学的经营管理体制是不可能顺利地进行经营活动的。但是，也不能因为科学的经营管理体制还没有建立起来就不进行经营活动。当前，根据我国市场经济的发展状况和西部地区民族传统体育产业的实际，一方面，积极探讨民族传统体育产业的经营管理体制，逐步树立经营观念；另一方面，民族传统体育产业应从实际出发，为民族传统体育产业宏观经营管理体制的建立提供经验。

民族传统体育产业的经营是一个系统工程，其经营目标的实现也需要从多方面进行努力，需要做认真细致的工作，从思想上、组织上、实践上作好各方面的准备。

第四节　民族传统体育产业管理的职能

广义地说，管理的职能为三个方面，即计划、组织、控制。管理的这三大职能同样适用于民族传统体育产业管理。

一、计划职能

管理的计划职能是通过计划活动实现的。从整体来分析，民族传统体育产业计划可区分为宏观计划和微观计划。宏观计划包括两层含义：一是指计划所包括的范围是宏观的；二是指综合性的计划。微观计划是相对于宏观计划而言的，指的是部门计划或具体的业务计划，如果把民族传统体育产业作为一个体系来分析，它主要是由民族传统体育产业的发展计划、生产经营计划、人才资源开发计划、民族传统体育文化资源开发利用计划、民族传统体育文化资本运营计划、民族传统体育产业经营模式计划等构成。发展计划是根据国家在一定时期内的材料和市场状况而确定的任务与要点；生产经营计划是对民族传统体育产业部门的生产经营活动以及应达到的经济目标所作的设想；人才资源开发计划是根据民族传统体育产业发展的目标对人才的选拔、培训和任用计划；民族传统体育文化资源开发利用计划包括两层含义：一是对现有的民族传统体育文化资源的重组；二是对民族传统体育文化资源的开发利用。民族传统体育文化资本运营计划就是在充分认识和把握民族传统体育文化资本运营规律的基础上，有计划地开展民族传统体育文化资本运营，有效地发挥民族传统体育文化资本的作用；民族传统体育产业经营模式计划是针对民族传统体育产业的实际和人们的心理承受能力，逐步实现规模化经营，以适应民族传统体育产业发展的要求。在民族传统体育产业计划体系中，发展计划是一种方向性计划，生产经营计划是基础性计划，人才资源开发计划、民族传统体育产业经营模式计划是保证性计划，民族传统体育文化资源开发利用计划和民族传统体育文化资本运营计划是发展性计划，它们是紧密联系的。为保证发展计划的实现，必须确定科学的生产经营计划、人力资源开发计划、民族传统体育文化资源开发利用计划、民族传统体育文化资本运营计划和民族传统体育产业经营模式计划。否则，宣传计划是难以实现的。

这里我们研究的重点是管理问题，分析管理的计划职能包括组织和控制职能的侧重点当然是经济活动。根据民族传统体育产业的特点，其计划体系中的生产经营计划、人才资源开发计划和民族传统体育文化资源开发利用计划、民族传统体育文化资本运营计划、民族传统体育产业经营模式计划都属于经济活动范畴的计划；计划虽然不属于经济范畴的计划，但是每项任务的实现都离不开经济问题。因此，在确定发展计划时，不仅要计划一定时期的任务与要点，而且还要计划实现计划的经济条件，特别是在市场经济条件下，这种科学的经济活动计划对于计划的实现就更加重要。

计划职能的实现，对于实现民族传统体育产业经济活动的科学管理、对于提高民族传统体育产业活动的社会效益和经济效益、对于提高民族传统体育产业竞争力，实现民族传统体育产业发展对经济社会的发展的推动作用，都具有十分重要的意义。

任何一种计划，其依据都是客观的。所以，在确定计划时必须从我国民族传统体育产业发展的实际，进行全面的实际调查，在此基础上，对未来作出科学的预测，为计划的确定提供可供选择的方案。

二、组织职能

计划的执行和目标的实现都是通过有效的组织形式进行的。管理的组织职能是通过人的规范活动过程来实现的，因此，实现管理的组织职能必须具备下列基本条件：

1. 有一定数量的、素质结构合理的、年龄结构适当的人员组成的实体。在组织内的人员数量不宜过多，也不能太少，应根据少、精、管用的原则，选择适当的人员。人员素质应同工作性质相一致。为提高工作效率，实现最佳的经济效益和社会效益，要坚决避免人浮于事现象的出现，严格选择人员的标准。人员年龄要适当，人员的知识结构要合理。

2. 高水平的管理集体是实现组织职能的关键。组织职能是通过人员的规范活动实现的。要调动组织实体内各类人员的积极性和创造性，必须充分发挥管理者的艺术，必须靠管理者的团结和相互支持，必须靠管理者的组织、协调能力的发挥，必须靠管理者的权威性。组织职能的实现程度是同管理者的素质成正比的。要发挥组织实体的作用，选用适当的管理者具有重要的意义。根据民族传统体育产业的特点，管理者不仅要具有高水平的组织能力和协调能力，而且还要对民族传统体育文化有一定的了解。否则，就不可能科学地协调组织实体内部各类人员的行动，计划目标也就难以实现。

3. 各组织实体之间行为要相互协调，相互促进，为实现某一目标共同行动。目标的实现和计划的有效执行既然同组织形式息息相关，那么，在实现组织职能时必须把确立科学的组织机构放在首位。建立组织机构的原则是：坚持合理和效益相结合的原则；坚持专业化的原则；坚持有效管理幅度的原则；坚持协调的原则；坚持市场经济的原则。

组织机构建立的步骤：第一，要有明确的目标，这是可行性组织机构建立的前提；第二，要确定组织的职能；第三，建立适当的组织部门；第四，确定管理幅度；第五，明确相关组织之间的关系；第六，设计部门内部的组织机构；第七，确定编制，配备人员，做好组织活动前的准备工作等等。

三、控制职能

控制是管理的一项重要职能，从管理理论的创始到现在，管理者都十分重视管理的控制职能的发挥。

标准化是控制职能的基础。因此，实现管理的控制职能，必须推行标准化。在经济社会活动中，为了使重复性事物和概念达到统一而进行的制定、发布和实施标准的过程，就称为标准化。它可以保证和提高产品质量，降低成本，合理利用资源，促进国际间的交流，保障人民的健康和安全。在社会化大生产的条件下，生产民族传统体育产品所使用的各种设备都是按照标准化生产的要求生产出来的，它决定了可容纳民族传统体育文化产品内容的物质外壳必须具有统一性，在市场经济条件下，市场原则决定着民族传统体育产品生产过程的可控制性。总之，控制理论对于民族传统体育产品生产经营活动也是适用的。为保证控制职能的实现，应该认真确定民族传统体育产品的标准。一个生产经营部门的标准化状况是其管理水平的标志，也是控制职能的基础。

标准化是一个动态概念，它随着科学技术的发展而不断发生变化。标准化形成过程的这一特点给标准的制定带来了困难，再加上民族传统体育文化产品生产过程的特殊性，使标准的制定就更加困难。但是，不管标准确定的难度如何，都要力求标准的准确。在实践中，如果由于科学技术的进步或发现了不完善的地方，应对标准进行必要的修改和补充。

标准化是一项综合性的技术工作，它要求每项工作、每个岗位都要制定出具体的标准，并要求人们能够自觉地去遵守。只有当标准化真正形成的时候，控制职能的作用才能得到发挥。

目前，由于体育经济管理还处在起步阶段，对于其经济活动的规律还没有完全认识，有些还没有认识，各项工作都还缺乏具体标准，当然也就更加没有形成具有民族传统体育产业特点的标准体系。根据民族传统体育产业经济管理的这种现状，要实现管理的控制职能，必须制定各项工作的行为标准，形成具有民族传统体育产业经济特点的标准化体系。

第五节　民族传统体育产业管理目标的实现

管理目标的确定与实现是不可分割的两个方面。目标确定得是否科学，需要通过实践来检验；但是，科学的目标，如果不去实现，则是没有意义的。要使目标变为现实，就必须通过一系列具体的管理活动。如果实现目标的手段选择不当或运用不好，目标也得不到实现。正如毛泽东同志所指出的："我们不但要提出任务，而且要解决完成任务的方法问题。我们的任务是过河，但是没有桥或没有船就不能过。不解决桥或船的问题，过河就是一句空话。不解决方法问题，任务也只是瞎说一顿。"[①] 这就是说，目标的实现比目标的确定更困难，要做的工作更多。目标的实现，从根本上讲是走什么路、采取什么步骤、实行什么政策的问题。

一、制定正确的方针、政策的原则

民族传统体育产业的发展必须在政府的领导下进行。政府的领导主要是通过政策来实现的。正如毛泽东同志所指出的："政策是革命政党一切实际行动的出发点，并且表现于行动的过程和归宿。"[②] 在落实科学发展观，构建社会主义和谐社会的历史进程中，经济管理目标的制定与实现是政府的政策的重要组成部分。政府根据不同时期的具体情况，提出了具体的方针、政策。经济政策的正确与否是实现经济管理目标的必要条件。

二、确定战略步骤和战略重点

民族传统体育产业经济管理目标具有很强的阶段性的特点。因此，要根据它不同的客观条件，确定战略步骤，以确保经济管理目标的实现。国民经济是由很多部门组成的，它们相互联系、相互依赖、相互促进，因此，

---

① 《毛泽东选集》，第1卷，125页，北京，人民出版社，1966。

② 《毛泽东选集》，1284页，北京，人民出版社，1964。

必须按比例地发展。由于财力、物力的限制，不可能平均使用力量，必须突出重点，抓住主要环节。

三、制订和组织实施发展计划

组织管理目标比较概括、综合，要使民族传统体育产业经济管理目标真正成为其一切管理活动的依据，按照它的要求来组织、管理各个环节，就必须通过制订计划，使其经济管理目标具体化，并在执行计划的过程中进行调节和监督，改革和完善管理体制，选择管理方法，培养管理人才，以保证民族传统体育产业经济管理目标的实现。

四、调动广大员工的积极性，为实现目标而奋斗

在社会化大生产条件下，员工既是管理者，又是被管理者。民族传统体育产业经济管理目标最终是通过员工来实现的。要宣传、教育、动员、组织群众，把民族传统体育产业经济管理目标变为员工心目中的奋斗目标，使大家明确自己的职责、利益和具体目标，积极地为实现目标而努力工作。这是民族传统体育产业经济管理目标能否实现的关键。

五、在实践中修改调整经济管理目标

邓小平同志指出："我们现在确定的原则是：胆子要大，步子要稳。所谓胆子要大，就是要坚定不移地搞下去；步子要稳，发现问题就赶快改。"[①] 对民族传统体育产业的管理目标，特别是具体的目标及其指标，在实践的过程中，如果证明不合适，应运用反馈的原理进行及时的、适当的修改和调整。

第六节 民族传统体育产业管理原则

一、民族传统体育产业管理的性质

民族传统体育产业管理和其他经济管理一样，具有二重性的特点，即自然属性和社会属性。

① 《邓小平文选》，第3卷，118页，北京，人民出版社，2002。

（一）民族传统体育产业管理的自然属性

管理是适合共同劳动的需要，是使生产资料和劳动者的结合，是组织和协调人们的活动，因而与生产力相联系。这是管理的自然属性，它表明与生产力相联系的生产力配置、生产力诸要素结合的形式、手段和方针。

民族传统体育产业管理的自然属性表现为民族传统体育产业技术设备的配置、产品的生产、市场的开拓、营销过程的管理、民族传统体育产业技术的发展，其组织形式、管理形式都必须按照自然规律和科学技术规律办事，要适应社会化大生产的要求，适应发展市场经济的要求，要不断地改革和完善其自身的经济管理制度。

（二）民族传统体育产业管理的社会属性

管理是通过别人的劳动把事情做成的行为，涉及人与人之间的关系，而且对物的管理也是通过对人的管理进行的。对人的管理，处理人们之间的关系，不能不涉及经济利益的调节。所以，管理体现着社会各阶层、各社会集团、劳动者之间的经济利益关系，与生产关系的性质相联系。这就是经济管理的社会属性。

与生产关系的性质相联系的管理目的，管理中体现的管理者与被管理者的关系，由于生产的社会化程度不同，在人类社会发展的不同阶段上，管理者与被管理者之间的关系是不相同的。当然可以从生产关系的角度分析管理者与被管理者之间的关系。这就是说，由于生产资料所有制的性质不同，在不同的社会中有着本质的区别。在生产资料私有制的资本主义社会里，“资本家的管理不仅是一种由社会劳动过程的性质产生并属于社会劳动过程的特殊职能，它同时也是剥削社会劳动过程的职能”①。“资本家所关心的是怎样为掠夺而管理，怎样为管理而掠夺。”② 在我国社会主义市场经济条件下，国家所有制经济在整个国民经济中居主导地位，经济管理与资本主义有着本质的区别：

第一，从目的上讲，加强管理是为了保证国民经济持续、稳定、协调、高速发展，巩固和发展社会主义的经济基础，实现人民的共同富裕。

---

① 洪远朋主编：《资本论简明教程》，252页，上海，复旦大学出版社，2003。

② 同①，257页。

第二，从管理体制的关系上讲，加强管理必须强调管理者是受人民的委托，代表人民的利益和意志，集中各方面的意见进行管理，而且人民群众既是国家的主人，又有权参与管理，监督政府机构及其成员的管理行为，享有民主管理的权利。

第三，从范围和程度上讲，加强管理必须体现国家、集体、个人在根本利益上的一致性，为国家充分发挥经济职能创造有利条件。国家可以从适应生产社会化的整体发展要求出发，进行全面的宏观调控、组织、指挥和监督，实现有效的管理。

民族传统体育产业管理的社会属性的集中表现，就是为国家特别是为西部地区的现代化建设和精神文明建设服务。通过管理，动员全体员工努力工作。为广大西部地区的人民群众提供丰富多彩的物质和精神食粮，以促进广大西部地区的物质文明建设和精神文明建设。通过管理，提高民族传统体育产业各部门职工的责任感和使命感。

二、民族传统体育产业管理原则

经济管理原则是经济活动必须遵循的法则和准绳，是正确处理各方面关系的依据。它是经济管理活动的具体体现，反映了经济管理活动规律的要求，是国家、集体和个人利益的体现。民族传统体育产业管理必须坚持唯物论，尊重辩证法，一切从实际出发，按客观规律的要求办事，使之建立在科学的基础上。

（一）获得最佳效益的原则

以最小的耗费，获得最佳的社会效益和经济效益，是民族传统体育产业管理的目的和必须遵守的一个重要原则。根据这一原则，民族传统体育产业部门的一切活动，都要充分考虑努力降低消耗，以便创造出更多、更好的能满足人们需要的民族传统体育文化产品和服务。要获得最佳的社会效益和经济效益，就必须用系统论的观点全面地分析影响经济效益的一切因素、一切条件以及这些因素和条件之间的关系。在此基础上，提出多种方案予以对比、对照、论证，择优选用，并在执行中根据情况的变化，及时对方案进行调整。要获得最佳的社会效益和经济效益，民族传统体育产业管理必须根据其产业的特点，建立相应的管理制度和管理方法。

（二）科学管理的原则

民族传统体育产业管理必须遵循经济发展规律、自然发展规律和科学技术发展规律。科学管理是对管理实践经验的理论概括，是具有普遍意义的管理。民族传统体育产业管理涉及的范围很广，情况十分复杂，单纯依靠经验管理是无法完成管理任务的。列宁说："没有建筑在现代科学最新成就上的大资本主义技术，没有一个使千百万人在产品的生产和分配中最严格遵守统一标准的有计划的国家组织，社会主义就无从设想。"① 可见，科学管理，对于民族传统体育产业来说具有十分重要的作用。

（三）民主集中制的原则

人是生产力中最革命、最活跃的因素，只有发挥职员的主动性、积极性、创造性，才能有效地管理民族传统体育产业。在强调民主的同时，更要强调集中，要处理好国家、单位和个人三者之间的关系。三者关系的核心是责、权、利的问题，实质是物质利益的问题。

（四）适应市场经济体制要求的原则

我国经济体制改革的目标模式是建立社会主义市场经济体制。这是最大限度地发展我国生产力的必然选择，是适应我国经济发展的必然要求，是促进国民经济持续、稳定、协调、高速发展的有效途径。

民族传统体育产业管理必须遵循市场经济体制的要求，大胆引入竞争机制，搞好民族传统体育文化产品的经营和服务，不断加快民族传统体育产业管理现代化的步伐。

第七节　民族传统体育产业的项目化管理

一、项目管理的基本概念

人类有组织的活动划分为两种类型：一是连续不断、周而复始的活动，

① 《列宁全集》，第27卷，314页，北京，人民出版社，1958。

称之为“运作”，如企业的日常活动；另一类是临时性、一次性活动，称之为“项目”，如企业的技术改造活动、一项环保工程的实施等。它是在一定时间内，满足一系列特定目标的多项相关工作的总称。项目具有整体性、一次性和目标的明确性，以及多目标属性和生命周期性等特性。

项目可分为工程和非工程两大类。按行业，项目又可分为建筑、制造、农业、医疗、金融、电子、纺织、交通项目等；按性质，项目还可分为研制、技改、引进、风险投资、产品开发、转包生产、组织活动项目等。

一般把项目的整个生命周期划分为论证、规划、实施和收尾四个阶段，我们对项目按这四个阶段进行项目管理，而每个阶段又分为启动、计划、实施和控制四个过程。启动过程接受上一阶段交付的成果，提出对下一阶段的要求，并确认下一阶段可否开始。计划过程根据启动过程提出的要求，制订计划文件作为实施过程的依据。实施过程要定期编制实施进展报告，并指出实施结果与计划的偏差。控制过程是根据实施报告制定控制措施。计划、实施、控制三个过程往往要反复循环，直至实现该阶段启动过程提出的要求，才能结束。

“项目管理”一词有两种不同的含义：其一是指一种对项目的管理活动，即一种有意识地按照项目的特点和规律，对项目进行组织管理的活动；其二是指以项目管理活动为研究对象的一门学科，它探索项目活动科学组织管理的理论与方法。

现代项目管理是以顾客为关注焦点，因此必须以实现项目利益相关者的要求和期望为目标，即涉及项目范围、费用、时间、质量和风险等方面必须满足项目利益相关者共同的要求和期望。项目管理与传统的部门管理相比最大的特点是注重综合管理，并且有严格的时间期限和费用、人力、物力约束。项目管理必须通过不完全确定的过程，在确定的期限内完成任务。

项目是集团的基础，企业或集团的项目化管理、价值管理是管理的最新动向。

二、民族传统体育产业的项目化管理

（一）民族传统体育文化活动的项目化特征与项目管理

民族传统体育产业通过其产品和服务提供消费，民族传统体育文化活动则是主要服务形式之一，也包括提供适当的产品。在国外，“活动行业”中将文化活动定义为“特殊活动”的一种。特殊活动是指精心计划和举办的某个特定的仪式、演讲、表演或节日庆典，特殊活动标志着某个特殊场合或要达到特定的社会、文化和社团目标或目的。它是赞助人和组织人的正常计划或活动以外的一次性或经常发生的活动，对客户来讲，特殊活动是在正常的选择范围以外，或日常经历以外的一个娱乐、社会或文化体验的机会。项目是为创造某个独特的产品和服务所做的暂时性努力。可见特殊活动是项目的子集，而文化活动则是特殊活动的子集并且囊括了大部分的特殊活动。文化活动从更大的范围属性来定义也可被称为文化项目。

民族传统体育文化活动是项目的一种，但又不同于一般的项目，它属于一类特殊的项目，除了具有项目的共同特点之外，还有自身的特点。民族传统体育文化活动的项目属性包括：

1. 明确的目标。它的目标是满足特定的文化需求和其他特定的目的，比如资本增值、促进文化发展等。

2. 确定的范围。民族传统体育文化活动不可能无所不包，它受一定的范围限制。

3. 资源约束。活动一般都有特定的资源约束，这些资源包括项目、时间、费用、人员、技术等，并且有些活动对特定资源特别敏感，比如节日庆典的时间。

4. 民族传统体育文化活动的运作程度跟项目程序相同。程度包括启动、规划、执行、控制和结尾。一个活动不管有多少，都包含这些步骤，不管有没有意识到，也不管实施这些步骤是否规范，这些步骤都存在。

民族传统体育文化活动除了以上项目属性以外，具有一定的特殊性，其特殊性包括：

1. 民族传统体育文化活动是民族传统体育文化的活动。对文化需求的满足和对文化交流与发展的促进作用是民族传统体育文化活动必须考虑的。

2. 活动涉及一些特殊的内容。这些内容包括广告宣传、活动营销、赞助、活动演出等，民族传统体育文化活动基本上都涉及这些内容。这也为开发通用的民族传统体育文化活动管理程序提供了方便。

3. 支出的集中性和失败的不可挽回性。民族传统体育文化活动的大部分费用都集中发生在项目的执行阶段，特别是同节日庆典在一起的娱乐表演项目。

民族传统体育文化活动的这些项目特征决定了可以采用项目管理的理论和方法提高活动的规范性，减少成本，提高成功率和活动效果；民族传统体育文化活动的特殊性又让我们能够更有针对性地开发最适合其文化活动的规范程序。

（二）运用项目管理理论管理民族传统体育文化活动

企业的管理有一套系统的理论和方法，它包括战略管理、人力资源管理、财务管理等等。但随着需求多样性的加深，越来越多的企业发现自己的工作多以跨越人力资源、财务等多个部门的项目形式进行，这时需要采用项目管理。对民族传统体育文化企业来说，民族传统体育文化活动是一种主要的服务形式，所以实施企业项目化管理能够转变企业的经营思想和管理模式，提高管理的效率。

企业项目化管理是指将企业中的一次性的、具有明确目标、范围、预算和进度要求的、多任务的活动视为项目，并按项目的专业化技术和方法进行管理，从而比常规方法更好更快地实现目标的管理实践。企业经营活动以项目为主体，其他职能工作诸如人力资源管理、财务、公关、工程、信息、研发等为辅助，并向项目提供支持。企业项目化管理继承了传统企业管理的特点，并为适应需求的多样性和快速变化，吸取了项目管理的精髓，更加适合一些特殊企业的经营管理。

企业项目化管理有别于项目管理。项目管理是一次性的管理方式，相同的和相似项目重复较少，对企业来讲，制定详细的项目管理程序没有很大的意义，每个项目都有不同的特点和侧重点。企业的项目化管理则是一种重复性的管理方式，企业内部的项目无论从项目人员构成的稳定性，还是从项目相似性上看，制订、设计详细的项目化管理程序都会提高项目人员的工作效率、项目小组的成熟度，节省资源，从而使企业从中受益。

企业项目化管理也不同于传统的企业管理。传统的企业管理中，组织形式为职能型，职能管理构成了管理的全部；而企业项目化管理的人员组织形式为矩阵型，项目小组和职能部门组成矩阵的两维。职能部门为企业的长期发展制订计划，负责日常的工作；项目小组制订具体和短期行动计划，并负责计划的实施。

运用项目管理理论和方法管理民族传统体育文化活动是我们讨论的核心，同时也是采用项目化管理的企业的管理基础。

运用项目管理理论和方法管理民族传统体育文化活动属于一个前沿性的探索和试验，运用项目管理理论和方法管理民族传统体育文化活动需要根据民族传统体育文化活动的特点设计具体的管理程序，它包括以下内容：

1. 民族传统体育文化项目规范业务流程；

2. 民族传统体育文化项目人力资源管理；

3. 民族传统体育文化项目市场营销；

4. 民族传统体育文化项目赞助；

5. 民族传统体育文化项目策划；

6. 民族传统体育文化项目筹备；

7. 民族传统体育文化项目的组织与进度规划；

8. 民族传统体育文化项目的费用与质量规划；

9. 民族传统体育文化项目的风险管理规划；

10. 民族传统体育文化的实施与控制；

11. 民族传统体育文化项目收尾。

第六章　科学技术与民族传统体育产业

第一节　科学技术与民族传统体育文化主体

人是社会的主体，更是文化的传承者、创造者和体现者。文化建设与发展的根本任务在于提高人的素质，即实现人的现代化。当代西方学者英格尔斯和史密斯在《走向现代化》一书中指出，一个国家除非它的国民是现代化的，否则就不是现代化的，并提出人的现代化主要的心理特征：参与型公民，有丰富知识；对个人的效能充满信心；有高度独立性和自主性；愿意接受新事物，具有创造性。科学技术主要通过以下几个方面对现代人的培育发挥作用：

一、科学知识

马克思主义认为，人是生产力中最活跃的因素。但这里的人，是指具有一定的科学知识、生产经验和劳动技能的人。科学技术在知识形态上是一种潜在的生产力，通过实施教育被后一代所掌握，并应用于生产中，从而转化为现实的、直接的生产力。科学化的劳动者所具备的能力，远远超过普通人的能力，能提高劳动生产率，促进经济效益的增长，会创造出更多的价值。在传递人类积累的科学知识的同时，人们通过对已有知识的学习、归纳和升华，进一步开展科学研究，实现科学知识的再生产，产生新的科学技术。因此，现代社会的教育主要是教授、传播科学知识和人文知识两大内容，而科学文化素质构成了人的最基本的素质。

二、科学的思维方式

当今人类正从工业社会向知识社会迈进，一个知识爆炸的时代悄悄降临，使得知识的半衰期变得越来越短。据联合国教科文组织统计，科学知识的增长率，从20世纪60年代以来的95%，发展到70年代以来的104%，到80年代已达125%，过去每隔10～15年知识就翻一番，如今3～5年就翻一番。在此背景下，驾驭知识要比掌握知识显得更重要。在授人以“鱼”或“渔”的问题上，更倾向于后者，因此思维方式很重要。科学技术本身及其发展，为人们提供了很好的思维方法。一般认为，科学技术的思维方法是严密的逻辑思维、精确的数字、经验的验证、抽象的方式来完成的。但是对于科学创造来讲，科学家首先依托已有的知识背景，通过直觉、灵感等非逻辑活动大胆猜测，发散性想象，提出多种假设，开展冒风险的探索，而后勤于思考，逐步收敛，明确研究方向与内容，然后用严密的逻辑推导出研究成果，最后再通过观察实验所取得的结果来检验证实。因此科学的思维方式是全面的，集严密的逻辑思维与高度的形象思维于一体。人如果具备较好的、全面的思维方式，这样无疑就掌握了认识问题和解决问题的锐利武器，而思维的活力可以说是人才要素的核心。

三、科学的工作方法

思维指导行动，工作方法实际上是思维方式的一种反映。科学的工作方式要求有十分严格的工作程序，其中每一步都要极其严密，追求“天衣无缝”。科学方法是观察、揭示客观世界的利器，是通向科学彼岸的桥梁，是在科学实践中不断创造、逐步积累起来的；又是科学活动所必须遵循的方法论体系。它以严密的观察实践，严格的逻辑推理，由此及彼，由表及里，去粗取精，去伪存真，找出事物内部各部分之间及其与外部环境系统的相互作用，从而形成规律性认识。它的基本要求是材料要丰富，观察要客观，实验要能重复可比，结论要经得起实践和科学理性的严格审验。居里夫人用了近4年的时间，经历了无数次分离实验的失败，从8吨沥青中分离出0.12克的氯化镭；爱因斯坦从1905年到1916年用11年多的时间，花了无数心血，完成了从狭义相对论到广义相对论的工作。量子力学的建立，从1900年12月普朗克在德国物理学会上提出的报告到1927年9月玻尔提出的“互补原理”，前后花了27年。科学家们在漫长的研究过程中，不断检查、回顾、判断，不断修正自己的理论，一直到认为研究工作的每一步都是可信的，使成果建立在坚实可靠的基础之上。这种工作方法可以推而广之到精确度要求越来越高的现代各种工作当中。

四、科学精神

科学精神是科学的精神本性的重要体现。在科学发展的漫长历程中，科学界逐步形成了一些传统、一些规矩、一些指导原则，这就是科学精神。也可以说，科学精神是贯穿于整个科学发展历史过程中以及全部科学活动过程中具有普遍意义的意识。其核心是尊重事实的求实精神和追求真理的求真精神。爱因斯坦说过，相信有一个离开知觉主体而独立的外在世界，是一切自然科学的基础。科学研究就是以客观事实为基础，透过纷繁复杂的现象探求事物的本质和规律。科学研究拒绝任何虚假和浮夸，忠于事实，追求事物的本来面目和内在联系。同时相对于广阔的未知世界，进行科学研究还需要一种大无畏的怀疑和挑战精神，一种否定与自我否定精神，一种永不满足、永不惧怕失败、永远去探索和追求的精神，一种团结协作、依靠集体智慧攀登科学高峰的精神，一种超越前人、开拓创新的精神。这些理性精神是人类积累下来的宝贵财富，其养成是一个多年积淀的过程，随着科学的发展和社会条件变化将不断丰富、拓展，并日益向社会辐射、弥散、渗透，成为重要的时代精神。

五、科学技术与民族文化

法国哲学家和科学家让拉特尼尔认为，现代科学技术是在一种深深浸染了理性观念的文化环境中诞生和成长的。科学无疑包含认识要素，甚至可以说，它具有沉思的因素。然而日益明显的是，科学作为理解实在的方法主要不是依靠想象，而是依靠行动。今天，科学不再只是获取知识的方法，也不再只是知识体系，而是极为重要的社会文化现象，它决定现代社会和人的全部命运，并正在向我们提出极为严峻的问题。科学技术与文化方面的相互作用有直接效应和间接效应，随着科学技术的普及，科学技术在生活中的作用越来越重要，科学知识体系、科学方法、科学精神、科学世界观越来越渗透到人类的文化体系中。

所以说，科学技术对塑造民族传统体育文化的主体发挥着重要作用。

第二节　科学技术与民族传统体育产业生产力要素

迅猛发展的新科技革命，已把人类社会带入以经济全球化和知识化为特征的21世纪。在当今科学技术飞速发展的时代，科技进步对人类的思维方式、生产方式、生活方式等产生了广泛而深刻的影响，不仅极大地改变着人类的物质生活，也给人类的思想文化和精神领域带来强大的影响和冲击，为人类精神和文化发展注入新的活力。科技进步在推进民族传统体育产业发展中具有重要地位。科学技术既是人类文明的重要组成部分，又是人类文明发展的强大动力，是推进民族传统体育产业发展的巨大杠杆。科技进步对于推进民族传统体育产业发展的作用，表现为两种方式：一是科学技术作为第一生产力，对调整和优化民族传统体育产业结构、培育新的增长点、促进其增长方式实现根本性改变、增强其竞争力和发展实力、全面提高社会生产力起着决定性的作用，从而为建设民族传统体育产业奠定强大的物质基础；二是科学技术作为人类认识世界、改造世界的知识体系，其本身也是人类精神文化的产物，科学技术在创造物质文明的同时，也不断创造新的更多的精神文化成果。特别是长期的科学实践凝聚而成的科学精神、科学思想和科学方法，不啻人类极其宝贵的精神文化财富，对人们确立科学的世界观、正确的人生观和价值观都有巨大的激励和引导作用，从而为民族传统体育产业发展提供强大的精神动力和智力支撑。

相对于经济、政治而言，文化的范畴包括科技。科技产生于对客观事物的观测、实验、归纳、逻辑推理、经验积累和知识运用，是文化中最贴近客观世界、反映客观规律，最有活力、最积极向上的部分。科技及在科技实验的基础上繁衍的那部分原始朴素的民族自然观是民族传统体育文化的精华，也是民族传统体育文化进化发展、升华的桥梁。

科学技术是生产力，这是马克思的观点。邓小平站在巨人肩上纵观世界风云，深感科学技术对一个国家经济社会发展的作用，提出科学技术是第一生产力。历史，特别是改革开放近30年建设中国特色社会主义的伟大实践和所取得的辉煌成就充分证明了这一科学论断的正确性。建设和发展民族传统体育产业离不开科学技术第一生产力的作用。首先，科学技术在发展民族传统体育产业的进程中是起决定性作用的生产力，它渗透在人们的物质生活和精神生活的各个方面，对民族传统体育文化的影响是全面的，其水平的高低决定着其他生产力要素水平的高低，特别是人的素质的高低，从而决定着民族传统体育产业建设整体水平的高低。其次，科学技术是诸生产要素的主导要素，科学技术能产生新认识，提供新方法，开辟新领域，发展新文化，是开发民族体育文化资源、发展民族传统体育产业的有力武器。科技进步的方向决定经济社会特别是民族传统体育产业发展的方向，科技进步的速度决定着民族传统体育产业建设的速度。用科学的精神和方法推进民族传统体育产业发展，靠技术创新提高民族传统体育产业的层次和竞争力，是推进民族传统体育产业的重要任务。

第三节　科学技术是民族传统体育产业发展的重要支撑

推进民族传统体育产业的发展，充分挖掘和发挥民族传统体育文化丰富多样的独特优势，加快面向现代化、面向世界、面向未来的民族的科学的充满生机活力的民族传统体育文化建设，发展民族传统体育产业，科学技术可以提供强大的精神动力和智力支持。

一、充分发挥科学技术的作用，引导和支撑民族传统体育产业建设

现代科学技术对人类社会发展产生着巨大的影响，其在文化、经济中的作用和地位决定了世界的主流文化必定是科技水平较高的文化，世界的主流经济必定是科技水平较高的经济。人类历史上多少文化兴衰沉浮，没有哪一种文化是一成不变的和永恒的。一个民族要想使自己的文化长久立于世界民族文化之林，要想成为世界文化的主导，必须要以先进的生产力为基础，有先进的科技作为精神支撑和物质支撑。只有善于吸收外来文明，不断创新发展，提高科技水平和扩大开放交流的文化，才是具有时代生命力的文化。民族传统体育文化也不例外。当前，美国和日本以领先世界科技水平的物质产品为载体，正向全世界扩张他们的文化，其优势恰恰就在

于汇集世界的优秀文化为己所用。当今世界文化，不仅越是民族的就越是世界的，而且越是世界的就越是民族的。从这个意义上说，民族传统体育文化就是优秀民族传统体育文化传统加社会主义现代化。

二、发展科学技术是推进民族传统体育产业发展的重要内容

文化是人类在社会历史发展过程中所创造的物质财富和精神财富的总和，表现为人类在适应和改造自己生存环境以及改造自身的过程中所积累的物质成果和精神成果，包括信仰、哲学、法律、道德、文学、艺术、科学技术、风俗习惯等组成的观念形态。从文化的范畴来看，科学技术是文化建设的重要内容。在民族传统体育产业的建设行动中，要针对目前我们的科学技术落后、劳动生产率不高、劳动者科学技术素质低下、经济竞争实力不足、城乡结构和经济结构不合理的客观现实，切实把发展科学技术事业、推进“科教兴国”战略实施、加强技术创新、加快高新技术发展摆在推进民族传统体育产业发展的重要位置。

三、推进民族传统体育产业的发展必须有赖于科学技术的发展

要以现代科学技术引导民族传统体育文化的建设，为民族传统体育产业建设注入现代科学技术的内容。一是在挖掘和开发民族传统体育文化资源的过程中，要以科学思想、科学知识、科学方法引导民族传统体育文化的建设，弘扬积极向上的民族文化精神，清除历史沉淀中的糟粕，在全社会树立起科学的世界观、价值观和人生观；二是要充分利用信息技术、传媒技术、生物技术、管理技术等现代科技手段，加快对优秀民族传统体育物质文化的开发、利用和保护；三是要充分发挥科技是第一生产力的作用，提高民族传统体育产业开发的科技含量和知识含量，提高其产品的市场竞争能力；四是要进一步建立健全科技法律法规，加强对民族传统体育文化产品开发中的知识产权保护。

四、把科技纳入民族传统体育产业发展促进经济社会发展

当前，我们正处在一个知识经济的新时代。知识经济，是指以知识（智力）资源的占有、配置、生产和使用（消费）为最重要因素的经济，其最突出的特点是知识的经济功能得到最充分的体现，它是以知识为基础，以高新技术产业为第一产业支柱，以智力资源为重要依托，以无形资产投

入为主，促进人与自然协调的可持续发展的经济形式。在所有创造财富的要素中，知识是最基本的生产要素，其他生产要素都必须靠知识来更新，靠知识来武装，所谓的高新技术产业不过是高新知识的凝结。从这个分析问题的角度出发，许多优秀的传统文化知识，其实就是巨大的物质财富的源泉。认识和把握加快科学技术发展是推进民族传统体育文化发展的重要内容，依靠科技进步，对丰富多彩的民族传统体育文化资源加以开发利用，并直接创造社会财富，提高社会生产力，推进民族传统体育文化的发展。

推进民族传统体育文化产业发展，科技的作用突出表现在：一是引导民族传统体育文化进一步升华；二是提高民族传统体育产业竞争力，支撑中华民族传统文化向其他领域渗透，向世界传播。具体体现在如下几方面：

第一，提高人的素质。用科学思想、科学知识、科学方法武装人，提高全民族的思想境界和科学文化素质，使各族人民自觉地抵制和摒弃一切文化糟粕，在吸收现代文明、学习借鉴优秀的外来文化中，弘扬和充实我们的民族传统体育文化，发展形成有中国特色社会主义民族传统体育文化。

第二，提供价值判断。运用马克思主义的世界观和科学的历史观，去把握民族传统体育文化的内涵，从人与自然的大系统去看民族传统体育文化的形成，用现代科技理论去认识民族传统体育文化，在尽量对民族传统体育文化有一种科学的、整体的认识基础上，开发利用民族传统体育文化资源。

第三，发展民族传统体育产业，传播民族传统体育文化。用创新精神和现代科技手段提升民族传统体育产业，借助现代科技把文化注入各个领域和现代生产生活的方方面面，使其具有时代活力和世界认可价值。开发面向世界的民族传统体育文化人才、民族传统体育产业名牌产品、民族传统体育文化信息网络以及诸多相关性的自然风光交融的民族传统体育文化旅游。通过输出一大批具有世界科技水平的民族传统体育文化精神载体和民族传统体育文化物质载体，传播民族传统体育文化，并尽快使民族传统体育产业成为新的经济增长点，和其他支柱产业一道，带动西部民族地区新一轮的经济增长和社会发展以及社会文明的进步。

第四，保护民族传统体育文化资源。用现代科技手段发掘、整理、保存民族传统体育文化，展示民族文化历史，同时发展与多种生态融为一体的流域民族文化、湖区民族文化、高原民族文化，保持一批人与自然协调发展的生态人文经济社会景观。在世界经济一体化发展的浪潮中，努力保持独特的民族传统体育文化和民族文化的多样性，使民族传统体育文化成为我们可永续利用的不竭源泉。

第五，促进科学决策和技术进步。在软科学研究的基础上，科学规划，民主决策，引导民族传统体育产业与其他产业相互促进，协调发展，促进民族传统体育产业的建设走可持续发展的道路；制定科技政策法规，保护民族传统体育文化知识产权，鼓励技术创新，促进民族传统体育文化建设的技术进步，为建立与市场经济体制相适应的民族传统体育产业技术进步运行机制，提供良好的科技政策法规支撑。

第四节　科学技术与民族传统体育产业发展互动

一、科学技术与民族传统体育文化资源开发保护

由于地理、人文的复杂多样性的历史原因，因而使民族传统体育文化丰富多彩，这是民族地区特别是西部地区经济社会发展的重要资源，要发展民族传统体育产业，首先要运用现代科学技术对民族传统体育文化资源加以开发和保护：

1. 用现代科学技术的理论和方法研究民族传统体育文化，充分发掘民族传统体育文化的丰富内涵。随着建设民族传统体育文化进程的推进和世界经济文化一体化的发展，要加强用现代哲学、自然科学、社会科学的理论和方法，研究民族传统体育文化的历史、现状，研究民族传统体育文化对推动经济发展和社会进步的作用，进一步发掘民族传统体育文化作为一种重要资源的丰富内涵，并通过建立一批开放的民族文化研究中心，加强民族传统体育文化研究的对外合作与交流。

2. 运用现代科技提供的方法和手段，保护和开发好民族传统体育文化资源。在推进文化产业发展中，民族传统体育文化作为一种资源，同自然资源一样，也要用科学的精神、科学的规划和现代科技手段加以保护和开发，通过规划和建设种类资源库、民族传统体育文化博物馆区等，加强对民族传统体育文化多样性的保护和有序开发利用。

3. 结合现代科技的发展，为民族传统体育文化注入现代科学的内容。

与历史上自给自足封闭式自然经济相适应的民族传统体育文化，已不能适应当今时代发展，要发展民族传统体育产业，就必须结合现代科技的发展，充分吸收世界优秀文化的精髓，通过扬弃、重组、提升、弘扬积极向上的民族文化精华，剔除糟粕，赋予民族传统体育文化新的科学内涵，用创新的精神拓展民族传统体育文化，发展民族传统体育产业，用科学发展观推进民族传统体育文化的建设。

二、科学技术与民族传统体育文化信息网络

随着科学技术的发展，人类社会已经进入信息时代，电子信息技术和网络的发展和使用影响和改变着人们生产方式、生活方式和思维方式。因此，民族传统体育文化的传播、民族传统体育文化资源的开发利用、民族传统体育产业的发展要充分运用现代信息手段，主要包括：

1. 以信息网络建设为突破口，除出版印刷、广播影视等传统的传媒手段外，要建立国际互联网民族传统体育文化网站，大力开发电子信息产品，运用多种媒介形式，全方位地大力宣传、推广民族传统体育文化，吸引国内外更多的力量关心、支持民族传统体育产业建设，促进民族传统体育产业的发展。

2. 发展与民族传统体育产业相关的信息咨询服务业，加强信息咨询和中介服务的机构建设，形成社会化的信息咨询和中介服务体系，围绕民族传统体育文化资源开发、民族传统体育产业发展，在旅游、投资、对外合作与交流、广告、代理、法律事务等方面，积极开展信息咨询和中介服务。

三、充分发挥科学技术作用应注意的几个问题

（一）发展民族传统体育产业与“科教兴国”

“科学技术是第一生产力”的论断已经成为人们的共识，但科学技术转化为现实生产力需要有一个过程。马克思主义认为，作为劳动者的人是生产力的第一要素。事实上，科学技术只有武装了作为劳动者的人，并由人运用到社会生产实践中去，才能实际起到推动社会经济发展的第一生产力的作用。文化建设就是用思想观念、科学知识、劳动技能等武装人的过程。从这个意义上可以说，作为社会精神生产的文化建设恰好是作为社会物质生产的经济建设的前期工程，是优化社会生产力第一要素的基础工程。文

化建设既是精神文明建设，又是优化生产力第一要素、发展社会生产力的物质文明建设。

民族传统体育文化的发展是建立在科技发达和经济繁荣基础之上的。推进民族传统体育产业发展，必须要提高人的科学技术素质，加大科技的普及力度，依靠科技进步开发和保护民族传统体育文化资源，推进经济社会的发展，民族传统体育文化及其产业才能进一步繁荣，否则，民族传统体育产业就发展不起来，更不用说繁荣了。

（二）科学技术与民族传统体育产业开发

民族传统体育产业开发必须要依靠科技进步，科技工作必须要为民族传统体育产业的开发服务。在民族传统体育产业开发中，要避免低层次、低水平的重复，要提高对民族传统体育文化资源的开发深度和有效保护水平，增加民族传统体育文化产品的科技含量，增强民族传统体育产业发展的竞争力和可持续发展能力，推动民族传统体育产业向现代化、特色化、国际化方向发展，促进民族传统体育产业成为经济发展的新增长点。同时，要加大民族传统体育产业发展中科技研究开发的力度，加快科技成果的转化，加强民族传统体育产业发展中的技术创新，充分利用高新技术对民族传统体育文化产品加以改造，在民族传统体育产业开发中充分发挥科技是第一生产力的作用。

（三）文化建设与提高人的科学文化素质

提高人的科学文化素质是文化建设的首要任务，人的科学文化素质的提高是文化发展的基本前提。文化建设是以提高人的科学文化素质为其主要目的。在推进民族传统体育文化发展中，要充分注重提高人的科学文化素质，不断提高领导干部和广大劳动者的现代科学技术素质，用科学思想、科学知识、科学方法、科学精神等武装人，强化科技在第一生产力中第一要素的作用，全面提高社会生产力。人的科技文化素质得到提高，推进民族传统体育文化发展才有保证，才能使民族传统体育文化建设建立在现代经济科技发展的基础之上，使我们的民族传统体育文化建设面向现代化、面向世界、面向未来。

（四）民族传统体育文化的保护开发与可持续发展

对民族传统体育文化的开发和利用，要注重有效保护，走可持续发展之路，避免杀鸡取卵的粗放式开发，一是要注重建立起人与自然的和谐关系，促进经济、社会、人口与资源、环境的协调发展，强化人们的环境意识，树立新的发展观、价值观，使人类社会在自我发展的过程中，同人们生存的自然环境实现更高层次的协调。要充分注重流域文化、区域文化、湖区文化、高原文化、草原文化、沙漠文化等地域文化的保护、发掘和建设，促进民族传统体育文化的建设走上可持续发展之路。二是注重民族传统体育文化多样性的保护。在发掘和开发丰富多彩的民族传统体育文化资源的同时，要充分注重民族传统体育文化多样性的保护。如果民族传统体育文化多样性得不到有效的保护，民族传统体育文化建设便成了无本之木、无源之水，就难实现民族传统体育文化的持续发展。三是要加强生态文化、绿色文化、环境文化建设。中华民族优秀的民族文化传统中，蕴含着丰富的生态文化、绿色文化、环境文化的精华，要发扬光大。同时，要加强与外来文化的交流，大胆吸收、借鉴外来文化的优点和长处，推进生态文化、绿色文化、环境文化的建设，并将其与民族传统体育文化建设结合起来，形成良性互动。

第七章　精神文明建设与民族传统体育产业

民族传统体育产业的建设与发展，对西部民族地区的社会主义精神文明建设有着巨大的推动作用，由于民族传统体育产业是一个新兴的产业行业，目前基本处于潜发展状态，它未来要实现显性的发展将面临着许多棘手的现实问题，民族传统体育产业的建设与发展任重而道远，只有科学地、实事求是地正视和分析民族传统体育产业发展过程中存在的问题，才有可能找到切实可行的解决办法，实现民族传统体育文化产业又好又快的发展。

如前述，建设与发展民族传统体育产业的前提是要繁荣民族传统体育文化，要使西部民族地区民族传统体育文化兴旺发达起来，这需要西部民族地区不止一代人的奋斗和努力。事实上，民族传统体育文化的适度产业化所要解决问题的范围和深度远远超出我们通常的想象，它决不仅仅是其市场的问题、消费的问题，而是民族传统体育文化及其产品的生产过程、存在方式、消费模式的一次革命。

第一节　社会主义精神文明与民族精神

民族精神是民族文化中积极健康价值观的集中表现，是一个民族在其历史发展过程中将积淀下来的文化精华和民族主体意识，凝聚着一个民族特有的死亡方式、社会心理、价值取向、生产方式，体现着一个民族特有的文化个性和精神特质，并通过特定民族的生产方式、生活方式、思想文化、道德精神气质、个性心理等方方面面展现出来。

民族精神是一个民族赖以生存和发展的精神支撑，是一个民族的灵魂。民族精神构成一个民族的整体意识全部内容的价值核心和精神理念，所谓民族宗教、民族政体、民族伦理、民族立法、民族风俗、民族科学与艺术等等都具有民族精神的标记。

民族精神源于一定的历史条件。每一个民族的文化都是由它的精神本性所决定的，它的精神本性是由该民族的境况造成的，而它的境况归根到底是受生产力状况和它的生产关系制约的。社会物质生产条件决定着不同民族社会生活的方式，也决定着一个民族社会生活的思想文化。正因为如此，民族精神可以理解为是一种思想文化的表达，但又不能仅仅理解为是一种思想意识。在其本质方面，民族精神又是一个民族生存状态与历史发展模式的浓缩表达。

民族精神源于一个民族生存发展的社会存在和历史道路，所以民族精神又成为特定民族发展历史的必然选择，并从根源上决定和影响特定民族的生存和发展。可以说，特定历史现实创造了特定的民族精神，最终也一定要被民族发展的历史所选择。而反过来说，一个民族如果没有形成一定的民族精神文化，或者，失落了它的民族精神，它就不可能是一个持久发展的民族。民族精神是一个民族赖以生存和发展的精神支撑。一个民族没有振奋的精神和高尚的品格，不可能自立于世界民族之林。

第二节　社会主义精神文明与人文精神

人文精神作为人类对真、善、美的永恒追求，即是对人的生活、命运、境遇深切关注的精神，是对愚昧、无知、贫穷、落后和一切丑恶的、损害人的尊严与价值的不道德行为的批判，是一种对人的终极关怀，是对人的价值及其生存意义的形而上的关注，表现为一种超越实用理性而又与宗教彼岸迥然有别的价值理性，因而具有展示人类精神文明发展前景的意义。

就人的个体而言，人文精神是一种人生态度、一种道德境界，即对生命的一种承诺，因而必然要通过人的行为方式与生活方式表现出来，不仅要有高尚的道德情操，而且要有一种坚定的理想追求。一个人所具有的人文素养与气质，反映着精神文明的程度。

精神文明是指与一种文明形态相适应的精神生活方式，是以一个民族或个体的理想信念、思想情操、文化素养、道德水平、审美能力、智慧程度为主要标志的。精神文明是实现社会主义现代化的重要组成部分和伟大战略目标，也是人类进步和社会发展面临的重大课题。社会主义现代化建设是物质文明与精神文明的共同发展。人的素质问题是两个文明建设的关键。精神文明的建设，从根本上说是为了培养有理想、有道德、有文化、守纪律的公民，以追求人的价值实现与社会进步的协调发展为目标。

人文精神作为一种人格力量的体现，既是一个现代文明人所应当具备的基本素质，也是现代化社会发展的成熟程度的基本标志。如果缺乏人文精神，对个人而言，是丧失了个体存在的根本依据，即丧失了做人的道理；对社会而言，则意味着价值信念的失落，即意味着民族文化传统得以延续的深层链条的断裂。从这一意义上说，精神文明的内核是人文精神，而人文精神的弘扬则有赖于精神文明程度的提高。

精神文明建设的总体目标，从人文精神的意义上说，是在正确的世界观、价值观的指导下，全面提高人的素质，追求一种真、善、美和谐统一的人生。这既是现实的要求，又是一种理想的境界。

第三节　社会主义精神文明建设的时代特点

所谓精神文明，是指在人类改造客观世界的同时，人的主观世界也得到改造，精神生产和精神生活得到不断发展所取得的精神成果。社会主义精神文明建设不仅仅是发展社会主义经济、建设社会主义现代化的重要保证，同时也是建设有中国特色社会主义所追求的目标。当今社会主义精神文明建设具有十分强烈的时代特点：

1. 计划经济体制下精神文明建设的方式、方法和手段等与社会主义市场经济下精神文明建设的方式、方法和手段等发生了深刻的变化。我们现在所进行的社会主义精神文明建设是在由计划经济向市场经济转化的历史进程中进行的，处在一个继往开来的阶段，因此具备易变性、过渡性的特点。

2. 社会主义精神文明建设是在新旧体制的交替、利益格局的调整、思想观念的碰撞的社会背景下进行的，世界范围内各种思想文化的交流和渗透、国内改革不断深化所形成的利益调整和生产生活方式、社会组织形式的多样化，使得社会主义精神文明建设呈现出复杂性、多样性的特点。

3. 社会主义精神文明建设是在社会主义精神文明与市场经济的结合

日趋紧密的现实背景下进行的，社会主义精神文明建设与物质文明建设互为依存、互为条件、密不可分，又相互促进、相互制约、密切联系，成为促进社会健康、稳定、协调发展的统一体，因此具有渗透性、交融性的特点。

4. 新旧体制并存状况下的此消彼长，给社会主义精神文明建设提出了一系列新课题、新挑战，面对不断变化发展的国际国内形势，西部民族地区社会主义精神文明建设遇到了前所未有的复杂多变的新情况新问题，因此，使得社会主义精神文明建设呈现出探索性、建设性的特点。

5. 民族精神对社会主义精神文明建设具有价值整合作用。在全球化时代，各个国家和民族的文化不断地交流、撞击和汇通，通过这一过程，人们获得了新的价值参照体系，于是某些异于本民族传统的价值观念渐渐被人们所接受甚至推崇。值得肯定的是，这种多元文化和价值观的涌入无疑开阔了人们的文化视野，但是也引发了一个问题：在这种多元价值冲突的格局下，如果原有文化体系的主导价值观沉落，而新型的主导价值观尚未确立，那么必然造成社会的总体价值导向的茫然迷失，使人们在价值取向上处于一种无序乃至冲突的状态。因此，在当代社会主义精神文明建设中，我们必须发挥民族精神对这种多元价值的整合作用，通过民族精神导向功能和组合功能的发挥，使各种价值观在民族精神主导整合下达到和谐。

6. 民族精神对于社会主义精神文明建设能起到育人作用。社会主义精神文明建设的根本任务之一就是提高全民族思想道德素质和科学文化素质，而民族精神对于培育民族气质素养，塑造人们德性品行，提高人们文化水准，都能起到巨大的作用，这一切无疑在根本上有助于全民族思想道德素质和科学文化素质的提高。

社会主义精神文明建设的新特点，要求我们在西部民族地区发展民族传统体育产业建设社会主义精神文明的过程中，必须深刻认识和思考我们所处的地域及发展变化着的时代背景，深刻认识和思考我们发展民族传统体育产业，进行社会主义精神文明建设的现实条件和工作基础，在建设和发展民族传统体育产业的历史进程中，科学地确定社会主义精神文明建设的目标、任务和方式、方法。

第四节 民族传统体育产业发展面临的社会经济环境和主要问题

一、民族传统体育产业面临的社会经济环境

（一）人口、劳动力增长及老龄化

中国最大的国情是人口众多，人口总量已占世界人口总量的1/5强。在未来的几十年中，中国的人口增长率将继续维持改革开放以来的下降趋势，但是，由于人口基数庞大，中国的人口将以相当可观的规模增加。据预测，中国大约在21世纪30年代出现人口的零增长，其后为缓慢的负增长。2010年人口总数将达到14.23亿，2020年前后突破15.18亿，2038年前后达到峰值15.85亿。

人口的增长必然伴随着劳动力的增长：2010年我国劳动力总量将达到7.25亿，2020年达到7.68亿，2030年达到7.73亿，2040年达到7.66亿。据测算，2005—2010年，劳动年龄人口平均增长超过1%，而2010—2015年，劳动年龄人口年均增长不到0.5%。中国劳动力的增长呈逐渐减缓之势。

人口，尤其是劳动年龄人口不断增长，意味着尽可能多地创造就业机会是民族传统体育产业发展必须考虑的一个重要的发展趋向，西部民族地区各级政府在制定民族传统体育产业规划时对此要有足够的认识。

按照中国的人口结构，中国人口的增长也将伴随着人口老龄化。据预测，到2020年，中国老龄人口（60岁和60岁以上）将占总人口的16%左右；到2030年，中国将面临一个已经发展成熟的经济所遇到的问题，即人口老龄化所带来的一系列的社会和经济问题。老龄化对中国社会是一个挑战，对西部民族地区民族传统体育产业发展来说却是一个机遇，因为，老年人是民族传统体育市场拓展的一个重要方面，老年人产业中民族传统体育占有重要位置。老龄化以及由此给民族传统体育产业带来的机遇，是民族传统体育产业发展战略必须高度重视的问题。

（二）经济全球化

经济全球化主要包括三个方面：一是贸易全球化，国内市场与国际市

场逐步融合，市场边界日趋模糊，各类产品和服务在全球统一市场中自由流动；二是要素流动自由化，资本、劳动力和技术在全球范围内配置，以寻求利润的最大化；三是金融全球化，国际资本在全球范围内迅速流动，高度融合的资本市场容量大得足以对国家宏观经济政策的实施及其有效性产生严重制约。

在全球化时代，经济运行中将突出表现出这几方面的特征：一是技术进步成为决定竞争优势的关键因素之一：二是大企业之间出现频繁的兼并与重组，在这个过程中，为保持与增强企业核心竞争力，在制造业领域将产生“分层”与“合理规模”的重组，一些原来在企业内的分工活动将转换至企业外进行，制造业企业的就业也因之受到严重制约；三是跨国公司将成为生产全球化的主角；四是发达国家开始出现“非工业化”现象，也就是劳动力由第二产业向第三产业转移的现象。

中国作为一个发展中国家，不可避免地会受到经济全球化的影响。在经济全球化潮流面前，中国选择了主动介入的战略。中国已加入世界贸易组织，并已融入亚太经济一体化进程。随着中国经济的持续增长，中国在世界贸易交往中享受到的优惠将有所减少。另外，随着产业结构和产品结构的升级，中国在国际市场上的竞争对手也将由原来不发达的国家转变为较为发达的国家，对手由弱变强。为迎接经济全球化的挑战，民族传统体育产业发展战略，必然要对以下几个方面的问题作出应答：

第一，尽可能地减少体育贸易自由化对西部民族地区民族传统体育文化市场的冲击；

第二，在要素流动自由化的情况下，保护民族传统体育文化产业这一新兴产业的发展；

第三，在全球化背景下发展和提高西部地区民族传统体育文化企业的国际竞争力。

（三）经济增长

对未来的经济增长作出预测不仅难度极大，而且精度也无法保证。目前，国内的一些研究单位对经济增长预测时段，主要集中在21世纪的初中叶。根据有关统计，“十五”期间我国经济增长整体仍保持较快的势头，同期的居民收入水平也保持同步增长，其中农民人均纯收入保持年均3.84%

的增幅，城镇居民可支配收入保持年均5.32%的增幅；另据国务院发展研究中心战略部课题组的报告，“中国经济从2000年到2020年平均潜在增长速度可达7.3%左右，按不变价格计算，2020年GDP将比2000年翻两番多。到那时，按汇率计算中国人均GDP将达到5000美元，即相当于1997年世界人均GDP的平均水平，而GDP总量则可超过日本，仅次于美国居世界第二位。如果按购买力计算，则GDP总量可能接近当时的美国”。

经济增长与体育产业发展是双向拉动关系，但前者是基础、是前提。民族传统体育产业的发展固然能拉动经济增长，但是民族传统体育产业发展本身也需要有经济增长的拉动，没有经济的持续增长，西部民族地区民族传统体育产业的发展和民族传统体育市场的繁荣都是不可能的。从本世纪前20年经济增长的一般趋势看，西部民族地区民族传统体育产业的发展有着比较坚实的经济基础做后盾。

（四）产业结构

从现在到本世纪中叶，我国社会将处在由不发达状态向全面实现社会主义现代化方向转变的历史时期。具体到产业结构方面将会出现第一产业所占比重逐步萎缩，第二产业所占比重尽管还会在一定时期内有较快的增长，但增幅会逐步回落，唯有第三产业所占的比重会呈现持续的和逐步加快的增长态势。

我国产业结构的优化趋势，从总体上讲有利于西部民族地区民族传统体育产业的发展。一方面，民族传统体育产业属于第三产业，发展民族传统体育产业符合我国产业结构调整的走向；另一方面，产业结构优化必然会带来资本对劳动力的替代，民族传统体育产业在吸纳就业人口方面有重要作用，大力发展民族传统体育产业也是政府解决新世纪经济发展中面临的就业压力的必然选择。因此，西部民族地区民族传统体育产业的发展有可能得到政府更大的支持。

（五）城市化

城市化滞后于工业化的进程是我国经济发展面临的一个突出矛盾。目前，世界上高收入国家城市化水平已达80%以上，中上收入国家达60%，中下收入国家达55%，低收入国家平均也在35%。我国城市化水平在43个低收入国家中，仍然处在中位偏下水平，严重制约了消费结构和产业结构的升级。从经济传导机制看，城市经济的较快发展是带动农村经济增幅回升、拓展农业人口非农业化和城市化渠道的关键。同时，加快农业人口城市化进程不仅会直接扩大投资和消费需求，而且将对城市产业结构优化升级产生推动作用，有利于逐步缩小地区差距。农业人口城市化加快，会直接对建筑、建材、电力、交通和通信等行业的发展产生巨大的拉动作用，促使家电等产业的快速增长再增持10～20年。因此，加速城市化进程将是本世纪我国经济发展的必然选择。

我国城市化进程的加快，对西部民族地区民族传统体育产业的发展，尤其是在启动民族传统体育消费、拓展民族传统体育市场方面有十分重要的作用。民族传统体育是文化，民族传统体育产业就是经营这种文化的行业。没有城镇居民占总人口比重的提升，没有城市化产生的人口聚集效应，民族传统体育市场拓展和体育消费的繁荣都是不可能的。

二、民族传统体育产业发展面临的主要问题

（一）观念滞后

民族传统体育文化的产业属性和发展民族传统体育产业对发展地区特别是西部民族地区的经济，推动社会的全面发展的重要意义需进一步确认。目前从社会观念看，民族传统体育文化产业作为一个产业的概念还未在人们的头脑形成和扎根。观念滞后突出表现在三个方面：一是体育经济工作者仍没有从单位创收的思维方式和行为方式中摆脱出来。经济开发不计成本、不计效率、不守信用的现象普遍存在，小富即安、不思进取的思想仍很盛行。二是认为民族传统体育不能也不应该产业化和市场化。事实上，在市场经济条件下，一部分民族传统体育项目可以产业化、市场化。民族传统体育产业化不是让消费者来自然购买民族传统体育项目所提供的服务，而是民族传统体育项目自身要创造客户价值，要根据潜在的消费者的需要策划并营销运动项目，以满足目标市场上的消费者商品化需求的过程。一句话，不是消费者要适应民族传统体育项目，而是民族传统体育项目要适应消费者。三是金牌与市场对立论，即要金牌就没有市场，有市场就没有金牌。在成熟的市场经济环境中，高水平是运动项目市场化的前提，高水

平意味着运动项目品牌形象的树立，而在消费者主权时代，没有品牌形象的运动项目提供的服务，将很难得到消费者青睐。

民族传统体育产业将在新经济环境中运行，而新经济环境要求民族传统体育产业从业人员具备持续的技术创新、产品创新、营销手段创新以及快速适应市场变化的能力。没有革新的观念作先导，民族传统体育产业就难以开发。

（二）行业自律机制与行业管理体制没有形成

政企不分，政事不分，政出多头，各自为战。从发展产业角度看，存在着多方面的不适应，这种情况表现在：一是政府对民族传统体育产业行使宏观管理的机构不明确，民族传统体育产业的行业管理谁来管，管什么，如何管，都不清楚。二是民族传统体育市场主体自组的行业自律的组织没有形成，部分职能部门直属的事业单位为了自身利益，利用手中掌握的专项管理权，剥夺市场主体成立行业自律组织的请求，致使行业自律组织难以发育。三是中介机构没有建立起来，中介机构在规范市场主体交易行为、提高市场效率方面的作用没有发挥。四是调整体育经济活动的法律法规严重缺乏，市场混乱、无序，体育经营者和体育消费者的权益没有保障的现象十分突出。

民族传统体育产业不是体育部门的产业，而是全社会的民族传统体育产品和服务的生产者、经营者的结合体。作为朝阳产业，政府应从国民经济整体发展战略出发，结合民族传统体育产业的行业特点，尽早明确行业主管部门，使其按明确的职责行使宏观管理职能。建立与市场经济相适应的民族传统体育产业的行业管理体制，既是中国作为体育产业后发展国家，充分利用后发优势、走政府主导型发展道路的实际需要，更是保护幼稚产业、培育国民经济增长点的现实需要。

（三）机制运行不合理

目前，尚未具备民族传统体育产业发展所需的运行机制。在分配上，普遍存在“平均主义”；在人事制度上，没有形成流动机制和淘汰机制，员工素质偏低；在经济投资上，有的不以市场需求为导向，投资决策上主观臆断，一哄而上，而有的则相反，缺乏应有的决策权和经营主动权；在思想观念上，市场意识、竞争意识淡薄，缺乏危机感。

（四）人才缺乏

我国尚缺乏熟谙市场经济与民族传统体育产业经营两门学科的经营者。其中绝大多数经营者文化程度较低，且知识面狭窄，年龄结构不合理，知识更新不够，对现代企业管理、资产经营知识掌握较少，在实际工作中仍习惯以传统的管理手段来经营。而民族传统体育产业是一项规律十分特殊的行业，投资者和经营者自身素质十分重要，经营者的品格、经营理念以及经营方式都能产生效益。

（五）投融资渠道不畅

投资渠道不畅主要表现在两个方面：一是行业限制过多，市场壁垒过高，非国有资本进入渠道不畅或进入成本过高。同时，由于市场管理混乱，投资者对资本回报率的预算不确定性增加，也影响了投资者的投资信心。二是体育企业可行的融资渠道太少。企业由于规模小、市场不稳定，从商业银行获得资金以及通过上市获得资金可能性不大，因为，商业银行的"逆向选择"和《公司法》上对上市公司资产规模的限制性条件，使得现有的国内体育企业很难从这两个渠道实现融资。风险投资尽管是投资高成长性企业的专项投资，体育企业具有高成长性，但目前国内的风险投资机构不仅数量少，而且主要是作政策性投资，投资的企业主要是政府扶持的高科技企业，体育企业要想获得这类机构的融资，同样可能性不大，对民族传统体育产业则根本不可能。

（六）没有国际竞争力

没有国际竞争力是前五个方面问题的综合表现。随着中国加入世界贸易组织以及加入以后作为成员国应履行各项义务的落实，民族传统体育产业没有国际竞争力的矛盾将凸现出来。

三、民族传统体育产业发展面临的历史机遇

（一）全面建设小康社会必须大力弘扬先进文化、发展文化产业

社会主义和谐社会的基本内容是建立起人与人之间互相尊重、互相信

任的社会关系，全体人民各尽其能、各得其得、和谐相处、和谐兴国、和谐创业、和谐安邦。

文化是国家的“软实力”。文化是一个民族的灵魂，是推动经济发展的重要支撑，是综合国力的重要组成部分，同时也代表着一个国家和民族的文明程度、发展水平与高度。在当今世界，文化与经济、政治相互交融，在综合国力竞争中的地位和作用越来越突出。在建设和谐社会、实现中华民族伟大复兴的历史进程中，繁荣和发展社会主义先进文化具有全局性战略性的地位和作用：

1. 发展先进文化，有利于确保和谐社会的建设沿着中国特色社会主义的方向前进

先进文化是社会进步和发展的根本标志，是中国特色社会主义的重要特征，也是社会主义最基本的政治优势。以消灭剥削、消除两极分化、最终实现共同富裕为方向的社会主义制度，只有以马列主义、毛泽东思想、邓小平理论和“三个代表”重要思想指导下的社会主义先进文化为支撑，才能保证社会主义不偏离方向，社会主义的本质不发生蜕变。我们党正是以马克思主义为指导，不仅科学地阐明了构建社会主义和谐社会的历史背景和重大意义，而且对社会主义和谐社会的科学内涵、基本特征、重要原则和主要任务，从马克思社会主义社会建设理论的角度作了系统的阐释和科学回答，明确了我们要构建的和谐社会，就是中国特色的社会主义社会，是与全面建设小康社会相统一的社会，是树立科学发展观的社会，是社会主义经济建设、政治建设、文化建设、社会建设四位一体的社会。这就保证了我国构建和谐社会的正确发展方向。

2. 发展先进文化，有利于引导人们正确认识当前中国存在的种种社会矛盾和困难，增强建设社会主义和谐社会的信心

当前，我国的改革发展已进入关键时期。经过改革开放 20 多年的发展，我国的社会主义现代化建设已取得了显著的成效。随着国民生产总值在 1980 年基础上翻两番的提前实现，我国人均年收入已超过 1000 美元。国际经验表明，一国人均年收入在 1000 ~ 3000 美元之间时，是经济社会结构发生剧烈变动，社会矛盾最为尖锐的时期。在这一时期，既存在经济快速发展的条件，也存在诸多经济发展的障碍，其主要表现是经济容易失调，社会容易失序，心理容易失衡等等。这一情况在我国当前社会现实中的主

要表现就是：其一，随着我国从计划经济体制向市场经济体制转轨，我国经济结构发生了深刻的变化，这既为经济发展提供了机遇，也对就业、人口、资源、环境等提出了挑战，同时也使得城乡之间、地区之间、产业之间以及占有资源不同群体之间的收入差距逐步拉大。其二，社会需求升级并趋于多样化。社会消费结构向着发展型、享受型升级，人们对休闲、教育、文化、医疗保险的消费日益增加，人口、就业、老龄化、收入分配、公共服务等方面的矛盾和问题越来越突出，容易引发一些人的心理失衡和利益冲突。其三，经济体制改革引起社会利益分化，社会多元化利益主体正在形成。在经济改革和发展中，有的群体，如下岗工人、无业农民等产生挫折感；少数官员的腐败问题，引起社会和人民群众的不满等。因此，在这一时期，各种矛盾相互交织，错综复杂。要解决好当前我国社会面临的种种矛盾，一方面要认真贯彻落实科学发展观，走可持续发展的道路，不断调整经济发展模式，使我国经济走上快速健康发展的轨道，为化解各种矛盾提供物质基础；另一方面，也要求我们充分发挥先进文化的引导作用，做好沟通疏导、说服教育工作。特别是要用马克思主义和辩证唯物主义和历史唯物主义的世界观来武装人民群众，教育他们实事求是地、辩证地看待我们前进中的问题和困难。在如何认识我们当前面临的种种社会矛盾的问题上，一是教育好人民认识到在改革发展过程中，不可避免地会出现这样那样的矛盾；二是要让人们认识到这些矛盾并不是不可调和的，而是可以通过不断发展经济文化来逐步解决和消除的。通过先进文化的教育引导，使广大人民群众能够正确认识矛盾，克服困难，不断增强对社会主义和谐社会的信心。

3. 发展先进文化，有助于提高全体社会成员的道德素质，为构建和谐社会提供理论支撑

一个社会是否和谐，在很大程度上取决于全体社会成员道德素质的高低。社会成员道德素质高，人们就会自觉地遵纪守法，也就有利于建设一个民主政治、公平正义、诚信友爱、充满活力、安定有序、人与自然和谐相处的社会。反之，如果一个社会道德沦丧，就必然会陷入社会失序、精神滑坡、正不压邪、尔虞我诈的境地，就根本谈不上社会和谐。通过发展先进文化，有助于建立与社会主义市场经济相适应、与社会主义法律规范相协调、与中华民族优秀传统道德相承接、与和谐社会要求相吻合的道德

体系。应当看到，在当前，随着我国市场经济体制改革的不断深入，整个社会生活都发生了深刻的变化，人们原有的价值观、道德观也面临着消解和重构。一方面，在社会主义市场经济形成和发展过程中，催生了许多与市场经济相适应的新的进步的价值观、道德观；另一方面，由于市场的负面作用，也诱发了拜金主义、个人主义、享乐主义等腐朽落后的价值观、道德观。与此同时，在我国实行对外开放的条件下，西方腐朽的思想文化和生活方式的渗透，腐蚀着我们的干部群众特别是广大青少年。这些已严重地影响到我国的社会安定、经济发展和人民生活，影响到社会的稳定和谐。面对这一严峻的挑战，我们必须大力发展社会主义先进文化，切实加强道德建设。近年来，党中央、国务院十分关注道德建设，先后颁布了《公民道德建设实施纲要》、《关于加强和改进未成年人思想道德建设的若干意见》等文件，党的十六大提出“依法治国”与“以德治国”相结合。这表明加强社会主义道德建设已经被党和政府提上重要议事日程。我们应当认真落实党中央、国务院的指示精神，积极实施公民道德建设工程，在全社会倡导爱国守法、明礼诚信、团结友善、勤俭自强、敬业奉献的道德规范，大力提倡以文明礼貌、助人为乐、保护环境、遵纪守法为主要内容的社会公德，大力提倡以爱岗敬业、诚实守信、精益求精、奉献社会为主要内容的职业道德，大力倡导以尊老爱幼、男女平等、夫妻和睦、勤俭持家、邻里团结为主要内容的家庭美德，在全社会形成团结互助、平等友爱、融洽和睦、共同前进的人际关系，为构建和谐社会提供道德保障。

4. 发展先进文化，特别是优先发展教育和科技，有助于提高全体社会成员的科学文化素质，为构建和谐社会提供智力支撑

社会主义和谐社会是人类文明发展到比较高的水平、比较成熟的社会，是全面建设小康的社会，是全体人民各尽所能、充满创造活力的社会，是社会管理和社会服务不断创新和完善的社会，是全体人民共同富裕、幸福安康的社会。建设这样一个社会，不仅需要社会成员具有良好的思想道德素质，而且还应具有良好的科学文化素质。作为先进文化重要组成部分的教育和科技，在构建和谐社会，提高全民族科学文化素质中具有基础性、全局性的作用。毫无疑问，新中国成立以来，特别是改革开放以来，我国在教育科学文化方面得到了迅速发展，人民群众的科学文化素质有了很大的提高。但是，我们也要清醒地认识到，与发达国家相比，与构建和谐社

会的要求相比，我们还有很大的差距。基于这一考虑，十六届五中全会通过的《中共中央关于制定国民经济和社会发展第十一个五年规划的建议》指出，要“坚持教育优先发展”，“加快科学技术飞速跨越”，“加快推进人才强力战略”。我们应当抓紧战略机遇期，切实推动教育科技的发展，努力提高全民族的科学文化素质，促进社会主义精神文明建设；在全社会形成尊重劳动、尊重知识、尊重人才、尊重创造的和谐氛围；全面落实科学发展观，实现以人为本、经济社会协调和可持续发展，走出一条有中国特色的新型工业化道路，建立节约型和谐社会。

作为社会主义先进文化的组成部分之一的民族传统体育文化，大力发展社会主义先进文化建设，构建社会主义和谐社会的大环境为它的发展创造了良好的机遇。

(二) 西部大开发为民族传统体育产业的发展提供了物质基础

实施西部开发战略，加快中西部地区发展，是党中央代表中国最广大人民最大利益作出的最重大的决策和具体体现。西部开发的基本宗旨是富民为本，投资于人民，为人民谋福利，消除人类贫困，保障人类安全，使西部人民共同富裕、经济繁荣、社会进步、民族团结、长治久安，再造一个山川秀美的家园。西部开发的模式就是要建立市场导向型、市场开放型、效益优先型、资源节约型、环境友好型、劳动密集型、人民受益型的新型开发模式，这一模式的实质就是使贫困人口、少数民族、社会弱势人群优先受益，使西部开发一开始就全方位关注人们生存条件的改善、生活质量的提高。

西部开发由五大战略构成，即知识发展战略、人力资源开发战略、可持续发展战略、开放型经济战略、结构调整战略。随着这五大战略的实施和完成，民族传统体育产业发展所依赖的经济环境将会为其发展提供强大动力。具体表现在以下四个方面：

1. 消费结构和需求结构的调整

人类社会的发展从一定意义上讲是由社会主体人的需求来推动的。人类社会中各项活动的存在、发展和消亡也是由人们需求结构变迁的客观规律来决定的。体育产业作为人类社会中的一项经济活动，分析其未来的发展前景，关键是看它在现阶段人们需求结构中所处的位置，以及需求结构变迁能否给这类活动提供进一步发展的推力。从人类社会迄今为止两个最著名的需求理论（马克思的需求理论和马斯洛的需求理论）来看，人的需求主要分为生存需求、享受需求和发展需求三类，其中生存需求是满足人们生理需要的低层次需求，享受和发展需求是满足人作为社会人实现自身存在价值的高层次需求，并且人的需求结构客观上是呈现出由低级向高级转化的趋势。从经济理论上看，人的需求就是消费的需求，需求结构的变化必然导致消费结构的变化，并且满足人作为生物人的物质消费品的需求是有限制的需求，而满足人作为社会人的精神文化消费品的需求是无限制的需求。

体育消费从本质上讲属于满足人们享受和发展需要的消费。改革开放近30年中国社会积累了相当雄厚的物质基础，中国人民也在整体上开始步入小康社会。从现在至21世纪中叶，中国社会将实现由第二步发展战略向第三步发展战略的转变，即由小康社会向中等发达国家过渡。按照经济学理论，这一时期正是社会消费结构发生重大变革的时期，总的趋势是人们对物质消费品需求的增势将会减弱，而对服务消费品，尤其是与人的健康和生活质量提高直接相关的服务消费品的需求将会迅速上升。体育产业是提高居民生活质量的产业，体育消费是能给人们带来健康、欢愉和享受的消费。由于人们对健康的需求和对生活质量提高的需求是无限制的，因此，人们对体育的消费也是无限制的。随着西部大开发的实施，体育消费品（包括物质产品和服务产品）在中国大中城市和部分农村富裕地区必将相继成为新的消费热点，正是社会消费结构合乎规律的变化给西部民族地区民族传统体育产业的发展提供越来越大助力的体现。所以，从理论上讲，只要体育需求是无限制的消费需求，那么，民族传统体育产业就有无限发展的可能性。

需求结构的变化会带动消费结构和产业结构的变化，体育消费是顺应我国社会消费结构变化规律的、有增长潜力的服务性消费，它在未来社会中的持续发展是必然和不可逆转的。

2. 产业结构调整和升级

当前，我国社会正处在全面转型期，即由不发达状态向全国实现社会主义现代化方向转变的历史时期。这一时期在经济方面的变化轨迹，就是由农业人口占很大比重、主要依靠手工劳动的农业国，逐步转变为非农业人口占多数、包含现代农业和现代服务业的工业化国家。具体到产业结构方面将会出现第一产业所占的比重逐步萎缩，第二产业所占的比重尽管还会在一定时期内有较快的增长，但增幅会逐步加大，唯有第三产业所占的比重将会呈现持续的和逐步加快的增长态势。

第三产业是后工业化社会的主导产业。从发达国家第三产业发展的基本脉络看，在发展初期为第二产业直接服务的金融、保险和交通运输等行业会有一个快速发展，但是随后，这些行业的发展速度会逐步减慢，而那些为提高国民素质和生活质量的行业，如教育、文化及体育等行业会有一个持续的和快速的发展。体育产业在发达的市场经济国家中正在或已经成为第三产业中支柱行业的事实，也说明了这一点。那么，产业结构调整和升级的变化趋势到底能在哪些方面为体育产业的发展提供有利条件呢？大体上说有三个方面：一是能得到国家产业政策的扶持，包括投资融资的优惠政策、税收减免的优惠政策、用工用地的优惠政策等。现在国家没有给予体育产业一定的优惠政策，主要有两方面的原因：一方面是我国第三产业的发展还处在初级阶段，国家当前重点发展的是金融、保险及交通运输等行业，体育产业暂时还摆不到重要位置；另一方面是我国目前体育产业整体的规模还比较小，对国民经济的贡献率还比较弱。但是现在没有给予一定的优惠政策，并不能说明以后一定不给予。随着我国产业结构调整的力度不断加大和体育产业规模、效益的不断提高，国家给予一定的优惠政策将是十分自然的。二是产业结构调整会给体育产业带来更多的社会投资。这是因为，资本流向是由资本利润决定的。随着我国工业化的逐步实现，第二产业中的很多行业将会成为夕阳产业，在制造业中投资的资本回报率将逐渐低于在第三产业中投资的资本回报率；而体育产业是朝阳产业，随着产业结构调整步伐的加快，在体育产业中投资的回报率将明显高于社会投资的平均利润率，这就会出现各种资本向体育产业流动的良好态势。而对任何一项产业来说，充足的资本注入都是产业规模和效益提高的必备前提。三是产业结构调整会给体育产业带来更多高素质的经营管理人才。在工业化时代高素质的经营管理人才将会出现由制造业向服务业转移的趋势。因为，人才流向和资本流向一样是由利润率高低决定的。体育产业是后工业化时代的主导产业之一，产业结构调整的力度越大，体育产业集聚高素质人才的优势也就越明显。而高素质专业化人才对民族传统体育产业这样一个具有无限发展可能性的新兴行业来说更是至关重要的。

当然，我国目前还处在工业化加速发展时期，包括民族传统体育产业在内的第三产业的快速发展才刚刚起步，产业结构调整和升级给体育产业发展提供的巨大推动力还不可能马上就爆炸式地释放出来，为此，我们必须在一个长期的、渐进的过程中把握好产业结构调整给体育产业发展带来的每一个机遇。譬如，按照经济学的观点，当一国人均 GDP 达到 1000 美元的时候，该国消费者对汽车、住房的消费就会形成一定规模。目前，我国人均 GDP 在 1000 美元左右，消费升级正在爬坡，对普通消费者来说正处在汽车、住房买不起，而一般消费品又买得差不多的持币待购状况，这样的时刻正是拓展体育消费、发展民族传统体育产业的大好时机。因为，这一时期消费无热点是指对一般生活用品的消费，适度的体育消费既可以满足人们对健康的渴望，又可以提高生活的情趣和品位，还不影响人们未来对汽车、住房等大额消费品购买愿望的实现。因此，只要我们在体育服务产业的创新和营销手段的创新等方面有所作为，体育消费就会形成热点，民族传统体育产业就可能会有一个较快的发展。尽管消费结构和产业结构调整是一个长期的过程，但是，不同的时期都会有机遇出现，关键是要有发现和把握机遇的能力。

3. 扩大内需，拉动经济增长

当前我国经济领域的中心工作，就是努力扩大内需，拉动经济增长。近年来，我国经济出现了通货紧缩的征兆，消费物价指数持续下滑，社会投资，尤其非国有投资增长幅度大幅下降，市场商品全面供大于求，企业开工不足，生产能力闲置，个别行业闲置率超过 40%。从 1998 年开始，中央采取了扩大投资、启动内需的宏观调控政策，增发国债等措施，取得了一定的成效，但消费无热点、投资无项目的状况尚未根本转变，经济学家预测通货紧缩还要持续一段时间。

从一般意义上讲，在“市场需求不旺，启动难度较大”的宏观经济背景下，民族传统体育产业的发展将会面临困境。但是，辩证地看，这样的经济背景同时也为体育产业的发展提供了机遇。首先，近年来出现的通货紧缩是深化经济体制改革、转变经济增长方式、进行结构调整的必然结果，其内在原因是结构性矛盾，即由消费结构和产业结构动态调整造成的。由此能得出这样一个结论，即此次通货紧缩对不同行业产业的效应是不同的。

对那些“夕阳产业”来说，通货紧缩的效应是毁灭性的，而对“朝阳产业”来说，通货紧缩的效应却是建设性的。近两年来，体育消费持续火暴，体育市场日渐繁荣，体育产业的规模和效益不断提高，已经在实践上证明了这一点。其次，通货紧缩按照经济规律的“夕阳产业”的清算，客观上会造成资金、技术和人才由“夕阳产业”向“朝阳产业”流动，同时，通货紧缩还会逼迫社会投资，尤其是非国有投资在新兴产业上找出路，因为，在传统产业几乎找不到可赢利的投资项目，投资的回报率得不到基本的保障。这种情况也在客观上为体育产业扩充资本、引进技术和招募人才提供了十分有利的条件。再次，通货紧缩还会迫使政府制定一系列扶持新兴产业发展的优惠政策。显然，政府要扩大内需，拉动经济增长，不可能在保护和拯救“夕阳产业”上下工夫，而只能在寻求国民经济的新增长点，培育和扶持新兴产业上下工夫。近年来，我国体育产业在经济趋冷的情况下，逆流而上，保持了较快的增长势头，体育产业作为国民经济新的增长点也逐步得到了政府和社会的认可。所以，一方面政府有扶持新兴产业发展的意向和需要，另一方面体育产业也基本具备接受扶持的资格和条件。只要我们切实抓住当前的这个有利时机，争取政府给予体育产业一系列优惠政策是完全可能的。

当然，民族传统体育产业要抓住当前中心工作所提供的机遇，首先就要做到先有所作为，即要让民族传统体育产业在扩大内需，拉动经济增长方面表现出明显的绩效。只有这样，民族传统体育产业才能真正吸引到资金、技术和人才，才能让政府给予明确的优惠政策。为此，必须做好以下几方面的工作：

其一，体育用品业要在增加出口需求方面作贡献。增加净出口是拉动GDP增长的途径之一。体育用品作为自然人参与体育活动和企业法人开展体育经营不可或缺的物质条件，在发达国家和发展中国家都有较大的消费需求。近年来，我国体育用品业保持较快的增长势头，应该说我国体育用品业在拉动出口需求方面已经作出了一定的贡献。但是，要想作出更大的贡献还须做好这几方面工作：一是要提高我国体育用品业整体的规模效益。运用产业政策引导名企业、大企业组建产业集团，同时，推进名牌战略，扶持民族企业的名牌产品，提高我国民族体育用品企业与国外同类企业的竞争力。二是要把我国竞技体育的优势转化为体育用品业的优势。我国竞技健儿在国际体坛取得的辉煌成绩实际上是一笔非常宝贵的无形资产，是国内体育用品企业开拓国际体育用品市场可以利用的独特优势。美国人把篮球竞技水平上的胜势转化为篮球用品营销上的优势，进而创造了一个数百亿美元的“NBA”神话，给我们上了生动的一课。国内体育用品企业应加大对我国竞技体育优势项目专用产品开发的力度，利用优势项目独有的国际形象和国际声誉，开拓国际市场，增加优势项目系列产品的出口。三是体育用品企业要加大研究与开发的投入力度，以高科技为手段，确立以人为本的设计理念，不断提高我国体育用品的科技含量和文化品位，增强出口体育用品在国际市场上的竞争力。

其二，民族传统体育产业要在增加投资需求，尤其是启动民间投资需求方面发挥作用。增加投资是刺激有效需求、推动经济增长的一个重要途径。增加投资，尤其是启动民间投资对确保经济增长目标有重要作用。要启动民间投资，就必须为民间投资主体找到可以赢利的投资项目。体育产业作为朝阳产业，有着美好的发展前景，有望成为民间投资的热点。这是因为：一来体育产业属于第三产业，其主体部分是健身娱乐业，在这一领域投资，相对来说投资少、见效快、效益好，因而符合民间投资小额、分散的特点和投资主体希望规避风险的心理。二来以健身、娱乐和观赏为主要内容的体育消费正在成为全社会新的消费热点。同时，先期在体育产业投资的企业，其经营绩效也越来越好。体育消费渐旺和巨大的增长潜力以及先行者获利的示范效应，都使得在这一领域启动民间投资成为可能。当然，把发展体育产业作为启动民间投资的有效手段还需要政府的大力扶持。一是国家要制定和完善体育产业政策体系，尤其要在银行贷款和税收减免等方面给予切实的优惠政策，为体育产业吸纳民间资本创造一个宽松的环境；二是各级政府的体育行政部门要进一步转变职能，定期向全社会发布国内外体育产业的投资信息和体育商品的供求信息，为民间投资主体的投资决策提供完善的信息服务。

其三，要采取切实措施，把居民有支付能力的体育消费需求引出来。扩大消费需求最主要的是增加消费需求，即增加最终消费。最终消费分为居民最终消费和政府最终消费两部分。从我国情况看，当前增加消费需求主要是要增加居民的消费需求。而居民消费需求又分为实物消费和非实物消费两类。改革开放近30年来所取得的巨大成就，使得我国居民实物消费有了较快的增长，目前，进一步拓展有一定的难度。因此，增加居民的消费必须把工作重点由实物消费领域转到非实物消费领域。非实物消费主要反映文化消费，体育消费是广义文化消费的一种，有着广阔的拓展空间。当前，要把居民有支付能力的体育消费需求引出来，使其愿意多消费，要做好这几方面工作：一是从供给入手，用供给的多元化、系列化和特色化去创造需求、开拓需求。各类体育企业都要做好目标市场的细分和定位，在服务营销、服务品质上下工夫，策划卖点，吸引消费。二是推动全民健身计划的实施要有启动体育消费的视角和意识，把引导和激励体育消费作为实施计划的出发点和内在目标，使这项利国利民的计划既成为国民体质建设工程，又成为启动国民体育消费的系统工程。三是要尽快出台规范民族传统体育市场主体的法律法规和民族传统体育服务业的行业标准，依法保护投资者的利益和消费者的权益。

综上所述，通货紧缩是结构性矛盾造成的，化解这一矛盾的多方努力，客观上为民族传统体育产业的发展提供了一系列机遇。只要我们扎实工作，民族传统体育产业就能在趋冷的宏观经济形势下获得比其他行业更快的发展速度。

4. 城市社区化和农村城市化

工业化必然带来城市化，工业化的进程需要城市化生产的市场聚集效应和产业规模效益。目前世界高收入国家城市化水平已达80%以上，中上收入国家达60%，中下收入国家达55%，低收入国家平均也在35%。目前我国的城市化水平在43个低收入国家中，仍然处在中位偏下的水平。改革开放以来，我国的城市化水平尽管有了较大幅度的提高，但是整体水平仍然很低，严重制约了消费结构和产业结构的升级。目前中国社会已开始步入小康社会，按照经济学界对小康社会作的界定，小康社会城市化率应达到40%以上，而当前的实际与这一标准尚有较大差距。这一差距使我们有理由相信，政府在“十一五”期间将会采取调整现有大城市的功能，适度扩大大城市规模和积极发展中小城市等多种手段，来迅速提高我国的城市化水平。同时，与农村城市化趋势相伴随的将是城市社区化程度越来越高。随着城市人口的自然增长以及城市化带来的农民进城效应，我国的城镇人口今后一个时期将会有一个较快的增长，而城市人口剧增对市民组织管理形式的创新提出了新要求。按照发达国家的经验以及我国在部分城市试点的情况，这一新型的组织管理形式就是社区化服务。从发展体育产业的角度看，城市社区化和农村城市化都将为加快民族传统体育产业的发展提供难得的机遇。

首先，城市社区化和农村城市化能为民族传统体育产业创造巨大的体育消费需求。目前我国的体育消费主要在大中城市表现得比较活跃，占总人口约70%的农村人口几乎没有体育消费。这是因为农民的低收入和传统的生活方式从客观上制约了他们对体育服务和体育用品的消费。因此，如果我们找不到激发8亿农民体育消费的有效途径，中国体育产业要想在近期成长为国民经济新的增长点就不太现实。而城市社区化和农村城市化为解决广大农民的基本体育消费提供了可能。一方面，城市化不仅能把农民带进城，而且会有效地增加农民的收入；另一方面，城市社区化会带来社区体育产业的迅猛发展以及集团化、连锁化体育经营方式的形式，这又从供给的方面为激发和引导新市民初步形成的体育消费需求提供了可能，从而有利于拓展消费领域，扩大消费规模。

其次，城市社区化和农村城市化有利于培育和发展体育市场。从市场学的角度看，消费者在一定规模上的聚集是市场形成和发展的必要条件。体育市场，尤其是体育健身娱乐市场和竞赛表演市场的培育和发展，也需要消费者的聚集效应来支撑。最后，城市社区化和农村城市化还会拉动体育产业领域的投资需求。投资需求是由投资收益预期决定的，城市社区化和农村城市化在激发体育消费、活跃体育市场方面的效应，会使社会投资主体对在这一领域投资的收益预期看好，投资信心增强，从而能吸引更多的投资，扩充体育产业的资本总量，提高体育产业的规模效益。

总之，在“十一五”期间，乃至21世纪初中叶，我国体育产业发展将面临一系列有利的外部条件。各项制度的深化改革将进一步释放生产力，促进资源的有效配置；结构变迁将释放结构效益；全球化将使各个国家同质的要素收益趋于均等化，有利于中国通过参与国际竞争促进经济增长；中国的劳动力资源丰富，加上素质的不断提高，使经济增长有着充足的劳动力供给作为支撑；中国具有较高的储蓄率和投资率，也是未来经济稳定增长的重要保障。只要我们“抓住机遇而不可丧失机遇，开拓进取而不可因循守旧”，民族传统体育产业就一定能够在新世纪成为西部民族地区国民经济新的增长点和第三产业中的支柱产业。

（三）科学发展观为民族传统体育产业指明了发展之路

科学发展观是我们党认真总结国内外经济发展的经验教训，深入分析我国社会主义发展的阶段性特征，准确把握发展大势，充分吸收人类文明优秀成果，站在历史和时代的高度，提出的关于发展的一般看法和根本观点。它科学地回答了我国的发展目标、发展战略、发展道路等一系列重大问题，其本质是以人为本，目的是实现全面协调可持续发展。

所谓“以人为本”，就是要把促进经济社会发展与促进人的全面发展统一起来，把不断满足人民群众需求和促进人的全面发展，作为谋发展、促发展的出发点和落脚点，坚持发展为人民，发展靠人民，发展成果惠及全体人民，切实保障人民群众的基本权利。这既是我国社会主义发展的价值追求，也是我们党的最高执政理念。

全面、协调、可持续是科学发展的三个基本点。全面发展就是要坚持以经济建设为中心，大力解放和发展生产力，全面推进经济、政治、文化、社会建设，实现经济发展和社会全面进步。一方面，在优化结构、转变经济增长方式、提高经济增长质量和效益的基础上实现经济平稳较快发展，为社会全面进步、人的全面发展奠定物质基础。另一方面，加强社会主义政治、文化和社会建设，从而促进经济发展和人的全面发展。协调发展就是要统筹城乡、区域、经济社会、人与自然的发展，统筹国内发展与对外开放，努力实现国民经济良性循环。可持续发展就是要促进人的发展与自然的和谐，经济发展与人口、资源、环境的协调，努力实现从单纯追求发展数量和当代人利益的传统发展模式到注重发展质量和后代人福祉的可持续发展模式的根本转变。

科学发展观的“一个核心、三个基本点”是有机统一的整体。以人为本是全面协调可持续发展的价值追求，全面协调可持续发展是以人为本的必然要求和实现条件。“三个基本点”相互联系，有机统一，缺一不可，共同构成发展的科学轨道。坚持全面发展，必然要求发展的全面性。因此，全面把握科学发展观的深刻内涵，不仅要把握“一个核心、三个基本点”各自的内涵，而且要把握“一个核心、三个基本点”的有机统一，弄清楚经济社会发展与人的全面发展的关系，以经济基础建设为中心与促进社会全面进步的关系，加快发展与协调发展的关系，当前发展与长远发展的关系，经济发展与人口、资源、环境的关系，等等。

科学发展观是实现又快又好发展的世界观和方法论，它能推进发展观念的转变，创新发展思路。首先是转变发展观念。多年来，经济增长方式没有得到根本转变，思想观念的影响是一个重要原因。推进发展观念转变，首先要解决好为什么发展、发展什么和怎样发展的问题，使我们的发展观念真正转变到“以人为本，全面协调可持续发展”的轨道上来。其次要树立正确的政绩观，进一步克服在发展问题上存在的认识偏差。不能简单地把经济增长等同于经济发展。长期以来，许多地方把主要精力用于提高经济增长速度和扩大数量上，而很少关注经济增长的质量和效益、生态环境的改善和科学技术的进步。落实科学发展观，应克服发展认识上的这种片面性，全面科学地认识发展。再次要充分认识节约资源的重要性和紧迫性。一方面是资源的大量消耗带来的发展危机；另一方面是我们不少人缺乏危机感，缺乏对节约资源重要性和紧迫性的足够认识，没有长远的战略考虑。转变发展观念，就是要增强危机感，增强对节约资源重要性和紧迫性的自觉认识。

科学发展观还有利于实现四个目标：

一是建立统筹城乡发展、统筹区域发展、统筹经济社会发展、统筹人与自然和谐发展、统筹国内发展和对外开放的有效机制；二是形成有利于优化经济结构和转变经济增长方式，促进经济增长质量和效益的提高，建设资源节约型、环境友好型社会的体制机制；三是促进收入分配制度和社会保障体系的完善；四是形成促进社会主义物质文明、政治文明、精神文明与和谐社会共同发展的体制机制。

只有实现这些改革目标，才能使广大人民群众共享改革和发展成果，促进社会公平和正义；才能解决发展不平衡的问题，实现多方面协调发展；也才能站在更高的起点上，坚持走新型工业化道路，开创社会主义现代化建设事业的新局面，实现经济社会又快又好发展。

科学发展观为民族传统体育产业在发展理念、发展思路、发展途径、发展方法上提出了规范，是民族传统体育产业建设从无到有、由小到大、由弱到强、走向繁荣的必由之路。

第五节　民族传统体育产业发展战略及政策建议

一、民族传统体育产业的基本发展战略

从精神文明建设的角度看，文化体现着人们的精神品性，是群体化、社会化的人格。经济的迅速发展可以得益于某种历史机遇，而文化的汇聚和积累则是一个较长时期的缓慢过程，后者却又是对整个社会发展持久起作用的东西，因为它更多地表现为人的素质。战后德国、日本等战败国之所以能在一片经济废墟上很快崛起，民众的整体素质在其中起着举足轻重的作用。中国要想在迈向现代化的进程中不断提高全民的整体素质，对产业发展的高度重视是不容置疑的，它也是我们整体推进社会经济协调发展的战略需要。

众所周知，高科技产业和文化产业是未来社会的主导产业。21 世纪的经济竞争，归根到底是科技与文化的竞争，而对民族传统体育产业发展战略的制定又离不开对现阶段中国国情的分析与思考。从总体上看，发展具有中国特色并富于时代特征的民族传统体育产业的基本方针应该是坚持社会效益与经济效益的统一，社会主义物质文明建设和社会主义精神文明建设的统一，选准民族传统体育产业发展的切入口，突出龙头产业的带动作用，紧密结合科学技术的发展，提高民族传统体育产业的科技含量，调整民族传统体育产业的布局，优化资源配置，提高规模经济效益，建立有利于民族传统体育产业发展的有效运行机制。

具体地讲，关键是要把握住以下四个方面的发展战略：

第一，从发展民族传统体育产业的技术手段上讲，我们要加快实施科学技术带动战略。体育产业作为推动当今世界经济发展的新的增长点，它具有相对而言低成本、高附加值的行业特质，往往能够给经营者带来巨大的商机和高利润的回报。民族传统体育产业作为体育产业的一个重要分支，同样遵循这个规律。依靠运用科学技术来带动民族传统体育产业的发展，既在情理之中，而又必须主动把握。我们应加快采用科学技术成果，进一步提高民族传统体育产业的科技含量，促使其不断发展壮大，迅速成为一

个地区主导产业之一。

第二，在狠抓发展民族传统体育产业的基础工程建设上，要努力实施人才战略，确立建设与发展取决于人的首要观念。民族传统体育产业的发展非常需要注重人才资源的培养与开发，尤其是既通晓民族传统体育业务，又善于经营管理的复合型人才是民族传统体育产业发展的重点。当今之际，知识创新已成为财富增长的主要源泉，拥有知识和创新能力的人理所当然成为社会经济价值的主要创造者和拥有者，进而成为社会生活中最受尊重、最有社会地位的人，这是社会经济基础决定社会文化状况的客观规律。每一个人凭借本身的创新能力，而不是凭借血缘、关系、靠山获得社会权力和利益将成为社会生活的基本竞争准则。在实施发展民族传统体育产业的实践中获取知识，凭借知识进行创新不仅成为经济增长的主动力，也将成为社会文明进步的新风尚。

第三，在选择发展民族传统体育产业的突破口上，要切实实施龙头带动战略。它包含着两层意识：一是就行政区域而言，要以现代化的都市为民族传统体育产业发展的龙头；二是就某一中心城市的民族传统体育产业发展而言，应该有适合本城市传统体育文化行业特点的产业龙头。我们要鼓励民族传统体育文化企业按照产业发展规律和国家的产业政策，实行跨地区、跨领域、跨所有制的联合或优化组合，培育大市场，形成优势企业，充分发挥出区域性龙头与产业性龙头巨大的带动及示范作用。

第四，在推动民族传统体育产业发展上，要着重实施精品战略。“精品”原意指高品质的商品。在市场经济条件下，民族传统体育文化产品作为一种特殊商品，也必然参与市场竞争。用高质量、高水准的民族传统体育文化产品来满足人们日益增长的精神文化需要，不仅是一个重大现实问题，而且是事关民族传统体育产业自身发展乃至国民素质整体提高的大事。只有实施文化精品战略，才能生产大量的优秀产品并产生名牌效应，才能极大地提高和丰富人类的精神文化生活，产生广泛而良好的社会影响，促进民族传统体育产业的不断升级，为社会带来更大的社会效益与经济效益，为社会主义精神文明建设不断作出贡献。

二、发展民族传统体育产业的政策建议

从发展的角度看，民族传统体育产业具有良好的发展前景和巨大的增

长潜力，但是这种前景能否实现以及增长的潜力能否得到释放，除了要继续深化体制的改革，建立完善的民族传统体育产业宏观管理体制和运行机制之外，很大程度上还取决于能否制定一系列科学合理的政策措施，理顺民族传统体育产业发展中的各种关系，为整个产业的发展创造一个良好的政策环境：

（一）产业组织政策

产业组织政策是优化民族传统体育产业结构、规范民族传统体育产业运行的专项政策。要按照建立现代企业制度的要求，规范各类民族传统体育产业经营实体的组织形式，形成科学的法人治理结构和经营管理制度，建立开放性的创新发展机制。以资本为纽带，通过资本市场和产权市场形成具有竞争力的跨地区、跨行业、跨所有制和跨国经营的大型体育企业集团，提高整个民族传统体育产业核心部分的国际竞争力，改善民族传统体育产业的组织结构。政府的主管部门要制定政策，培育若干个具有导向性、规模化的企业，支持各类民族传统体育文化企业所有者自组的行业性自律组织，逐步将一些不适合由政府行使的职能交给行业自律组织，如行业服务标准的制定、行业准入的资格认定等，形成科学规范的行业自律机制，推动它健康、有序地发展。

（二）产业结构政策

产业结构政策主要是调整民族传统体育产业资本结构的政策。我国民族传统体育产业结构政策要以有利于市场在各类体育资源配置中发挥基础性作用为方向，以提高民族传统体育产业中非国有部分比重为手段，制定一系列鼓励和扶持各类非国有中小民族传统体育文化企业发展的政策措施，扩大增量，调整存量，优化整个体育产业的资本结构，启动全社会对体育产业的投资需求，确保民族传统体育产业的发展获得足够的市场推动力。

（三）财政税收政策

财政税收政策是国家干预民族传统体育产业发展的一项经济政策，也是国家宏观领导、调控、优化和监督民族传统体育产业发展、运行的重要依据和手段。在财政政策方面，应在不减少国家财政投入总量的情况下，调整财政投入结构和投放方式，适当增加用于扶持民族传统体育产业发展的政策性专项投入。将各级各类体育产业经营实体占有和使用的国有资产，在经过认真清理和评估后，允许作为国有资本金投入产业经营。在税收政策方面，要通过制定差别税率和减免税政策促进民族传统体育产业快速发展，调控民族传统体育产业总量和结构。

（四）分配和激励政策

要在建立符合社会主义市场经济要求的收入分配调节政策方面加大改革的力度，把按劳分配和按生产要素分配结合起来，形成有利于促进和有效利用体育劳动者人力资本的激励和约束机制。允许一些拥有特殊才能和自主知识产权的人才占有体育企业股份并参与利润分配，以激励他们更好地发挥作用。

（五）促进对外开放政策

制定政策鼓励民族传统体育产业经营企业面向国际体育市场，充分利用国际、国内两个市场、两种资源加强对外交流，发展外向型民族传统体育产业，增强民族传统体育产业的国际竞争力。同时，通过联营、合资、合作等多种形式引进、吸收和消化国外著名体育企业先进的管理方式、营销手段和品牌管理经验，提高自我创新能力。对于国内有条件的优势民族传统体育文化企业要给予其产品和服务的对外出口权。

（六）区域体育产业发展政策

通过建立西部民族地区体育事业发展基金，对经济落后的西部民族地区发展民族传统体育产业给予必要的扶持，促进各地区各具特色的民族传统体育产业协调发展。要打破地区封锁，促进全国统一的民族传统体育产品和服务市场网络的建立，强化地区之间民族传统体育产品和服务的交流与合作。

第六节　民族传统体育产业与精神文明建设

一、民族传统体育产业发展需要人文精神的支持

从根本上说，经济发展与现代化建设需要两种精神，即科学精神与人

文精神。在现代社会实践中，科学技术起着第一生产力的作用，科学精神的弘扬无疑是必要的，人们都能清醒地认识到这一点，而对人文精神在经济社会的发展中所起作用的认识，还有待于加强和深化。

科学精神与人文精神的关系，或者说谋求科学与人文的平衡发展，是现代化进程中着力解决的一个重要问题。科学是工具理性，人文是价值理性。从人类的近现代史上看，人类在步入近代工业文明以后，似乎注定要面临非此即彼的选择：提倡科学理性，必得以放弃人文精神为代价。科学精神的扩张与人文精神的危机这一共生的现象，引起世人的关注。在当今世界，当发展已不再被简单地等同于经济增长，而是意味着政治、经济、社会、文化的全面进步时，科学精神与人文精神的融合，已代表着一种新的时代精神。

经济发展是一种经济行为，但支持经济发展的条件却不可以简单地归纳为经济条件。民族传统体育产业的发展需要人文精神的支持：

（一）法制与道德的统一是建构市场经济的人文条件

经济发展既需要法制，也需要道德规范。从一定意义上说，市场经济是一种法制经济。法制的完善，是市场经济的内在要求，法制在保障市场经济的正常、有序运行，保障公民和消费者以及生产者、经营者的合法权益方面，显然都具有十分重要的作用。

另一方面，市场经济也需要道德基础，即要求相应的道德规范和行为规范，以德制来引导和保障其正常、有序运行。西方古典经济学的创造人亚当·斯密在完成《国富论》以前，先著有《道德情操论》，并先后对其修订了六版。这意味着经济学也包含着对人的生存意义的关注。包括亚当·斯密在内的一些西方学者指出，自爱、自律、诚实、公平、勇气、谦逊、正义感、公共精神以及公共行为规范等，所有这些都是人们在前往市场开展竞争之前必须具有的道德素质。在任何社会中，用特定的道德准则、社会公德、企业道德、职业道德等，来引导、约束、规范市场经济主体，都是不可或缺的。

（二）民族传统体育产业发展需要人文精神的支持，还表现在企业文化精神对企业发展战略的影响具有不可低估的作用上

在市场经济的条件下，企业已成为市场的主体。现代工业文明的主要

标志，是企业行为的文明程度。企业经营理念、企业品牌、企业形象、企业信誉等无形资产，体现着一个企业的人文精神，这在激烈的市场竞争中至关重要。随着时代的进步和人们精神需求的提高，商品中的精神含量和文化附加值必然会不断加重。企业形象靠文化来塑造，而形象等于市场，市场等于效益。以文化力促经济力，以经济力与文化力的合力促进竞争力，已成为许多企业家的共识。

基于这样的认识，一个企业的经济效益应当与社会效益成正比，这是毫无疑问的。在市场经济的条件下，任何一个经济行为能否得到迅速拓展，是否为社会所接受，都时时受限于社会伦理的约束。在经济体制改革的过程中，经济生活领域出现的诸如对收入差距过分悬殊现象的不满，对以牺牲公平换取"效率"提高的经济行为的非难，以及人们对一些微观经济行为中贬低劳动者人格地位现象的谴责，对一些企业无视人们基本生存条件而肆意污染环境行为的愤慨等，无疑是从"公平"、"人格"等伦理意义上出发的。因此，任何一个经济活动，实质上都蕴含着深厚的伦理基础。

企业经济行为的伦理规范，总的来说是应当将物质利益取向与人文价值取向统一起来。符合伦理规范要求的企业行为，必然内含着高度的社会责任感，体现着一定的人文精神。当今世界，人类面临着人与自然、人与社会、人与他人的矛盾和冲突。这些矛盾和冲突，直接关系到人的生存与发展。每一个企业在考虑自己的经济利益时，都应当以博大的人文情怀，关注其后果可能产生的不道德行为。

（三）民族传统体育产业发展需要人文精神的支持，还在于社会进步取决于人的文化素质的提高

衡量社会与历史进步的标准，归根结底是生产力的解放和发展。然而，社会进步与历史必然性，尽管是一种客观的"自然历史过程"，但并不是自发实现的，而是一个社会诸因素交互作用的错综复杂的过程。各国现代化的历史经验证明，经济的发展与现代化的实现，除客观经济条件方面的因素外，还有伦理精神、社会文化精神或民族精神这些非经济因素。这种普遍的文化精神力量，对于一个国家或民族的发展来说，是不可缺少的。

从当今世界经济发展的新趋势来看，科学技术在生产力发展中所占的比重越来越大。我们要实施可持续发展与科教兴国两大发展战略，就必须

把经济建设真正转移到依靠科学技术进步和提高劳动者素质的轨道上来。在高科技的时代，综合国力的竞争越来越表明为科学技术的竞争，并进而转化为人的文化素质的竞争。人作为经济活动的主体，人的价值观念、人的情感意志、人的性格特征、人的文化素质、人的文明程度，必然给经济活动以巨大的影响。

人的文化素质的提高，具体表现为求真、向善、趋美，以人的自身完善——人的全面发展为内容与目的。文化上的每一个进步，都是人类迈向自由的一步。在现实生活中，文化一方面被知识化、实用化于有形事物的自然界，这是科技文化的形态；另一方面，文化涉及人性的无形内涵却容易被人遗忘，这是人文文化的形态。随着社会实践的发展，人类文化创造行为不断发展，人的非生产性的文化需求不断增长。在这一时代背景下，人的生存境况的突出问题，需要文化精神的塑造和精神文明建设来解决。

社会进步应当是经济与人文的平衡和谐和发展，并最终以促进人的全面发展为目标，这是考察民族传统体育产业发展与人文精神关系所得出的结论。

二、在发展民族传统体育产业的进程中促进精神文明的建设

文化与经济、政治并存，是支撑人类社会三维结构的三根支柱。任何一个社会的运作，不仅要依赖于一定的经济、政治，而且要依赖于一定的文化。它们之间的辩证关系恰如毛泽东所说："一定形态的政治和经济是首先决定那一定形态的文化的；然后那一定形态的文化才给予影响和作用于一定形态的政治和经济。"①

从一定意义上讲，倘若我们认真考察由广义的文化即人类历史实践中创造的物质财富和精神财富的总和到狭义的文化即人们一切精神活动的总和再到文化发展的纵向运动过程，便已能清晰地揭示出它们之间的本质联系。这就是说，发展民族传统体育产业，既是人类文化发展的需要，也是中国经济社会发展战略和社会主义精神文明建设的必然选择。

民族传统体育产业在中国还是一个处于萌芽状态的新产业，民族传统体育文化的发展需要产业化，中国市场经济的发展也少不了民族传统体育

① 《毛泽东选集》，第2卷，624页，北京，人民出版社，1952。

产业。当务之急，不仅要在实践上加速发展民族传统体育产业，而且首先要在理论上，建立有中国特色的社会主义“民族传统体育产业”论，摆正民族传统体育产业在国民经济中和人民文化生活中的位置，确认发展民族传统体育产业在社会主义精神文明建设中的促进作用。只有将民族传统体育产业与社会主义精神文明建设联系起来，民族传统体育产业的发展才能有正确的方向和前途。

如前述，精神文明是人类改造主观世界的精神成果，它表现为社会精神生产和精神生活的发展水平。精神文明主要包括两个方面：一是在文化层面所指的教育、科学、文学艺术、新闻出版、广播电视、卫生体育及图书馆、博物馆等各项文化事业；二是在思想层面所指的世界观、理想、信念、道德、思想、观念等等。而所谓社会主义精神文明建设，说到底是人类精神生产随着整个社会主义社会的发展而不断运动与发展的过程。精神生产虽然具有不同的表现形式，如道德、宗教、科学、艺术的精神创造活动等，但它们在本质上都是一种思想、观念、意识的生产，其直接目的是通过精神产品的生产、分配和消费，来满足人们的精神文化需求。

精神生产作为一种社会生产，其最终目的是通过一定精神价值的社会性生产和分配，再生产出与一定社会形态的经济基础相适应的精神交往关系，即作为社会上层建筑之一部分的社会意识形态。

任何事物的发展都是按照一定的运动规律进行的，精神生产也不例外。精神生产由于其特殊的一面，因而具有内在的“文明要素的生产规律”。这种规律通过精神生产对物质生产的相对独立性和在一定条件下的巨大反作用而表现出来。但另一方面，精神生产作为社会生产的一个有机部分，又受生产的普遍规律的支配。这不仅一般地表现在物质生活的生产方式制约着整个社会生活、政治生活和精神生活的过程，表现在精神生产是随着物质生产的改造而改造的。而且，它还更进一步表现在一部分精神生产直接参与到物质生产的过程当中，它们本身就在创造着物质财富，甚至在相当大的程度上就具有物质生产的特征。

随着社会文明程度的提高，特别是人类由发明纸和印刷术等的古代进入到今天电子数字化时代，人们对物化产品的需求增量趋向于相对减少，对于精神文化产品的需求增量则不断在增长，商品的精神文化因素逐渐从经济的附庸位置转换为经济的主体位置。在当代信息社会中，知识、信息、科技、艺术、文学乃至心理的因素等，这些属于广义文化中的许多因素在今天的社会生活中越来越具有主导的甚至是决定性的经济作用。文化不再仅仅被看做经济发展的精神智力支持，其发挥的也不仅仅是社会的意识形态功能，文化生产的本身也能创造出巨大的经济效益，而且文化因素已日益渗透到所有其他的产业领域中去了，并成为其经济能量的催化剂。在社会主义市场经济体制下的民族传统体育文化的发展也是如此，也理应如此。

早在20世纪80年代初，国际上一些知名学者就已经看到了社会的轴心正由政治、经济转向文化的发展趋势，文化正在成为社会中心，成为社会各领域的主导乃至财富的源泉。人们预感到一个科学文化大发展的时代即将来临，未来竞争的胜负将主要取决于人们的科学文化水平。作为以满足人类精神文化生活需要为目标而生产服务的知识经济全球化产物的文化产业，它既是振兴和弘扬民族文化，建设社会主义精神文明的重要力量，也是现代经济的重要支柱之一。尤其是近年来，随着现代信息技术的高速发展，用高科技手段增加物质产品的文化内涵，或用先进的物质生产方式生产文化产品并提供高质量的文化服务，已成为当代经济发展的主要方向。

由此可见，经济与文化有密切的关系。就社会主义精神文明建设与民族传统体育产业的关系看，两者之间也在三个层面上存在着密切联系。首先，从“精神文明”概念内涵这第一个层面上看，民族传统体育产业是社会主义精神文明建设的重要组成部分。它所涵盖的领域，是人类精神生产的范畴，是观念形态的上层建筑。其次，从民族传统体育产业的发展将直接促进人类文明包括社会主义精神文明建设这第二个层面上看，民族传统体育产业包括了人类意识形态的附着物，即物质载体及其科学技术的运用。它对于承传社会文明起着重大而不可磨灭的重大作用。缺少这一中间环节，社会的精神文明便难以世代相传，发扬光大。

当然，与物质产品的生产不同的是：作为精神文明一部分的民族传统体育文化产品的生产，其主要是用于满足人们精神生活的需要，并用以提高人的整体素质。它的生产不仅要受一般市场经济规律的支配，同时也要受到文化发展自身规律的规范，即要力求经济效益与社会效益的协调发展。作为为社会主义精神文明建设服务的民族传统体育产业生产尤其应当如此。

改革开放以来，特别是近些年，党中央采取一系列重大决策，进一步加强社会主义精神文明建设，不断提高全党和全国人民对社会主义精神文明建设重要地位和作用的深刻认识。党的十四届五中全会提出必须把精神文明建设摆上更加突出的地位。党的十四届六中全会还专门作出了《中共中央关于加强社会主义精神文明建设若干重要问题的决议》，明确提出了新形势下加强社会主义精神文明建设特别是思想道德和文化建设的指导思想、目标任务、工作方针和重大措施。党的十五大又从建设有中国特色社会主义文化的角度，强调加强精神文明建设的重要意义，明确指出："社会主义现代化应该有繁荣的经济，也应该有繁荣的文化。""有中国特色社会主义的文化是凝聚和鼓励全国各族人民的重要力量，是综合国力的重要标志。"[①]它也是对当今时代社会发展的科学总结，对推进民族传统体育产业为社会主义精神文明建设服务，为人民服务也有重要的指导作用。

由于民族传统体育产业对社会主义市场经济和社会主义精神文明建设都具有重大意义，且在目前呈现出不可逆转的发展趋势，因此我们有理由相信，在不远的将来，作为文化产业的重要组成部分，民族传统体育产业必将成为我国社会经济发展的重点产业之一和新的经济增长点之一，同时也将日益显示出它在丰富西部地区人民群众精神文化生活和建设社会主义精神文明方面的重要作用。

---

① http://cpc.people.com.cn/GB/64162/64168/64568/65445/4526290.html.

第八章　民族传统体育产业发展与西部民族地区文明进程互动

人类渴望社会和谐发展，西部民族地区各级政府迫切希望在建设和发展民族传统体育文化产业的过程中与该地区的文明进程能够统筹协调、科学发展，但是这在很大程度上是一种乌托邦式的理想。历史和现实告诉我们，文化产业发展与文明进程之间的互动关系就具体形态而言经常是不平衡的，民族传统体育产业发展与文明进程之间的互动关系就具体形态而言也不例外。但是，没有理想的社会就是没有希望的社会，所以，人们一直在努力无限地接近理想的状态。有中国特色的社会主义市场经济为实现这一理想提供了保证和有利的条件，同时也提出了两个文明协调发展的要求。民族传统体育产业发展与文明进程互动发展的要求与我们设想的两个文明协调发展的理想社会有着相当大的差距。有中国特色社会主义政治经济文化和谐发展的理想常常被其不平衡发展的现实所打破。

提出民族传统体育产业发展与西部地区文明进程互动发展的有限平衡论，目的在于建构民族传统体育产业发展与西部地区文明进程互动发展的一个模式，为弥合理想与现实之间的鸿沟架起一座桥梁，从而推进增强民族传统体育产业发展，推动民族传统体育产业发展与西部地区文明进程良性互动的自觉性。针对民族传统体育产业发展的缺失，探讨实现民族传统体育产业发展与西部地区文明进程协调发展的途径，使有限平衡论具有一定的现实意义。民族传统体育产业发展与西部民族地区文明进程互动发展的有限平衡论，既反映了理想社会的价值理念，又根植于当代中国的现实之中。当然，民族传统体育产业发展与西部民族地区文明进程互动发展的平衡关系是一种有限的平衡关系。

第一节　民族传统体育产业的文化价值与经济价值

民族传统体育产业的文化价值与经济价值的关系以及人们对这一关系的认识都是不断发展变化的。作为文化商品对立统一的两个方面，民族传统体育产业的文化价值与经济价值之间首先是对立的关系。这种对立表现为二者的区别和矛盾。具体而言民族传统体育产业的文化价值和经济价值的内涵是不同的。人们普遍认为民族传统体育产业的文化价值包括娱乐健身的价值、艺术的价值、宗教的价值、社会的价值和思想的价值等等。经济价值基本上等同于效用，而文化价值除了效用之外，还包括真、善、美等特殊意义。民族传统体育产业的文化价值与经济价值在消费中所呈现的特点也是不同的，经济价值具有某种独占性和损耗性，在消费过程中被耗损或消灭，而文化价值则具有共享性，在消费过程中可以得到保存和传播。经济价值往往是主动消费，并必须付出与商品的交换价值等价的货币，而文化价值可能存在被动消费，可以不付出货币就享受到文化商品的文化价值。最后，二者价值的实现与交换价值之间的关系也是不同的。虽然没有文化价值的交换，就很难发挥文化的功能，而且因为文化产品也是生产出来让人们消费的，民族传统体育产业的文化价值也需要在消费中得到体现，所以它在交换后的价值实现中起着一种对社会关系的调节作用，表现为一定的文化规范，所以“普遍的人类价值不能时时处处装入使用价值和交换价值范畴中”①。但是在市场经济的条件下，民族传统体育产业的文化价值的实现往往是以其文化商品的经济价值的实现为前提的。

民族传统体育产业的文化价值有很多潜在的、附带的成分，遇到不同的主体会产生很不相同的终极价值，而且有些是不可超越的或是唯一的。所以民族传统体育产业的文化价值的实现过程要比经济价值实现过程复杂得多。开始时，精神产品的价值在市场交换中与物质产品的价值一样都受价值规律的制约，其价值以货币形式表现为一定量的交换价值。但是，精神产品的价值并未到此为止，因为这时的产品形式还不是最终的产品形式，

---

① 徐志宏：《文化学与价值学导论》，143 页，北京，中国人民大学出版社，1992。

它还需要一段时间，有时甚至是相当长的历史时期，经过购买者先天所具有的禀性、后天所培养的品味以及周围的文化氛围和文化条件等多种因素综合作用，以及社会实践的检验，之后才会决定精神产品的最终价值。所以民族传统体育产业其产品的文化价值远非精神产品的交换价值所能体现的，并且在一定程度上，它具有不可计量性。

民族传统体育产业的文化价值在其商品以外主要是与经济价值相区别，它是民族共同体的内在构成，是产生民族凝聚力的关键所在，它内在地规范着每个成员的行为方式和思想观念。丹尼尔·贝尔在其《资本主义文化矛盾》中提出："为经济提供方向的最终还有养育经济于其中的文化价值系统。经济政策作为一种手段可以十分有效，不过只有在塑造它的文化价值系统内它才相对合理。"

民族传统体育产业其产品作为商品的二重性即商品属性和文化属性的统一，为其文化价值和经济价值达到有限平衡奠定了基础。进入市场的民族传统体育产品作为具有商品属性和文化属性两种属性的文化商品，是经济文化一体化的产物，伴随着社会主义市场经济体制的确立而大量出现，它的商品属性与经济价值相关，文化属性与文化价值相联系。因此，民族传统体育产业的这一两重属性，为其文化价值与经济价值之间的平衡关系奠定了基础。用外在的经济价值作为标准的一个方面，有利于对其文化价值进行内外结合的全面评价，因为超越性不是文化的唯一特性，它也有反映现实功能性的一面。

在社会主义市场经济条件下，民族传统体育产业文化价值的实现往往要以其经济价值的实现为前提，这一事实进一步强化了二者之间的可通约性。确切地说，民族传统体育产业中表现为经济价值的那部分文化价值，主要是它的物质载体和物质影像的价值，毕竟文化从根本上讲是无形的，它的价值、意义通过语言、文字、图像、实物等间接地表达和反映出来，才能成为有形的产品。民族传统体育产业所生产出来的产品绝大多数要成为商品，只有少数不经过市场流通，因此大多数产品需要经过市场的各个环节，以货币为媒介进行商品交换，在交换过程中，一定量的货币首先是作为该文化产品的交换价值，其次也体现和代表了产品所具有的文化价值。也就是说，文化价值虽然无法用金钱来衡量，但在商品经济条件下，只有将文化价值化约为一定数量的货币，才能进入市场，通过交换在实现其经济价值的同时实现其文化价值。这是民族传统体育产业其产品的文化价值与经济价值可以通约的主要途径。

民族传统体育产业其产品的生产都有着进入市场的明确目的，它一旦参与交换就成为商品，就具有一般商品的二重性，即价值和使用价值。所以，文化商品也是价值和使用价值的矛盾统一，其价值以经济价值的形式表现出来，也称为商业价值或商品价值，其使用价值则代表了文化价值，即一定的文化产品对主体——人的精神需要的满足和提高程度。民族传统体育产业其产品作为现代社会中产品的重要组成部分，一方面，它无疑是有经济价值的，否则它就无法参与商品流通，更不可能支撑民族传统体育产业的发展；另一方面，它也必然具有文化价值。民族传统体育产业其产品的经济价值是在市场上通过交换实现的，经济价值的实现是其商品的文化价值得以实现必不可少的前提。因为在社会主义市场经济下，不经过交换，民族传统体育产业其产品的经济价值就无从衡量和实现，其文化价值也将永远只能是潜在的文化价值。所以，文化价值与经济价值的对立统一关系是可以达到有限平衡的，即在一定条件下，它们的统一关系居主导地位，而对立关系是次要的。

文化价值和经济价值具有一定的可通约性。文化价值始终被经济学研究所忽视，而经济价值在文化领域则曾被视为洪水猛兽，拒之于千里之外，人们普遍不承认文化价值与经济价值之间在一定范围内、一定程度上有可通约性。

具体到民族传统体育产业，文化价值与经济价值是对立统一的关系，大而化之地讲，从二者分属文化和经济两个领域来看，它们属于不同的价值体系，但二者之间并非不相关联，而是可以相互通约的，超越性不是民族传统体育产业的唯一特性，它也有反映现实功利性的一面。民族传统体育产业对现实功利性的承认和追求，虽有以功利性遮蔽甚至抹杀超越性的问题，应引起足够的重视并予以纠正，但它所代表的方向有一定的积极意义，尤其对于破除人们对民族传统体育产业不应有的神秘感和隔阂感，将民族传统体育文化从高高在上的空中，拉回到世俗的人间起到了积极的促进作用。民族传统体育的这一发展趋势，与摆脱经济禁欲主义束缚后，公开、合法地追求适度的经济功利性是相一致的，从而为民族传统体育产业的文化价值与经济价值之间提供了相互通约的社会基础。

二者的可通约性还表现在将经济价值的主体和文化价值的主体化为抽象的、无差别的人类劳动后，二者之间可以进行比较。经济价值属于物质价值，它以物质产品为载体，以经济学含义上有效性或有用性为表征，用金钱来计量；文化价值属于精神价值，以精神产品为载体，以人文科学领域的有意义为表征，从根本上讲不能用金钱而应用精神上的超越和升华来衡量。但是，对于文化价值的这种衡量方法具有理想化特点，因为在市场经济条件下，即使在将来"无通货的社会"里，货币或金钱也许不会以实物的形式存在，但还会在电子计算机上以数字的形式出现。对经济价值按实证标准来确定，对文化价值则应按规范标准作质的和量的规定。"正如文化价值把狭义的个别性（即通过自己特性所获得的意义的总和）从现实对象的纯粹异质中提取出来一样，文化价值也把处于一切经过一定时间和受因果决定的形成过程中的那些在历史上属于本质的成分联接成为历史上重要的个别发展。"① "关于价值，我们不能说它们实际上存在着或不存在，而只能说它们是有意义的，还是无意义的。文化价值或者事实上被大家公认为有效的，或者至少被文化人（与自然人相对——译者注）假定为有效的，因而那些具有价值的对象的意义也被假定为具有一种不仅是纯粹个人的意义；而且，文化和最高意义而言，一定不是与纯粹需求的对象相关，而必定是与财富相关。"② 这里的财富不是指经济学意义上的财富，而是精神上的。"文化领域是有意义的领域（realm of meanings）。它通过艺术与仪式，以想象的表现方法诠释世界的意义，尤其是展示那些从生存困境中产生的、人人都无法回避的所谓'不可理喻性问题'，诸如悲剧与死亡。在这种同生存哲学反复遭遇的过程中，人开始意识到凌驾一切之上的根本性问题——歌德称之为'原本现象'。"③

民族传统体育产业的文化价值与经济价值的有限平衡关系还体现着二者彼此制约，形成相互制衡的状态，遏制彼此的负面影响。"商品社会的调控方式，主要是经济规则、社会法律和道德教化。这三者是递进制约的关系，法律所解决的问题，是经济自身规范所不能解决的；而道德所解决的

① 涂纪亮：《文化科学和自然科学》，84页，北京，商务印书馆，1986。

② 同①。

③ 赵一凡：《资本主义文化矛盾》，30页，北京，生活·读书·新知三联书店，1989。

问题，又是经济规范和法律所不能解决的。经济、法律、道德三者结合、相互制约，才构成了一个完整的现代商品经济社会的行为规范体系。”[①] 由于人们越来越意识到文化对经济反作用的重要性，相应地，也就提高了民族传统体育产业其文化价值在与经济价值关系中的地位和作用。新制度经济学在文化对经济发展的影响方面作了大量实证性研究，得出的结论是，一个社会的历史文化传统、价值观念及行为习惯等作为“非正式制度约束”，影响着经济制度的选择与变迁过程，即文化因素是影响经济发展的内生变量，而非外在的变量。人们在进行经济活动追求利益最大化的过程中，物质的和非物质的利益在人们头脑中的排序，以及人们在同他方达成“协议”时，对自身利益考虑的程度和方式都同人们先在的文化价值体系密切相关。有人总结说，新制度经济学把传统经济学对人类行为的假定是追求自身总体效用的最大化的动机，进一步细分为财富价值和非财富价值的最大化。前者包括对金钱和物质财富的追求，后者指利他主义和对精神文化及信仰的追求。它们共同制约和影响着人们的行为，人们往往要在二者之间不断进行权衡、作出选择。

新制度经济学所阐述的关于正式制度变迁与意识形态及习惯等之间的关系，同样适用于民族传统体育产业的文化价值与经济价值，即获得等量经济价值成本较小的方向正是现存文化价值体系的指向，越是尽可能小地偏离文化价值体系就越会在等量成本下获得最大限度的经济价值。文化价值体系作为影响经济价值的非正式约束因素，在很大程度上制约经济价值的实现。这是因为，“文化进化已经形成或产生了非本能行为的抽象规则，我们一直依靠这些抽象规则生活，文化进化形成的规则，是指我们不能理解和不能（在结构上）明确加以构造的，始终作为我们行为能力的约束条件的各种规则”[②]。民族传统体育产业的文化价值固然有一些创新的成分，更主要的是源于已经存在的文化存量，而后者所形成的为人们共同遵守和认可的价值体系则规范和约束着人们包括经济行为在内的许多活动，因此民族传统体育产业文化价值在一定程度上也指向人们的经济行为，从而对经济价值的产生和实现发挥作用。社会主义市场经济体制和运行机制的确

---

① 杨魁森：《商品意识和人文精神》，载《中国社会科学》，1994（6）。

② 平新乔等：《自由，市场和国家》，115~116页，上海，上海三联书店，1989。

立，为实现民族传统体育产业的文化价值和经济价值的有限平衡关系提供了适宜的基本条件。文化价值的多元化是社会市场化的结果之一，与人们对经济价值的追求密切相关。如今，在价值领域人们开始注重差异而非同一，差异、变化成为价值标准和规范的准则，经济价值如此，文化价值亦然。但是，多元化除了带来多样性和丰富性外，还有离心离德的负面影响。所以我们既要承认差异存在的必要性，又要强调共识的重要性。

民族传统体育产业的文化价值与经济价值在满足人全面发展的需要和获得经济利益方面具有统一性。许多精神价值的最重要特性是它们的独创性。为了使独创的精神文化价值为众多的人享用，必须使它得到保存和传播。现代科学技术提供了物质基础和技术基础。这也是民族传统体育产业的文化价值与经济价值有限平衡的一个方面。

最后，社会提倡的价值导向，为实现民族传统体育产业的文化价值与经济价值的有限平衡关系提供了舆论环境。“价值”是一个内容丰富的范畴，许多学科都从各自角度对它作出规定，从中我们可以归纳出对价值的最一般规定，即客体对主体需要的满足。客观事物的价值可以看做人赋予的，因此，规范文化和经济发展的各项制度、政策对民族传统体育产业的文化价值与经济价值的实现起着重要的导向作用，对二者的关系具有重大的影响力。如果制度、政策的制定和社会提倡的价值导向体现了融会民族传统体育产业的文化价值和经济价值的思想，就为二者之间实现平衡提供了适宜的客观舆论环境，反之，就会加剧失衡。事实上，社会主义市场经济体制确立后提出的一系列新课题，以及由此形成的社会价值导向，为制定有利于实现民族传统体育产业的文化价值和经济价值有限平衡关系的政策、制度提供了基本条件。“由于社会主义市场经济是同社会主义基本经济制度、基本政治制度和精神文明结合在一起的，这就要解决如何把市场经济同社会主义公有制很好地结合起来、同社会主义民主政治建设很好地结合起来、同社会主义思想道德建设很好地结合起来等复杂课题。”① 这些课题实际上从全局的高度包括了民族传统体育产业的文化价值与经济价值相结合的问题，为解决这些课题所制定、颁布的法律、政策和规章制度等，

---

① 中共中央宣传部理论局编：《建设有中国特色社会主义若干理论问题学习纲要》，58页，北京，学习出版社，1998。

从宏观角度对民族传统体育产业的文化价值与经济价值平衡关系的实现予以了保证。

有了价值就存在对价值的选择问题，选择需要事先对价值进行判断，而判断又需要标准。所以，社会倡导正确的价值导向是十分必要的。日本近代“株式会社”企业组织方式创始人涩泽荣一曾提出“论语加算盘”理论，也就是我们今天所说的“经济道德合一”说的一种表述。人们通常认为经济领域是受工具论支配的。现代经济学不应只作为一种“手段”，还要在固有的社会文化价值系统中，在个人利益纷争的条件下，指导对财富进行合理分配。社会主义国家更应自觉地通过倡导全面正确的价值导向，以促进民族传统体育产业的文化价值与经济价值的良性互动。

第二节　民族传统体育产业的文化规律与市场经济规律

在经济文化一体化潮流的影响下，民族传统体育产业的文化规律与经济规律之间的密切联系越来越明显。社会主义市场经济要求民族传统体育产业其商品的流通、其市场的正常运行及产业的顺利发展既要遵循其特有的规律，又要遵循市场经济规律。

实践证明，民族传统体育产业的文化规律与经济规律之间可以是并行不悖的，如果二者失衡则主要是人为地破坏了规律。提到规律，人们很自然地会想到它是不以人的意志为转移的。但是长期以来，我们只是在理论上承认规律的客观性，而在实践中常常违背之。过去，我们给经济规律附加很多的政治成分，成为政治的注解，从而给经济建设造成了极大的损失；改革开放后，又走向了另一个极端，把经济规律看做超越包括文化规律在内一切其他规律之上的，忽视了其他规律的客观性。与此相关的是，建国以来我们对于文化规律有两大认识误区，一个是把文化规律置于政治需要的统帅之下，另一个就是从属于经济规律。前一个误区经过实践的检验已经被人们所认识，但是，当我们把经济建设作为工作的中心之后，文化对经济的亦步亦趋又取代了当年对政治的服从而再次有外在的规律凌驾于文化自身规律之上，使文化规律再次丧失应有的客观性。

文化与经济分属两个不同的领域，遵循不同的发展规律，当人们在进行与文化生产相关的活动，需要同时受到文化规律和经济规律支配时，就总是徘徊在两者之间无从选择，担心选择了一个就会违背另一个。这是陷入了逻辑上的怪圈，以非此即彼的思维方式看待二者的关系，将它们置身于截然对立的位置。在社会主义市场经济中，民族传统体育产业是文化产品和商品的统一体，它不可避免地要同时受到文化规律和经济规律的制约，在民族传统体育产业的生产过程中更多的是受文化规律的制约，而在流通领域则受经济规律制约，但这两种制约不是彼此割裂的，两个规律对民族传统体育产业的制约和影响作用是经常交织在一起的。价值规律可以在生产阶段就会影响到发展的方向、数量等等，而文化规律也可能在流通阶段通过文化发展规律来影响民族传统体育产业的市场行情。

从文化与经济关系的角度看，文化规律和经济规律的有限平衡关系主要表现为，民族传统体育产业及其市场上活动的主体在其产品的流通过程中，不以违背其中任何一方为代价实现尊重两个规律的客观性。具体来说，一方面，文化和经济各有自己运动发展的规律，都受各自发展规律的支配和制约，违反任一规律，都会造成对自身发展的阻碍。另一方面，由于民族传统体育产业与生俱来的二重性，它既是精神活动的产物，又是市场活动的对象，是文化属性与商品属性的统一体，所以它从生产到消费要同时受到文化规律和经济规律的支配。如果简单地说两个规律的关系是矛盾冲突的，无异于把民族传统体育产业其产品的二重性分裂开。正是这种辩证统一的二重性弥合了民族传统体育产业文化规律与经济规律之间的鸿沟，使它们能够在一定条件下协调统一。

民族传统体育产业文化规律与经济规律之间首先是各有自己支配的领域，同时又有交叉和联系，由于在商品经济下民族传统体育产业具有商品属性，是社会生产方式发展的必然结果，这本身就是不以人的主观意志为转移的，民族传统体育产业其产品只有经过商品交换的方式才能维持其再生产，所以民族传统体育产业其产品的商品化在社会主义市场经济阶段是文化发展遵循的规律之一，这一点在民族传统体育产业其产品的商品化方面有最突出的表现。因此民族传统体育产业的文化规律和经济规律可以对市场共同发挥作用，这时它们之间可能达到一种平衡的关系。如果没有人为因素的介入，主观地造成对民族传统体育产业文化规律的破坏，经济规律并不会总是对文化规律作出“普罗克鲁斯特式”的愚蠢行为。

其次，马克思主义认为，民族传统体育产业文化规律与经济规律之间是辩证统一的，其统一性为实现民族传统体育产业文化规律与经济规律的有限平衡奠定了理论基础。由于历史是无数个力的平行四边形所产生的合力的产物，“所以到目前为止的历史总是像一种自然过程一样地进行，而且实质上也是服从于同一运动规律的”①。也就是说，从历史的角度看，民族传统体育产业文化规律与经济规律都服从于同一运动规律，即都是许多先在的单个意志相互冲突的结果，因此它们之间的关系不是只有矛盾冲突这一维度，而是包含了统一在内的多维度的。历史唯物主义认为：“政法、哲学、宗教、文学、艺术等等的发展是以经济发展为基础的。但是，它们又都相互作用并对经济基础发生作用。并非只有经济状况才是原因，才是积极的，其余一切都不过是消极原结果。”② 这表明，民族传统体育产业发展与经济发展有着本质的内在联系，即民族传统体育产业的发展依赖于经济发展，并归根到底取决于经济发展，主要指物质生产的发展，但它们的联系并不限于此。民族传统体育产业的发展与经济发展的不平衡规律既是民族传统体育产业的发展与经济发展关系的普遍规律，也是民族传统体育产业的发展的普遍规律，它表明物质生产不是制约民族传统体育产业发展的唯一的直接的因素，物质生产是通过各种中介因素起作用的，制约民族传统体育产业发展的还有物质生产以外的其他因素。“把精神活动从物质活动中分化和分离出来，使精神活动变成在其发挥职能及发展过程中只是归根结底才取决于物质生产的相对独立的领域，并不意味着文化的进一步发展得在这两个领域的联系完全割裂的情况下才能实现。”③ 所以，当我们把经济和文化作为整个社会发展的两个方面考察时，就不会将二者的关系简单地归结为对立，还要看到它们统一的一面，这对于民族传统体育产业的文化规律与经济规律的关系也同样适用。

再次，社会关于“公平”和“效率”关系的认识有利于民族传统体育产业文化规律与经济规律实现有限平衡。1975 年，美国经济学家奥肯在其著作《平等与效率——重大的权衡》中最早明确提出了“公平与效率”这

① 《马克思恩格斯选集》，第 2 版第 4 卷，697 页，北京，人民出版社，1995。

② 同①。

③ 中共中央党校科学社会主义教研室编：《文明和文化——国外百科辞书条目选译》，140~141 页，北京，求是出版社，1982。

一命题，他认为在市场经济条件下平等与效率是矛盾的，人们需要在二者之间进行权衡选择，对此他的建议是在平等中注入一些合理性，在效率中注入一些人道，因为它们彼此是互相需要的。马克思主义认为，社会主义的价值目标就是实现由人的全面而自由的发展和共同富裕，这其中实际上包含了社会公平的价值取向，社会主义市场经济本身就是社会公平与市场效率的结合即效率优先，兼顾公平。所以就整体而言，民族传统体育产业的文化规律和市场经济规律也必然是符合“公平”取向和讲求效率的。在社会主义市场经济条件下，公平和效率的关系是被公开配置的。一方面，市场经济被公认的一种运行特点就是把对资源的合理配置看做最优化的选择，这在一定程度上有利于节制人们对效率的片面追求，而适当重视社会公平；另一方面，这种节制不是靠市场以外的力量来实现的，而是靠市场中资源配置的公开化来解决的。

效率是从社会生产力发展水平的角度衡量社会发展的一个重要尺度。由于生产力包括物质生产力和精神生产力，所以，效率问题不仅涉及经济领域，同时也关系到文化领域。一般来说，民族传统体育产业的发展规律所体现的效率主要是指动态效率，即它不仅注重当下的产出，而且相对看重未来的产出。文明素质较高的市场化程度，其效率实现的当下性也更明显。通过其产品，进一步突出反映了民族传统体育产业的文化规律与经济规律在效率尺度上的平衡统一关系。对民族传统体育产业的文化规律来说，效率指的就是以最小的投入获得其结构的改善和最大的产出，民族传统体育文化在文化的投入与产出方面相对于其他文化形式更易于量化，因此民族传统体育产业发展的效率比较容易用经济学的方法来计算（这在本书第三章已涉及)，而这又需要经过市场的一系列交换实践才能加以确定和计量。

最后，在社会主义市场经济条件下，民族传统体育产业发展的文化规律与经济规律的关系与价值规律和供求规律的普遍作用是相关的。价值规律是商品经济条件下的基本经济规律，凡是有商品生产和商品交换的地方，它都会发挥作用。所以，民族传统体育产业的生产活动就像其他商品生产的活动一样也必然要受到价值规律的制约作用，规定着其运动变化的一般曲线。

供求规律既是民族传统体育文化和经济发展共同遵循的规律之一，也是它们在市场上获得有限平衡的契合点。人们生产和创造民族传统体育产品的目的是为了提供一个理想世界，使人们通过对民族传统体育产品的消费，实现娱乐或自我超越，在商品经济中就需要把民族传统体育文化变成商品，然后进行消费，而不是让人对民族传统体育文化敬而远之、束之高阁，这也就必然涉及它的供求问题，供与求都发生在市场范围内才有意义，否则就与供求规律无涉。

第三节 民族传统体育产业的文化资本与经济资本

经济学有关理论普遍认为资本有以下三种基本形态：社会资本、经济资本和文化资本。在社会学领域，"界定社会空间的结构安排、支配各个群体和个人的生活机会和生活道路的，不是一种资本，而是两种资本：经济资本和文化资本"①。文化资本理论的代表人物布丢这样定义经济资本和文化资本：它们是"把持物质生产场域或文化生产场域的手段"②。他认为"自由资本主义的市场对经济资本作为一种占有纯经济机制的独特手段而存在是必需的。而文化资本又允许其拥有者占有主流文化的生产机制"③。他过分强调文化生产领域相对独立于物质生产领域，因此也更注重文化资本与经济资本的区别。而文化资本理论的另一位代表人物古尔德纳则认为，文化资本中的"资本"与经济资本或货币资本中的"资本"有着同样的地位，他把经济资本和文化资本视为阶级权力的两个不同来源。他更多的是看到二者的相似之处，并有贬低经济资本以抬高文化资本的倾向，但总的来说，他们研究的资本主体是一个阶级或阶层。法国社会学家布尔迪厄认为，人们依据自己所掌握的文化资本以不同的角色加入文化场的相互作用中，从而在这一"场"中取得与其文化资本相当的地位。20世纪90年代前后，美国有学者提出"知识资本"的概念，此后又有人进行了丰富和发展，认为知识资本=人力资本（未编码的知识）+结构性资本（编码的知识即知识资产和经营性资产）。其中，人力资本指企业员工所具有的知识和技能，其所有权属于员工本人。结构性资本包括组织结构、规章制度、企业

---

① ［美］华康德：《解读布丢的"资本"概念》，载《国外社会学》，1995（4）。

② 同①。

③ ［美］比尔·马丁、伊万·瑟伦伊：《超越文化资本：迈向符号支配理论》，载《国外社会科学》，1995（4）。

文化、营销流程、商业信誉和发展战略等知识资产和经营性资产，这些是不依附于员工个人而存在的已编码了的知识。

文化资本中“资本”的含义与马克思关于资本的论述有同也有异。相同的是，文化资本的目的也是为了实现价值增值，但这不是文化资本的唯一目的，它的特殊性在于还要实现文化产品市场占有率、传播范围及受众人数的最大化，此外，它不是以货币的形式存在，但可以商品资本或生产资本的形式存在。另外，与西方经济学和社会体系中的文化资本也有异同，在西方的文化资本理论中，“文化”是狭义的文化，主要包括知识、技术、技能，其主体只包括受过高等教育的人，按照这种理论，无产阶级是不会有文化资本的，所以，文化资本可以简单地化约为“文凭”。而笔者所讲的文化资本中的“文化”的含义要更为广泛，涵盖了民族传统体育文化，主要指以观念形态存在的文化，不仅有知识、技能，而且有艺术、道德、心理、风俗、信仰以及后天从社会上获得的其他能力、习惯等等；其主体也很广泛，既可以包括人，也可以是组织、企业、机构，还可能是负载了文化内涵的实物。总之，文化资本就是用于文化产品生产，文化服务提供并以实现价值增值、市场占有率和产品传播范围及受众人数的最大化为目的的各种文化因素的总和。

“所有统治阶级将同时诉诸两种类型的资本（布丢竭力强调，文化资本的相对权重日益增长，决不意味着抹杀了经济资本自我繁殖的自发能力），他们对其中一种类型资本的偏重，将取决于他们所能掌握的各种再生产手段的整个体系，也取决于各种传递类型维系在一起的各个集团间即时的权力均衡。”① 应该说，这里所描述的是发达的市场经济社会的情况，我国目前距此尚有相当一段距离。在我国，经济资本还处于主要地位，文化资本被相对忽视，但正有日益重视的趋势。长期以来我们对于文化资本的忽视，一方面与经济发展水平密切相关，同时也与我国对待文体部门作用的看法以及相关政策相联系。传统计划经济体制下的经济资本和文化资本都没有被充分开发和利用，而是闲置在一边，尤其是文化资本，这是由于人们没有认识到文化也是促进经济增长和发展的重要因素，更没有意识到文化也能成为资本。

在民族传统体育产业的文化资本中，资本与其所有者是不可分离的，

① ［美］华康德：《解读布丢的“资本”概念》，载《国外社会学》，1995（4）。

即使这一资本被宣布为非法的，或用强制手段剥夺它，它都会存在，并且丝毫不会减少。这种不可分离性在一定程度上也可以称为不可转让性或不可兑换性，它依赖于资本持有者参与资本运作过程。经济资本在很大程度上可以说是货币资本，而货币资本最重要的特征就是可转让性和可兑换性。经济资本的保值和增值大多是以货币资本的形式表现出来的，经济资本的持有者不仅仅要拥有固定资本或称具体资本，而且要拥有流动资本或称抽象资本，因为后者可以随时兑换前者。同理，经济资本可以由货币购得，在市场上进行直接交换，而文化资本则不可以，至多只能间接交换，即只能购到拥有文化资本的劳动力，再利用他的资本，但这时使用者实际上并非持有者，造成了使用者与持有者的分离，因此资本的测量就不准确，不能以购买时的价格为标准。文化资本与经济资本的另一大区别还在于，前者在生产中根本不发生损耗，甚至有所增益；而后者则首先必须消费最初的至少是一部分经济资本，然后才能达到资本保值增值的目的。

虽然二者的区别是明显的，但我国宏观调控下的社会主义市场经济机制，为平衡配置文化资源和经济资源提供了基本的制度保证。社会主义市场经济条件下的民族传统体育产业市场是两种资本既相互排斥又彼此结合在一起的平衡点，即二者只有在市场中才能实现价值增值，这是主要方面，同时，它们因固有的区别而相互排斥，不利于价值增值的实现。首先，追求价值的增值是文化资本与经济资本共同的目的。马克思主义认为，凡是资本都是要追求剩余价值的，对资本的投资和运作也就是了为追求资本的保值与增值。资本的流通是无止境的，资本是“自行增值的价值”，它只有在价值增值的过程中才是资本，否则它就只是货币，而非资本。商品生产和发达的商品流通是资本产生的历史前提，货币是资本最初的表现形式。马克思在《资本论》中提出资本在流通过程中出现三种职能形式：货币资本、生产资本和商品资本。三者之间是相继转化循环运动的关系，产业资本的现实运动是资本三个循环形式的统一。民族传统体育文化资本和经济资本一样，都能产生经济效益，实现价值增值。

源远流长的民族传统体育文化可以说是我国“文化资源”的重要组成部分，也是中国文化资本的一个组成部分。韦伯在讨论资本主义精神创造了近代资本主义时说，“近代资本主义扩张的动力首先并不是用于资本主义活动的资本额的来源问题，更重要的是资本主义精神的发展问题。不管在什么地方，只要资本主义精神出现并表现出来，它就会创造出自己的资本和货币供给来作为达到自身目的的手段”①。

在对待“资本”时应考虑到两个要素，即占有和支配。占有更多的是表示剥削能力的大小，支配表示权威程度的大小。经济资本与文化资本在占有和支配方面有某种相似之处，尽管它们采取的方式和遵循的逻辑可能有所不同。民族传统体育文化资本不仅是一种可以让人掌握主导其文化的生产机制的资产，更是有助于获取符号统治权和支配权的资产。因为物质生产的可量化性，所以我们需要考虑民族传统体育文化生产是否能化约为物质生产，这就涉及民族传统体育文化资本与经济资本能否通约的问题。其实，民族传统体育产业文化资本和经济资本在市场经济中是相辅相成的，互为补充的。通过市场机制配置到适宜的位置，共同促进社会与人自身的再生产。市场经济不仅配置资源，而且有利于完善资本投资结构，使人们在把民族传统体育文化资本、经济资本看做统一的资本概念的有机组成部分的前提下，重视民族传统体育文化资本的作用。江泽民同志在“十五大”报告中指出，“在社会主义初级阶段，个人收入分配必须坚持以按劳分配为主体、多种分配方式并存的制度。要把按劳分配和按生产要素分配结合起来，坚持效率优先、兼顾公平”。“在社会主义市场经济条件下，需要发展劳动、资本、技术、信息等生产要素市场，以发挥市场对资源配置的基础性作用。由于在商品生产的过程中，劳动创造价值，这就要求实行以按劳分配为主体；同时，由于资本、技术、信息等要素参与收益分配，把按劳分配和按生产要素分配结合起来。”

市场是权力和权力分配场所，离不开与固有的社会权力关系的互相作用。在中国这样进行“市场改革”的国家，更是指如何改革固有的社会权力关系，也就是说，促使这样的关系向什么样的结构转变。如果市场的权力运作与特权阶层靠得太近甚至被他们垄断，或者干脆是由他们“发动”和决定的，那么就会出现特权阶层的“化公为私”和垄断财富。这就涉及我们对待经济资本和文化资本的态度，过于依赖某一资本都会产生相应阶层的垄断，而这就会偏离我们改革的初衷。

最后，世界经济发展的总趋势有利于民族传统体育产业文化资本与经

① ［德］马克斯·韦伯：《新教伦理与资本主义精神》，于晓等译，49页，北京，三联书店，1987。

济资本达到有限的平衡。精神生产在整个社会生产中所占的比重越来越大，马克思在考察物质生产时把生产、分配、交换和消费看做构成一个总体的各个环节、一个统一体内部的差别。这一原理也适用于精神生产，它由生产、分配（传播）、交换（交流）和消费几个环节组成。在一定时期、一定范围内，对于特定的主体来说，其经济资本的总量在可估价范围是有限的，其中可以运用于生产环节的资本数量更为有限，所以经济资本是显性的、刚性的，化约为货币形式后其价值不会发生变化，再加上经济资本具有不可再生性和损耗性等特性，使经济资本要实现价值增值最大化受到很多的束缚。相对于经济资本，民族传统体育产业的文化资本因其在正常情况下不发生损耗并且可再生，又是以弹性的即随条件的变化其价值可以发生变化、隐性的方式存在，从而在实现价值增值时有更大的伸缩性和回旋余地。由以传统产业生产的“硬件”产品为主的刚性结构向以新兴产业如民族传统体育产业产生的“软件化”产品为主要柔性结构转化是世界经济结构发展的一个显著特征，与此相适应，对于资本的投入也从“硬投入”，即重视经济资本这样的有形投入，转向“软投入”，即不断增加文化资本这样的无形投入。这种转变在民族传统体育产业中表现得最为明显。民族传统体育产业的发展既促进了在现代商品中增加文化含量和文化附加值，又在民族传统体育产业及其产品中增加了经济含量和经济附加值，经过民族传统体育产业市场的一系列交换关系之后，民族传统体育产业文化资本与经济资本之间达到某种程度的平衡。

经济发展到一定程度时就会引起产业结构的变化，1985 年国家统计局《关于建立第三产业的统计报告》就开始把文化的生产划入第三产业的一支生力军，乃至国民经济新的增长点，这些都是因为实现了文化资本与经济资本在文化市场上的结合才取得的。在日本，文化产业的就业人数在 20 世纪 80 年代初就已经超过了就业总人数的一半，而且这一比例还有不断上升的趋势。事实证明，文化资本在整个资本中所占比重不断增加。以美国为例，1909—1929 年间，物力资本对经济增长的贡献率大约是人力资本贡献率的两倍，1929—1957 年间，人力资本的贡献率就开始超过物力资本，到 20 世纪 60 年代以后，人力资本的贡献率已经是物力资本的数倍。在一定意义上可以说文化资本是人力资本的高级形式，文化资本以人及其创造物为载体，通过促进自然资源、经济资源、劳动力资源实现优化组合，达到促进生产力发展和文明进步目的的力量和能量。

法国思想家圣西门曾提出这样一个假设：如果法国突然损失了50名优秀的物理学家、50名优秀的化学家、50名优秀的数学家、50名优秀的诗人、50名优秀的作家、50名优秀的工程师……法国将马上变成一具没有灵魂的僵尸。圣西门是从人才的培养需要至少整整一代人的时间的角度讲的，一般被看做是对人力资本价值的揭示，其实这同样适用于民族传统体育产业文化资本。当人类社会从以土地、人力和畜力为基本资源的农业社会，进入以货币资本为主要资源的工业社会，再发展到今天以文化资本（其中最主要的是知识）为战略资源的信息社会时，文化资本的重要性就更加突出地显现出来了，包括知识生产在内的文化生产已经成为与生产力的发展和经济发展息息相关的关键性因素。因此，民族传统体育产业文化资本与经济资本一样，在民族传统体育产业的发展过程中发挥着战略性的作用。

第四节　民族传统体育产业发展与西部民族地区文明进程互动发展的有限平衡论

从古希腊柏拉图的《理想国》到中国古代思想家理想中的大同社会，都反映了人类对没有矛盾对立，充满祥和、安宁气氛的理想世界的向往，在那里社会能够协调、平衡地发展，整个社会在和谐中取得进步。然而事实证明，这种人类的理想世界只能是一种乌托邦式的幻想，现实世界中没有不存在矛盾和冲突的地方，民族传统体育产业发展与西部民族地区文明进程也应处于不平衡发展的状态。也就是说，我们建构的协调发展理论在应然意义上体现了二者的平衡关系，在突然状态下，由于人们不得不在各种利益和利害冲突之间不断地进行权衡，作出选择，或者被眼前的现实遮蔽了视线，忽视或无视应然意义上完美至善的托邦，从而使应然意义上的平衡常常被实然状态下具体的不平衡所打破。然而在乌托邦与现实之间不是空无一物的，人类通过有意识的活动可以在乌托邦与现实之间架设一条联结的通道。

一、有限平衡论的现实基础和条件

首先，两个文明协调发展的现代化建设目标，以及为实现这一目标所制定的方针政策，为民族传统体育产业发展与西部民族地区文明进程的互动发展的有限平衡论提供了现实基础。党的基本路线规定了把我国建设成为富强、民主、文明的社会主义现代化国家的奋斗总目标。这是一个全面的奋斗目标，在这个目标中，富强、民主、文明三位一体，不可分割。两个文明协调发展的现代化建设目标与这个总目标是一致的，两个文明协调发展的目标和三位一体的奋斗目标都是既基于我国已经是社会主义社会的初级阶段基本国情，又着眼于党的最高理想——实现共产主义而确立的。现代化建设过程中贯彻这一目标的方针政策，及其指导下的实践，为实现民族传统体育产业发展与西部民族地区文明进程互动发展的有限平衡关系提供了现实的基础。党的十六大确立的全面建设小康社会的目标，就是中国特色社会主义经济、政治、文化全面发展的目标。中国当前所处的社会主义初级阶段，特指中国在经济文化比较落后的国家建设社会主义，向工业社会和后工业社会过渡，必须要经过的一个有别于资本主义的社会主义的市场经济阶段，这是不可逾越的历史阶段。与经济上实现工业化、社会化、市场化和现代化相适应的，是包括政治、文化在内的上层建筑也要经历一个相应的转变过程。

市场经济游戏规则的制定正是为了防止参与市场经济者互不相同的目标之间产生抵触，这在实际上起到了促使参与市场经济的双方在有限的范围内取得某种平衡的作用。市场经济虽然认为经济人是自利的，但也承认正常的市场运作和经济发展需要合作与配合，需要通过参与市场行动的人各得其利来保证。市场经济中游戏及其规则的概念属于一种文化现象，可以整合到文化的概念中。著名文化史学家荷兰的约翰·胡伊青加在20世纪30年代就提出“人是游戏者”的命题。从这个意义上讲，只有当经济人和文化人都存在于市场游戏中时，他们才能达到平衡，任何对游戏规则的破坏或背离都会导致游戏的结束和平衡态的破坏。游戏规则就是民族传统体育产业其产品的生产、流通和消费（接受）所必须遵循的规则，它包括对符号运用的程式、惯例和禁忌，这种规则不是一成不变的，而是随着民族传统体育产业的发展而发展变化，同样，它也根据民族传统体育产业的生产—消费模式的变化而变化，所以对规则的破坏是很容易的。

游戏一词似乎是与严肃认真绝对对立的，但实际上二者之间的对立是不断变动的，因为真正在游戏中的人都是严肃而认真的，所以虽然从娱乐的角度看游戏是与严肃认真对立的，但从游戏时的精神和规则的制定与遵守来看则是与严肃相联系的。市场经济的游戏规则是市场经济必须遵守的规则，这种游戏规则本身也是对文化的反映，由规则构成的市场社会秩序的“结构和重构不仅取决于清晰的社会—政治过程（市场的政治经济学），而且还取决于文化背景、社会价值、规范和公平原则以及市场外部的社会关系。

二、有限平衡论的理论依据

民族传统体育产业发展与西部民族地区文明进程互动发展的有限平衡论是同马克思主义关于经济与社会发展的不平衡规律相一致的。民族传统体育产业发展与西部民族地区的有限平衡以及经济与社会发展的不平衡规则是以经济与社会发展的普遍规律为前提。目的是达到积极的意义上全面理解不平衡规律。

民族传统体育产业发展与西部民族地区文明进程互动发展的有限平衡论之所以与马克思关于经济与社会发展的不平衡规律不相违背，在于两者涉及的是发展的不同层面，前者注重的是发展目标，而后者注重的是发展过程。二者结合起来，是对经济与社会辩证统一关系的全面阐述，既有不平衡的矛盾、差异，又有平衡的协调、统一。正因为不平衡、矛盾、对立是主要方面，所以，经济与社会的关系不是无条件的平衡，而是有限的平衡。经济与社会作为一对辩证统一的范畴，它们之间的互动关系就是对立统一的关系，马克思主义关于经济与社会发展的不平衡规律讲的是对立，是二者互动关系的主要方面，这本身并不否认次要方面即统一性的存在，而有限平衡论就是要在此基础上突出它们互动关系中的统一性。

这里首先对马克思关于经济与文化发展的不平衡规律的提法作历史的具体的分析，因为“任何规律都有它的条件性，不能只谈规律而不谈它的条件性，不谈它的场所、时间、空间，还有人的因素。要完全掌握一个定律、法则，就应该把时间、空间，人的因素、目标因素、价值因素都考虑进去，把它看成是一个可以变化的活的东西”①。事实上，马克思提出这一规律是有很强的针对性的，是针对当时亚当·斯密和穆勒等人认为物质生产与文化生产、

---

① ［美］成中英：《文化·伦理与管理——中国现代化的哲学省思》，12页，贵阳，贵州人民出版社，1991。

物质生产水平与文化精神生产水平之间是前者直接决定后者的绝对平衡论而提出的。因此，作为辩证法大师的马克思不可能持与之截然对立的绝对不平衡论，而是辩证地看待经济与社会之间的平衡与不平衡关系。

列宁认为："据说，黑暗就是没有光明，但是'在纯粹光明中就像在纯粹黑暗中一样，看不见什么东西'。"如果有人说"无和存在是相互排斥的话"，"这不是辩证法，而是诡辩"。[①] 意思也是说真正的辩证法不是将对立面截然对立，非此即彼，世界上没有纯而又纯的东西，而是存在于对立面的统一之中。所以，在承认事物发展的一般过程不平衡的同时不否认特殊情况下的平衡，即不平衡是事物发展的一般，平衡则是事物发展的特殊，这样理解经济与社会发展的不平衡规律才更全面，也更符合马克思的本意。马克思关于经济和文化发展的不平衡规律的论述并不否认平衡关系存在的可能性。所以，这一规律与经济和社会之间的有限平衡关系不是矛盾的，因为这里所指的"有限平衡"既不是对不平衡关系的否定或破坏，也不是肯定二者之间绝对的平衡，而是在不平衡中追求的平衡。

另外，有限平衡论中的"平衡"与马克思所说的不平衡关系中的"平衡"内涵是不完全一样的。马克思所说的"平衡"更注重的是同一时期内经济与社会成比例发展的平衡，不平衡指的是经济与文化发展的矛盾冲突及由冲突引起的发展比例严重失调。有限平衡论中所讲的平衡是指一种状态，这种平衡态是介于动态和静态之间的状态，即民族传统体育产业与社会主义市场经济既不是毫不相关，又不是在相关的情况下彼此激烈地矛盾、冲突，而是二者能够为了各自的或是相同的目的实现合作，以致共同获得发展的状态。正如音乐中的和声与节奏统一于旋律一样，在旋律中它们处于和谐状态即一种平衡态，关键不在于它们之间的比例，而在于它们能够相互协作从而对旋律共同发挥作用，并产生音乐的美感，获得任何一方都无法独自完成的效果。

我国关于社会主义物质文明与精神文明建设的有关方针、政策，是经济社会发展有限平衡论的具体理论基础。新时期的改革开放开展不到一年，小平同志就在党内第一次明确提出了社会主义精神文明建设的思想。他指出："我们要在建设高度物质文明的同时，提高全民族的科学文化水平，发

---

① 《列宁全集》，第55卷，88~89页，北京，人民出版社，1990。

展高尚的丰富多彩的文化生活，建设高度的社会主义精神文明。”后来，他又从建设社会主义的高度重申了这个问题。“我们要建设的社会主义国家，不但要有高度的物质文明，而且要有高度的精神文明。”根据上述精神，1990 年 12 月，党的十三届七中全会通过的《中共中央关于制定国民经济和社会发展的十年规划和“八五”计划的建议》，强调“坚定不移地贯彻执行物质文明建设和精神文明建设一起抓”，并将之作为今后十年各项工作的一条基本指导方针。这不仅从国家投入上保证二者的协调发展，更主要的是对二者的良性互动提供了有益的国家导向。

1992 年 10 月，十四大报告继续提出“坚持两手抓，两手都要硬，把社会主义精神文明建设提高到新水平”，在建立社会主义市场经济体制加快经济体制改革的同时，注意了经济文化全面发展的问题。1995 年 9 月，江泽民在党的十四届五中全会的闭幕式讲话中，再次全面论述了处理好物质文明建设与精神文明建设关系，对于社会主义现代化建设的重要性。1995 年 9 月 29 日《光明日报》的社论摘要发表了《中共中央关于制定国民经济和社会发展“九五”计划和 2010 年远景目标的建议》，《建议》指出：“坚持物质文明建设和精神文明建设共同进步，经济和社会协调发展，是建设有中国特色社会主义的重要特征。”指出“必须把社会主义精神文明建设提到更加突出的地位，把物质文明和精神文明作为统一的奋斗目标，始终不渝地坚持两手抓、两手都要硬；必须把社会全面发展放在重要战略地位，实现经济与社会相互协调和可持续发展”。

三、互动发展的有限平衡论

民族传统体育产业发展与西部民族地区文明进程互动发展的有限平衡论是指民族传统体育产业发展与西部民族地区文明进程在互动发展中达到矛盾和冲突的最小化，它们之间的互动关系不以彼此间力量的相互削弱为主，而是突出互相渗透与合作，进而共同获得发展，以实现二者的合力最大化，这种合力指向社会全面进步，主要包括生产力的发展和人的全面发展。因此，民族传统体育产业发展与西部民族地区文明进程互动发展的有限平衡关系，也称民族传统体育产业发展与西部民族地区文明进程的良性互动关系。民族传统体育产业发展与西部民族地区文明进程互动发展的有限平衡状态就是指，民族传统体育产业发展与西部民族地区文明进程互动关系的系统是辩证统一的，这种辩证统一对于西部民族地区社会发展系统包括政治、经济、文化、社会、环境等在内的系统的和谐统一是不可或缺的，而且是保证西部民族地区社会发展系统协调稳定的基础。

民族传统体育产业发展与西部民族地区文明进程的互动关系系统是整个社会发展系统的一个重要的子系统，其存在状态是协调统一还是失调失衡直接关系到西部民族地区社会发展系统的存在状态，而民族传统体育产业发展与西部民族地区文明进程互动发展实现有限平衡又是这个子系统正常运转、处于协调状态的保证，在民族传统体育产业发展与西部民族地区文明进程的互动关系中也存在着保证二者平衡的“平衡点”。民族传统体育产业发展与西部民族地区文明进程这两个互动发展的领域之间有一个连接点，在一定条件下，这两个领域通过该连接点保证系统内双方量的变化，是通过共同提高对对方的“贡献率”实现的，而不是相互损耗的结果。在社会主义市场经济条件下，这一连接点就是在广义的、抽象的民族传统体育产业发展市场中，为实现两个文明协调发展建构起来的，联结经济与社会领域的具体制度、政策和机制（以下简称“制度”）。这种制度的建构同民族传统体育产业发展与西部民族地区文明进程的良性互动是一致的，因而对有限平衡的实现起到促进和保证作用。

通过对制度、政策的实施，将实践活动保持在民族传统体育产业发展与西部民族地区文明进程协调统一的界限范围内，避免二者的发展产生大的距离、反差和发生大的冲突、摩擦，以维持这一互动系统的和谐统一。经济与社会之间的矛盾冲突和渗透合作构成了“无数个力的平行四边形”，由此而“融合为一个总的平均数，一个总的合力”反映了二者互动关系系统发展的总趋向，而“每个意志都对合力有所贡献，因而是包括在这个合力里面的”。这些冲突、合作“产生出一个合力，即历史结果，而这个结果又可以看做一个作为整体的、不自觉地和不自主地起着作用的力量的产物”。[①] 文中所说的经济与社会的良性互动就是恩格斯说的“整体的、不自觉地和不自主地起着作用的力量”。

法律界关于法律的定位，也可以为理解民族传统体育产业发展与西部民族地区文明进程互动发展的有限平衡论提供思路。“如果说习惯法则是一

① 《马克思恩格斯选集》，第2版第4卷，697页，北京，人民出版社，1995。

种纯粹的、完全脱离了真实世界的应然，那么，习惯法则、道德就包含在现实性中。它们是一种欲然，不过却是一种意在说明一种应然的欲然则作为理想法则，我们给自然法则提出那种纯粹应然的法则，但这些欲然的应然法则是与作为文化法则的欲然的应然法则相对立的。因为，我们在我们的意愿、知识和情感方面凭着理想中所接受的习惯、法律与道德以及科学、艺术（此处是非创造性的）和宗教，构成了我们的文化。这是俗世与天界的中间王国，即人类在存在的自然王国和渴望的理想王国间追求和造就的中间王国；即我们在自然的清白无辜的平静与理想的庄严的平静之间，为之奋斗和实现的，充满责任、充满渴望及完全不平静的和不断充满希望与信仰的世界。因而，我们便将法律认作一种文化现象，作为人类的杰作，它既带有尘世的重负，也具有天堂的引力。”① 借用法学家的有关词汇，民族传统体育产业发展与西部民族地区文明进程的有限平衡存在于乌托邦与现实之间，指的是它处于一种介乎应然与实然之间的状态。有限平衡，就是俗世与天界之间的中间王国，它虽不可能完全实现，但对人们却有着天堂般的吸引力，社会整体和谐发展的观念“或许是人类的一个永恒的夙愿，即永难达到却永不放弃、永在追求的夙愿”。同时它又以一定的现实为依据，不是凭空想象出来的。

民族传统体育产业发展与西部民族地区文明进程互动发展的“有限平衡论”中的“平衡”包含如下含义。“经济学理论和一般社会互动理论像许多其他科学理论一样，经常使用均衡或稳定状态的概念。”动态的过程“含有一种作为一个参照物的特定的均衡状态。这种过程是一系列事件，它们决定了由越过该系统界限的输入输出之间的互换以及构成该系统的单位或子系统之间的互换所维持的状态”。② 这里所说的“平衡”就是指民族传统体育产业发展与西部民族地区文明进程在二者互动关系系统中各自力量的发展变化是协调的，由此形成的系统所维持的状态是统一的。这种协调和统一所表现的平衡态主要的不是指其民族传统体育产业发展与西部民族地区文明进程的发展是相等或成比例的，而是指二者在互动发展中产生 $1+1=2$ 的效果，即实现民族传统体育产业发展与西部民族地区文明进程互动

① ［德］拉德布鲁赫：《法学导论》，米健等译，3页，北京，中国大百科全书出版社，1997。
② ［美］塔尔科特·帕森斯等：《经济与社会》，刘进等译，222页，北京，华夏出版社，1989。

过程中合力的最大化。在理论上，有限平衡论注重的是结果，是一种目标设计，但在实践中，有限平衡不仅是一种静态的描述式的结果，更主要的是表现为一个动态的发展变化过程，是一个不断被打断的实现目标的过程。

民族传统体育产业发展与西部民族地区文明进程之间的互动关系，以及民族传统体育产业发展与西部民族地区文明进程的发展变化过程，隶属于民族传统体育产业发展与西部民族地区文明进程的互动关系系统，这个系统是整个社会发展系统中的一个子系统。任何系统都是有界限的，发展变化在其界限之内，系统就保持统一、稳定，超出界限之外，系统就会处于结构剧变或紊乱的状态。民族传统体育产业发展与西部民族地区文明进程互动关系的系统也是这样，它靠民族传统体育产业发展与西部民族地区文明进程之间的有限平衡得以维持。在某些条件下，这一系统保持在界限之内，使系统处于统一状态，在另外一些条件下，统一状态被打破，系统处于结构变化之中。在这个系统中，民族传统体育产业发展与西部民族地区文明进程发展变化的量越大，或发展变化方向相反，系统维持统一的可能性越小，民族传统体育产业发展与西部民族地区文明进程的互动关系就越难以实现平衡。

有限平衡论中的“有限”包含以下三个注解：有限平衡论的重点除了“平衡”以外，还有“有限”这个不可缺少的限定词。

第一，“有限”指民族传统体育产业发展与西部民族地区文明进程互动发展的平衡关系不是绝对的，而是相对的，二者的关系经常游离于平衡与不平衡之间而变动，这是有限所包含的最主要的含义。正是在这个意义上，才说有限平衡论存在于乌托邦与现实之间。

黑格尔在论述如何正确对待同一与差异的关系时曾说：“我们所要求的，是要能看出异中之同和同中之异。但在经验科学领域内对于这两个范畴，时常是注重其一便忘记其他，这样，科学的兴趣总是这一次仅仅在当前的差别中去追溯同一，另一次则又以同样的片面的方式在同一中去寻求新的差别。”① 虽然黑格尔是针对自然科学研究中的问题提出的，但对于我们研究民族传统体育产业发展与西部民族地区文明进程之间互动发展的关系也具有一定的指导性作用，主要地就是应避免犯片面性的错误。不能因

① ［德］黑格尔：《小逻辑》，贺麟译，253～254页，北京，商务印书馆，1980。

看到平衡的一面，就忘记不平衡的普遍性，也不能只注重普遍的不平衡，就否认平衡存在的可能性，应该在认识到二者发展不平衡规律的同时，不忽视存在平衡的特殊情况。

第二，“有限”指民族传统体育产业发展与西部民族地区文明进程互动中的有限平衡关系是不稳固的、极易被破坏的。这层含义与上一层紧密联系。民族传统体育产业发展与西部民族地区文明进程的关系之所以是游离于不平衡与平衡之间，就是因为在普遍的不平衡规律作用下，民族传统体育产业发展与西部民族地区文明进程的平衡关系很容易遭到破坏。从逻辑的角度来看，在不考虑其他因素的条件下，我们可以将民族传统体育产业发展与西部民族地区文明进程互动发展的有限平衡状态，根据不同的情形分为四类：民族传统体育产业发展与西部民族地区文明进程共同维持平衡型、民族传统体育产业发展破坏平衡型、西部民族地区文明进程破坏平衡型和民族传统体育产业发展、西部民族地区文明进程共同破坏平衡型。即使不用概率学的有关公式进行计算，也可以直观地看出，维持民族传统体育产业发展与西部民族地区文明进程的平衡关系是非常不容易的，相反破坏平衡的可能性却很大。

第三，“有限”指民族传统体育产业发展与西部民族地区文明进程之间的平衡关系是模糊的，而非绝对对称、对等或成比例的关系。这一层“有限”的含义是与有限平衡论中对“平衡”的界定分不开的。有限平衡表示的平衡状态是民族传统体育产业发展与西部民族地区文明进程的合作所产生的合力超过二者之间因矛盾冲突而产生的力的削弱和损耗。至于这个合力与相互抵消的力之间的差额达到多少才算平衡关系成立并不重要，关键在于民族传统体育产业发展与西部民族地区文明进程合作时的合力是否超过了它们冲突时的分化力量。也就是说，这种对合力和分化力量孰大孰小的比较，实际上是讨论在民族传统体育产业发展与西部民族地区文明进程的互动关系中，合作与分化关系哪一个是主导力量的问题。所以民族传统体育产业发展与西部民族地区文明进程的有限平衡论是指在二者的互动关系中合作关系、互相促进的关系是主要的，而它们的矛盾、冲突则暂居于次要地位。

由于经济领域的量化比较常见，而文明建设的许多问题难以进行量化，所以我们对于是否达到平衡关系的衡量标准就不是以较为客观的量化手段为主，而是更多地带有描述性，这与量化标准相比就有较强的主观性。因此，"有限"的含义还指平衡关系的衡量标准是有限的，以有限的标准衡量出的结果相对而言也是有限的，以描述性分析为主就使平衡关系呈现模糊性和主观性的特点。这样，民族传统体育产业发展与西部民族地区文明进程之间的有限平衡关系就依存于对二者形成的合力与分化力量之间协调程度的描述。

第五节　实现互动发展有限平衡的意义及局限性

一、实现互动发展有限平衡的意义

民族传统体育产业发展与西部民族地区文明进程互动发展的有限平衡不是指二者完全的协调一致，而是指从根本上减少发展失衡的机会和条件，这种失衡既有来自资本主义国家的影响，也源于尚不完善的社会主义初级阶段。所以，民族传统体育产业发展与西部民族地区文明进程互动发展的有限平衡不仅是一个理论问题，也是一个实践问题，是与社会主义的发展密切相关的实践问题，这是考察有限平衡论的基本条件。因此，提出民族传统体育产业发展与西部民族地区文明进程的有限平衡论，其意义在于通过这一目标模式将社会各方面力量整合起来，使西部地区双文明建设的过程更加具有目的性，增强两个文明协调发展的自觉性。

实现民族传统体育产业发展与西部民族地区文明进程互动发展的有限平衡，能够体现社会主义优越于资本主义的根本所在。当历史走进21世纪时，社会问题的重要性开始逐步显露，特别是经济与社会互动发展过程中的联系和矛盾等问题越来越突出地摆在人们面前。对经济文化一体化趋势的认同日益成为全世界的共识，经济与社会对人类文明的进步和社会发展所发挥的重要作用，使人们在进一步发展中无法忽视其中的任何一方。尤其需要正视二者的相互关系。鉴于上述认识，国际上对国家地位和实力的排列已不仅以经济指标为唯一标准，社会发展的指标开始包括人文精神方面的内容。如世界银行"关于世界发展报告"由过去只有国民经济总产值和人均产值两项，变为现在的有综合指标、人均产值、社会结构指标和人均素质等。联合国发展计划署"关于人类发展报告"更把人文指数作为重要标准之一。日本已故的前首相大平正芳组织的“文化时代研究小组”在报告书中指出：“经济与文化，本来就不具有一方优于另一方的性质，同时也不存在为了追求一方就必须牺牲另一方的关系。高速增长既是经济成功，同时也是文化巨大发展的基础。今后经济上成熟的时代同时也孕育着一种可能性——成为高水平的文化时代。将来，经济的文化产业化必将进一步发展，而以经济为媒介的文化方面的发展也将进一步出现高潮。”①

这些事实和论述充分证明了经济与文化作为人类社会发展的两个重要方面有着越来越广泛而明显的联系，如何认识和处理它们之间的关系将直接影响到社会的全面进步。关于民族传统体育产业发展与西部民族地区文明进程互动发展关系的研究，就是在这样一个整体背景下进行的，是对经济文化一体化趋势的回应，对经济与文化关系的进一步认识。提出民族传统体育产业发展与西部民族地区文明进程的有限平衡论，其目的是为了从民族传统体育产业发展与西部民族地区文明进程互动发展的关系中，寻找二者联系的特点和规律，从而为在现实生活中正确处理它们之间的关系提供理论依据。社会主义社会发展的目标比资本主义更自觉更现实地指向文化与经济协调全面的发展，我们确立社会主义市场经济体制的基本目标之一就是建立一个理想的社会主义社会，这是一个以经济与文化的良性互动为基础的理想社会。在这一方面，社会主义比资本主义的优越性就在于，社会主义建设的目标直接指向经济与文化的良性互动。

其次，民族传统体育产业发展与西部民族地区文明进程互动关系的有限平衡论，在对待它们的关系问题上全面体现了马克思主义关于文化与经济辩证统一关系的原理。中国哲学中关于正反合的原理，与马克思主义的辩证统一理论有一定的相通之处。有限平衡论，即真正的统一是“合”（统一、有限平衡），它是通过正（同一、平衡）与反（差异、不平衡）的整合而达到的一种状态。无论是只有“正”，还是只有“反”，都是不全面的，只有“合”才是我们要追求的最佳状态。正反合原理所体现的辩证思想与马克思主义关于矛盾双方的辩证统一是可以相通的，即通过否定（反）之否定（正）而达到辩证统一（合）。对此，马克思曾以理性为例有过精辟的论述：“理性一旦把自己设定为正题，这个正题、这个与自己相对立的思想

① 王玉英等编：《现代文化与管理》，212页，北京，中国审计出版社，1992。

就会分为两个互相矛盾的思想，即肯定和否定，‘是’和‘否’。这两个包含在反题中的对抗因素的斗争，形成辩证运动。‘是’转化为‘否’，‘否’转化为‘是’。‘是’同时成为‘是’和‘否’，‘否’同时成为‘否’和‘是’，对立面互相均衡，互相中和，互相抵消。这两个彼此矛盾的思想的融合，就形成一个新的思想，即它们的合题。”①

民族传统体育产业发展与西部民族地区文明进程的有限平衡论，就是指二者之间处于既不平衡又平衡的一种中间态，这种状态必须有平衡态和不平衡态共同存在才能维持，同时就发展态势来说它更趋向平衡态。对民族传统体育产业发展与西部民族地区文明进程互动发展的平衡关系要从历史发展的长过程来看，不能以某一具体结果来衡量，而是看过程的发展方向和最终的结果。越是综观历史发展的全过程，民族传统体育产业发展与西部民族地区文明进程的平衡关系就越明显。将民族传统体育产业发展与西部民族地区文明进程互动发展的有限平衡论置于历史发展的长河中，有利于全面体现并在此基础上理解马克思主义关于经济与文化辩证统一关系的理论。

根据一些不全面的事实，有人对马克思关于经济与文化发展的不平衡规律作了庸俗化理解。既然经济与文化的发展是不平衡的，那么，在发展经济的同时强调社会的进步就是没有必要的，甚至是没有意义的。有限平衡论就是针对这种认识，从积极方面理解马克思关于物质生产和精神生产“不成比例”的论述，提醒人们注意经济发展与社会进步之间的内在一致性。在以经济建设为中心的基本路线指导下，有限平衡论突出了要发挥社会主义国家在精神文明、在文化方面的优势，以避免、减少现代化建设过程中的各种偏颇失衡现象。同时，由于不平衡规律的普遍存在，也由于经济与文化互动发展的平衡是一种有限的平衡，所以，更需要人们自觉地关注，需要各方面力量有意识地合作才能得以实现。

二、互动发展有限平衡论的局限

民族传统体育产业发展与西部民族地区文明进程互动发展的有限平衡论不仅是有意义的，而且也是有局限的。这种局限主要体现在以下两个方

① 《马克思恩格斯选集》，第2版第1卷，140页，北京，人民出版社，1995。

面。作为乌托邦与现实之间的桥梁，民族传统体育产业发展与西部民族地区文明进程互动发展的有限平衡论既具有实现的现实性，又有无法实现的现实性。民族传统体育产业发展与西部民族地区文明进程互动发展的有限平衡论既是一种象征，具有理论抽象性，如社会效益与经济效益相结合、两个文明协调发展等，又是一种实指，在现实生活中可以找到其实现形式，所以，一方面可以从理论上论证其实现的可能性，另一方面也可以实际证明其现实性。但是，这种现实性并非现实的全部，也不能用这种现实性掩盖现实的复杂性，在实际操作中，既有实现平衡论的现实性，也有无法实现的现实性。只提出正题的意义在于强调，它作为反题的对应物，是不能忽略不计的，只有一方是无法实现“合”的，只有正反互动才能实现“合”。但是，这样一来，就可能导致另一个极端，即忽视、否定反题的存在，从而在相反的方向偏离认识二者合题的轨道。由于有限平衡有无法实现的现实性，所以，如果过于用现实来套用或在现实中将有限平衡论付诸实施，就会使它失去理论的色彩，更会给实际工作带来灾难。

将丰富多彩的民族传统体育文化和生动活泼的经济之间的关系化约为具有一定抽象性的理论模式，必然带有局限性。把有限平衡论作为民族传统体育产业发展与西部民族地区文明进程经济互动发展的一种模式，有助于全面积极地理解马克思主义关于经济与文化发展的不平衡规律性，为在考察民族传统体育产业发展与西部民族地区文明进程之间互动发展的关系中，提供一个有益的新视角。当然，由于这种模式具有一定的抽象性，其有效性和局限性也是显而易见的。诚如“为了明晰和有用，模式有时候将不得不严重歪曲实际的事态”①。比如任何一个城市交通图上公共汽车的路线和道路都是以直线而非曲线勾画的，而实际上它们都是曲线而非直线。

第六节　在促进西部民族地区文明进程中发展民族传统体育产业

一、西部民族地区文明进程现状分析

西部地区是我国少数民族的主要聚居区，全国159个民族自治地方中，

① 刘利圭等：《文化战略》，20~21页，北京，中国社会科学出版社，1992。

西部地区就有115个，全国55个少数民族的8000多万人口，其中80%以上分布在西部地区。西部地区是中国最主要的贫困地区，《国家八七扶贫攻坚计划》中的592个国家贫困县中有258个是少数民族自治县，其中221个分布在西部地区。西部地区也是我国重要的能源和矿业资源的集中分布区，自然资源十分丰富，是我国进行产业结构调整，实现经济社会持续稳定发展的重要的资源依托基地。西部地区又具有重要的战略地位，在国土总面积中，西部地区大约占了55%，它与十几个国家和地区相邻，有着漫长的边境线，是我国沟通与亚欧大陆、地中海各国、中亚地区和印度半岛地区、印度洋的重要陆上通道，战略位置十分重要。西部地区能否快速发展，各民族兄弟能否安居乐业，过上富裕生活，关系到全面的社会稳定，关系到国家的长治久安，关系到我国的整体发展水平。

无论是理论创新上，还是在实践推进上，西部大开发作为党和国家开发西部地区的战略性工程，其根本的价值取向不是追求单一的GDP增长，而是要实现推动西部开发地区的经济社会的全面进步和文明进程的全面推进。十一届三中全会特别是国家实施西部大开发以来，西部民族地区的文明进程发生了前所未有的历史性变迁，通过对这种由传统向现代变迁的分析考察，可以认识其运行和发展的概貌，总结这种变迁有如下主要特征。

（一）过程的整体性

改革开放的全面推进和西部大开发的深入进行，推动了西部民族地区社会文明的整体变迁，从而大大地推动了它的文明进程。从社会结构、社会关系到文化传统和生活方式都发生了不同程度的变化，西部民族地区的文明进程出现前所未有的生机，这是广大西部民族地区实现脱贫致富全面建设小康社会的希望所在。

（二）文化特质的民族性

广大西部民族地区多为少数民族的聚居区，多年来的文化变迁和文明进步从形式主义到内容都体现鲜明的民族色彩。形式上为广大少数民族群众喜闻乐见，内容上切合了各个少数民族文化心理特色，现代文化特质与民族特色融合在一块。在社会生活中，尽管现代法律规范、文化规范已经施行，但是，少数民族的风俗习惯和礼俗文化仍然在起作用。

（三）水平低层次

由于种种原因，改革开放以来特别是西部大开发以来，广大西部民族地区的经济社会发展暨文明进程发生了前所未有的变化，但同东部沿海经济社会发达地区相比，这种变化还是不大，进程还是较慢，特别是极度贫困与落后的地区，目前还存在温饱问题，贫困、愚昧、封闭的社会文明特征尚未彻底改变，生产和生活方式陈旧落后，人员素质低下，价值观念品位较低，消除这些特征成为当前推动广大西部民族地区文明进程的主要任务。

（四）区域不平衡

表现在地域上是靠近城市、集镇交通便利的农村，文明进程较快，而远离城市、集镇交通闭塞的地区则文明进程步履艰难，从内容上看，社会、经济、文化的结构性变迁较慢而人际关系和生活方式的变迁较快，这种变化的不平衡，反映了广大西部民族地区文明进程整体水平较低。

（五）劳动者科技文化素质低，主体的自我发展能力较弱

人是生产力要素中最活跃的因素。从一个地区来看，影响经济社会发展的因素是多方面的，如自然资源、生长环境、资金等，但是，其中最重要的因素是人，因为其他任何因素在经济社会发展中作用的发挥，都是通过人的作用来实现的，而人在经济社会发展暨文明进程中所起作用的大小，取决于人的素质的高低。一个地方的人口的素质、劳动者的素质，是其经济和社会发展的主要支撑点，其高低状况，从根本上制约该地区的经济社会的发展。在广大西部民族地区，劳动者普遍素质相对较低，主要是指思想道德水平、科学文化水平和现代劳动技能水平低以及劳动者身体状况差，自我发展能力弱，成为制约广大西部民族地区经济社会发展暨文明进程的主要障碍。

二、发展民族传统体育产业期待政府的卓越作为

领导，文化上的引导和指导，是美妙而久违其真意的词汇，它长期被相对次之的“管理”所遮蔽，而让人们失去对艺术化、高水准文化发展境

界的想像力。作为拥有最大社会公共资源配置力的政府，在大力发展文化产业，实现西部民族地区经济社会又好又快发展，构建理想和谐社会的进程中，需要切实发挥领导、组织、协调的重要职能，因为它将有助于给国内外社会一个先进清晰的主体文化印象，关系到将怎样的民族传统体育文化呈现给中国与世界。

西部民族地区民族传统体育文化及其产业的发展，离不开当地政府的领导、组织、协调。世间一切事物中，人是最为宝贵又是最为复杂的，而文化则是掌握人的灵魂、决定人的行为的事物。所以，既具有极其复杂困难的一面，又有作为破解“复杂困难”之“钥匙”的另一面。政府是以人为本、对人负责、掌握最多社会公共资源的权力体系，首先就应该对人的文化品格、社会的文化发展、城市的文化形象承担起每一届任期的历史责任；尤其是当国家、城市、区域的经济社会发展达到一定水准后，政府更须结合时代的要求，将塑造先进文化的主流人群，推出具有优秀文化素质的社会产品即新一代文化公民，作为续写民族辉煌的业绩标准。西部民族地区文化的复杂、困难、不确定性、文化的分散、潜移默化、漫长流变过程中的特点，民族传统体育文化项目、服务、产品及其产业初步走向商品阶段时对市场的陌生和不适应，都需要有以天下为己任的机构系统来领导、组织、协调，从而出现整体主体文化形象、统一的对外文化力量、强势的文化竞争素质、美好的社会文化发展环境与前景。

三、发展民族传统体育产业的经济价值

民族传统体育产业作为大文化产业的有机组成部分，对构建西部民族地区新型服务业和现代娱乐业有直接的促进作用。发展民族传统体育产业的当代经济价值，除了学者们普遍认可的它作为国民经济新的增长点具有拉动西部民族地区经济增长、促进产业结构调整和带动国民就业方面的作用之外，还突出表现在它能有效化解当前中国经济运行中的两大突出矛盾。

一是资本效率排斥劳动效率的问题。改革开放以来，特别是20世纪90年代以来，随着我国产业结构调整步伐的不断加快和用信息化来改造、提升传统产业振兴战略的逐步实施，全社会固定资产投资规模不断扩大，国民经济各行业的资本有机构成显著提高。但是，伴随着固定资产投资规模的不断扩大和资本效率的不断提高，单位投资所带动的就业人数却呈显著

的递减趋势。据统计，“1995—2002 年期间，我国城镇失业率从 4.0%提高到 6.1%，劳动参与率从 72.9%下降到 66.5%”。而要解决这个问题就要大力发展现代服务业，特别是像民族传统体育产业这样的既能提高资本效率又能提高劳动效率的新兴产业。欧美国家高度重视体育产业的发展，一个重要原因就是体育产业在带动国民就业方面有许多行业不具有的优势。目前发达国家在体育产业中的就业人数一般都占本国就业总量的 1%～2%，德国、英国和加拿大占 2%，法国占 1.2%，最低的意大利也占 0.9%。试想一下，如果在我国体育产业中的就业人数能够达到全社会就业总量的 1%，按照国家统计局公布的（截至 2002 年底）全社会就业总量 7.374 亿人，1%就是 737.4 万人，那么体育产业对中国经济增长的贡献就将是巨大的。因此，通过大力发展民族传统体育产业来化解广大西部地区资本效率排斥劳动效率的矛盾是一条已经被发达国家所证明的可行的战略选择。

二是收入差距不能转化为消费的差距。近年来我国经济运行中的另一个突出矛盾是国民收入分配呈现两极分化的趋势，基尼系数突破国际公认的警戒线，达到 0.458。基尼系数的不断提高带来的最直接的问题就是内需不旺，特别是居民消费水平持续疲软。而内需拉不动，一方面与农村居民和城市贫困居民近年来收入增长缓慢，无钱扩大消费有关；另一方面也与高收入阶层有钱无处花有关。前者已得到政府和学界的高度关注，近年来各级政府在增加农民和城市贫困居民收入方面已采取了一系列措施，取得了一定的效果。但在相比而言，后者并未得到政府和学界的广泛关注。从纯经济学的观点看，对于扩大居民消费需求，增加低收入人群的收入和让有钱人把钱花出去同样重要。现在的问题是，国民整体的收入差距不能转化为消费的差距，高收入人群在消费支出的总量和结构上与中产阶级，甚至与普通民众没有显著的差异。而造成高收入人群有钱花不出去的主要原因是，目前国内消费市场上适合富人消费的产品和服务存在着明显的有效供给不足。汽车、住房对富人们来说早已是“明日黄花”，而真正能撬动他们钱袋的消费项目是能够提高生命质量和生活质量的高档健身消费、高档娱乐消费、运动探险和体育博彩等消费项目。发达国家的经验表明，体育消费是有钱人生活消费中增长最快，也是最稳定的支出项目，冬季滑雪、夏季航海、平日高尔夫已经成为富人们标志性的生活方式。因此，发展民族传统体育产业，建立高中低档并存的民族传统体育健身娱乐服务体系，对于拉动有钱人的消费，化解收入差距不能转化为消费差距的矛盾有着独特的作用。

四、发展民族传统体育产业的社会价值

在现代社会，体育产业的存在不仅具有显著的经济价值，也具有明显的社会价值，这是由体育产业作为现代娱乐业的本质属性所决定的。体育产业的社会价值，除了一定意义上的它能起到丰富人民群众的文化娱乐活动、提高人的生活质量和身心素质、增进人际交流、促进人的社会化和社区文化建设等方面的功效之外，在当今的中国西部地区，发展民族传统体育产业还有两个十分重要的社会价值。

一是发展民族传统体育产业是西部民族地区反贫困的重要手段。反贫困是中国社会在社会主义初级阶段都将面临的一项社会发展任务。改革开放以来，各级政府采取了经济扶贫、科技扶贫、文化扶贫、教育扶贫等多种手段解决贫困问题，取得了国际公认的辉煌业绩。但是，在反贫困实践中有一种现象还十分普遍、十分尖锐，那就是“因病致贫”、“因病返贫”的问题。本不属贫困人口的居民因病致贫和已经脱离贫困线的居民因病返贫，再加上中国的宗亲文化，往往是一人得病全家甚至是多家致贫和返贫，这就客观上增加了西部民族地区反贫困事业的难度。民族传统体育产业从一定意义上讲是社会主义市场经济条件下运行的体育事业，发展民族传统体育产业最根本的任务就是要在广大西部民族地区建立健全全民健身服务业，要在保障全体居民享有基本体育服务的基础上，通过培育体育服务市场，为老百姓提供价廉物美的多样化、个性化的体育服务产业，让大众能切切实实地分享到体育改革与发展的成果。反贫困事业的艰苦性决定了反贫困必须综合治理，要采取包括体育在内的政治、经济、文化等多种手段综合施治。从这层意义上讲，在“因病致贫”、“因病返贫”还比较普遍的情况下，发展民族传统体育产业也是全社会反贫困实践中必须善加利用的有效手段之一，而民族传统体育产业的当今社会价值也表现于此。

二是发展民族传统体育产业是西部民族地区全面建设小康社会的现实需要。全面建设惠及数亿人的小康社会，与温饱阶段相比，最大的不同在于建设内容上二者具有质的差异。温饱阶段是解决吃得饱、穿得暖和居者有其屋的问题，而全面建设小康社会的新阶段是要解决温饱之后提高老百

姓生活质量的问题。从需要层次上看，温饱阶段是保障公民能够满足基本生理需要的阶段，而全面建设小康社会阶段是要在一定程度上满足人们享受和发展需要的阶段。民族传统体育产业是以提高消费者生命质量和生活质量为卖点的新兴服务业，民族传统体育产业的发展与壮大不仅表现为经济的增长，而且也表现为社会的进步与繁荣。发达国家的经验表明，生活是否小康最直接、最生动的指标就是看体育是否“飞入了寻常百姓家”，体育消费是否已经在居民生活消费中有一定的比重。如果老百姓在生活方式中有体育，体育消费已经成为他们日常生活消费的组成部分，那么用不着看GDP、人均收入和人均消费水平这样的经济指标也可以判定这个国家或地区已经整体上达到小康。因此，引导体育消费、培育民族传统体育市场、发展民族传统体育产业是西部民族地区全面建设小康社会的现实需要，对于当下的中国具有显著的社会意义。

五、发展民族传统体育产业的体育价值

作为我国体育产业的重要组成部分，发展民族传统体育产业除了具有带动西部地区经济增长和社会进步的显著作用之外，还有一个中国社会独有的价值，那就是它可以为体育事业管理体制的改革和运行机制的转换提供示范和借鉴，推动我国体育事业实现可持续发展。这一点是中国发展体育产业与其他国家发展体育产业最大的不同，换句话说，其他国家的体育产业只有发展的任务，而中国的体育产业既有发展的任务也有改革的任务。因为中国体育产业发展的起步阶段不可避免地要和体育事业管理体制改革与运行机制转换交织在一起，互动前行。一方面体育产业的发展促进体育管理体制改革与运行机制转换；另一方面体育管理体制改革与运行机制转换为体育产业发展释放出必要的动力和成长空间。体育产业的发展对体育事业可持续发展的价值主要表现以下五个方面：

一是提供动力。体育事业的发展需要动力，而推动体育事业发展的动力源于这项事业满足政府需求和市场需求能力。20世纪后半叶的中国体育发展主要是通过满足政府需求来获得动力的。但是随着体育事业规模的不断扩大和结构的日益复杂，中国体育发展如果仍然靠满足政府需求来获得动力就会出现明显的动力不足，因此21世纪体育事业能否实现可持续发展，很大程度上取决于能否找到新的动力源，即在继续满足政府需求的基

础上通过满足市场需求来获得新的推动力。而要通过满足市场需求来获得动力就必须大力发展体育产业，只有体育产业真正发展起来了，新世纪体育事业才能在财政和市场的双轮驱动下快速前行。

二是扩充增量。当今的中国是在社会主义初级阶段的历史条件下办世界上最大规模的体育事业。与13亿人口基数相比，我国体育事业现有的发展规模不是大了，而是远远不能满足需要。问题在于，要扩大规模就必须解决增量投入问题。我国现有的体育存量主要是政府多年财政投入的积累。新世纪体育事业如果仍然单纯地依靠政府来不断地增加财政投入，扩大规模，既不现实也不可能。而现实又可行的办法就是加快体育产业的发展，通过发展体育产业来广泛吸纳不同所有制的多元化投资主体，充分利用国内国外两种资源和国内国际两个市场，通过社会化和产业化来解决体育事业规模扩张所需要的增量投入问题。

三是优化结构。中国体育是一个巨型的“国有企业”，这个“国有企业”存在着投入不足与效益不高并存的顽症。一方面财政对体育的投入不足，体育组织普遍处在经费短缺的状态；另一方面体育组织普遍缺乏成本意识，资金的运作效率低下。而造成这一顽症的病根是中国体育的结构性矛盾，即中国体育的所有制结构与初级阶段的社会经济发展水平不相适应。一般来说，只有到社会发展的高级阶段，如共产主义社会，体育事业才可能变为纯粹的社会公益事业，由国家财政来包办。而在这之前相当长一段历史时期，体育只能由政府、社会和市场共同来办。目前发达国家的体育都是混合所有制结构，其根本原因也在于此。中国体育当下的一些深层次问题，如职业足球问题，经费短缺问题，运动员流动、分配、就业和保障等问题，之所以难以解决，很大程度上都与结构性矛盾有关。而解决结构性矛盾根本的出路就在于大力发展体育产业。只有通过发展体育产业才能引入多元化的投资主体，才能扩大中国体育的非国有资本的比重，从而达到改善结构、提高效率的目的。

四是健全机制。1996年八届全国人大四次会议通过的《国民经济和社会发展“九五”计划和2010年远景目标纲要》明确要求，体育事业要建立和健全社会化和产业化的运行机制，走社会化、产业化道路。而体育的社会化和产业化最根本的是产权的社会化和获利机制的市场化。产权社会化能解决非国有资本进入的问题，使办体育的主体实现多元化；获利机制的市场化则能留住投资主体，使资本在体育领域的进入和退出有序化。因此，要实现中国体育的社会化和产业化，就必须加快发展体育产业。只有发展体育产业才能改变中国体育的资本结构，只有中国体育的资本结构发生了改变，才会迫使现行的体育管理体制和运行机制在利益层面上作出与市场经济相适应的重大调整，从而使体育事业真正走上社会化和产业化之路。

五是施惠于民。发展体育事业的根本宗旨是增加全社会体育物质产品和服务产品的供给，满足人民群众日益增长的多样化的体育需求。当前我国体育事业发展中存在的突出问题是，体育运动的普及与提高，为国争光与施惠于民的不同步、不协调，体育事业在体育部门内自我循环，普通民众很难实实在在地分享到体育事业改革与发展的成果。要改变这一状况，就必须坚持体育事业的社会化和产业化的改革方向，建立和完善多元化的体育服务供给体系，引导和激发大众体育消费，培育和发展各类体育市场。因为，只有体育产业真正发展起来了，全社会体育物质产品和服务产品的供给才会丰富，体育企业之间的竞争才会充分，各类体育商品的品质才会提高，价格才会公道，消费者才会有多种消费选择，才能享受到价廉物美的体育商品和服务。

主要参考文献

1．白晋湘．民族传统体育文化学．北京：民族出版社，2004.

2．鲍明晓．体育产业．北京：人民体育出版社，2000.

3．江蓝生，谢绳武主编．文化蓝皮书——2001—2002 中国文化产业报告．北京：社会科学文献出版社，2004.

4．赵立，杨铁黎．中国体育产业导论．北京：北京体育大学出版社，2001.

5．国家体育总局政策法规司．体育产业现状与对策．北京：人民体育出版社，2001.

6．黄南森．论文化的内涵和外延．新华文摘，1998.

7．刘少英．西部体育旅游产业开发的生态战略选择与可持续发展研究．中国体育科技，2006（6）.

8．田祖国．论民族传统体育文化现代变迁与少数民族价值意识重构．北京体育大学学报，2003，25（5）.

9．龙佩林．论民族传统体育的综合创新及其产业化发展．西安体育学院学报，2002，19（4）.

10．龙佩林，钟海平．论加入 WTO 与民族传统体育的产业化发展．体育文化导刊，2002（1）.

11．刘少英．西部地区民族体育旅游的多种经营管理模式．体育文化导刊，2004（10）.

12．童昭岗等．人文体育——体育演绎的文化．北京：中国海关出版社，2002.

13．钟海平，田祖国．湘鄂渝黔边民族传统体育产业发展与精神文明建设协调发展研究．北京体育大学学报，2002，25（1）.

14．李香华，钟兴永．体育旅游与健身．北京：北京体育大学出版社，

2003.

15. 钟天朗．体育经营管理——理论与实务．上海：复旦大学出版社，2004.

16. 央西．中国少数民族体育．北京：中国画报出版社，2004.

17. 李向民．文化产业——变革中的文化．北京：经济科学出版社，2005.

18. 邱莞华，邓达等．现代文化产业项目管理．北京：机械工业出版社，2005.

19. 云南省社会科学院．云南文化发展蓝皮书．昆明：云南大学出版社，2004.

20. 胡鞍钢．西部开发新战略．北京：中国计划出版社，2001.

21. 黄万纶，李文潮．中国少数民族经济教程．太原：山西教育出版社，1998.

22. 白晋湘，刘少英，龙佩林等．民族传统体育教程．长沙：中南工业大学出版社，2000.

23. 吴明华．湖南体育旅游资源调查与分析．解放军体育学院学报，2003（1）．

24. 饶远，许惠玲．对我国西部少数民族体育产业化开发理念的新认识．上海体育学院学报，2002（3）．

25. 李说．产业经济学．北京：中国人民大学出版社，1998.

26. 周道平等．湘鄂渝黔边区体育休闲旅游产业开发的社会经济价值与实践对策．武汉体育学院学报，2005，39（9）．

27. 覃光广，冯利等．文化学辞典．北京：中央民族大学出版社，1998（8）．

28. 王乔君．论我国体育产业化发展的经济因素．体育文化导刊，2003（6）．

29. 周景晖．体育产业化与体育要素市场开发．江汉大学学报，2001（2）．

30. 侯德红，侯广赋，张建萍等．我国与发达国家体育产业现状的比较研究．武汉体育学院学报，2003（2）．

31. 田克敉．我国体育产业的发展及其可行性分析．北京体育大学学报，2000（3）.

32. 姚俊．体育产业化问题初探．云南师范大学学报，2001，增刊：293～295.

33. 李洪斌，李佳蔚，徐富生．也谈体育产业的优先发展领域．西安体育学院学报，2001（2）.

34. 鞠波，汪明修．"十五"期间体育用品业作为体育产业发展重点的可行性分析和对策的研究．山东体育学院学报，2001（2）.

35. 郑芳，丛湖平．我国体育用品行业的发展现状及策略研究．成都体育学院学报，2000（4）.

36. 梁晓龙．体育产业化——当代中国体育若干基本理论问题探讨之十．体育文化导刊，2004（2）.

37. 任海．论社会主义条件下体育资源的配置．天津体育学院学报，2000（3）.

38. 国家体委文件．体计财产字（1995）262 号．1995—2010 年体育产业发展纲要．

39. 杨年松．中国体育产业化的推进机制．福建体育科技，2000（2）.

40. 闵健，卢锋，许传宝．体育产业市场经营环境分析的方法论．成都体育学院学报，2003（2）.

41. 朱卫东，吴晓芳．体育产业中的经营理念．南京体育学院学报，2003（5）.

42. 李松海，李福泉．试论中国体育产业发展．哈尔滨体育学院学报，2000（2）.

43. 王爱莉．论社会转型期我国体育投资的相关问题．体育与科学，2003（2）.

44. 张林．社会转型期我国竞技体育投资体系的研究．上海体育学院学报，2002（2）.

45. 刘晶．以科学的体育经济政策保障体育产业的发展．沈阳体育学院学报，2003（1）.

46. 刘福祥．中国群众体育投资决策研究刍论．四川体育科学，2002（2）.

47. 倪刚．体育产业融资结构与方式的研究．广州体育学院学报，2003

（1）.

48. 刘延平．关于我国体育资本市场、体育基金与体育产业政策问题的思考．体育与科学，2003（3）.

49. 周莉．中国体育产业投资发展研究．北京工商大学学报（社会科学版），2002（2）.

50. 胡爱军．体育产业与投资策略．中国投资，2000（7）.

51. 肖文．我国体育产业的投融资战略选择．中国体育科技，2004（1）.

52. 王宣庆．适应市场经济体制发展体育主体产业．体育文史，1998（1）.

53. 郑杭生．社会学概论新修．北京：中国人民大学出版社，2003.

54. 张启明．新世纪我国体育产业发展对策与建议．成都体育学院学报，1999（3）.

55. 戴伯勋等．现代产业经济学．北京：经济管理出版社，2001.

56. 李晓东．全球化与价值冲突．长沙：湖南人民出版社，2003.

57. 林显鹏．关于建立我国体育产业统计指标体系的研究．体育科学，2002（4）.

58. 吴艳霞．我国体育产业的发展及目标模式．河北体育学院学报，2000（2）.

59. 毕进杰，王晔等．体育产业国际竞争力评价理论与方法．天津体育学院学报，2002（3）.

60. 杨锦莲，李崇光．产业国际竞争力理论及其测度指标体系．孝感学院学报，2003（4）.

61. 郭显光．一种新的综合评价方法——组合评价法．统计研究，1995（5）.

62. 秦寿康等．综合评价原理与应用．北京：电子工业出版社，2003.

63. 胡起望．中国少数民族节日．北京：商务印书馆，1996.

64. 赵常林等．马克思主义文化学．北京：中国文化书院，1987.

65. 周浩然．市场经济与文化发展．北京：中国经济出版社，1994.

66. 刘枫．社会主义市场经济条件下的精神文明建设．杭州：浙江人民出版社．

67. 中国人民大学中国社会发展研究报告（1996—1997）——走向两个

文明全面发展轨道的中国社会．北京：中国人民大学出版社，1998.

68．李国文．中国民生报告——中国社会各阶层的现状与未来．北京：金城出版社，1998.

69．俞可平．全球化时代的“社会主义”．北京：中央编译出版社，1998.

70．费尔南·布罗代尔．资本主义的动力．杨起译．北京：生活·读书·新知三联书店，1997.

71．塔尔科特·帕金斯等．经济与社会．刘进等译．北京：华夏出版社，1989.

72．C.E. 布莱克．现代化的动力．段小光译．成都：四川人民出版社，1988.

73．弗洛姆．健全的社会．孙恺详译．贵阳：贵州人民出版社，1994.

74．周浩然．经济文化发展研究．北京：中国社会科学出版社，1995.

75．程恩富．文化经济学．北京：中国经济出版社，1993.

76．王恒富等．文化经济论稿．北京：人民出版社，1995.

77．严行方．文化经济学．北京：北京经济出版社，1992.

78．贾春峰．文化力．北京：人民出版社，1995.

79．陈刚．大众文化与当代乌托邦．北京：作家出版社，1996.

图书在版编目（CIP）数据

发展与困惑：西部文明进程中的民族传统体育产业研究/钟海平著.
—北京：民族出版社，2010.5
ISBN 978-7-105-10792-6

Ⅰ.①发… Ⅱ.①钟… Ⅲ.①少数民族—民族形式体育—体育经济学：产业经济学—研究—西北地区②少数民族—民族形式体育—体育经济学：产业经济学—研究—西南地区 Ⅳ.①G80-05

中国版本图书馆 CIP 数据核字（2010）第 087190 号

发展与困惑——西部文明进程中的民族传统体育产业研究

著　　者： 钟海平
策划编辑： 倩　男
责任编辑： 杨蜀艳
封面设计： 晓玉工作室
出版发行： 民族出版社
社　　址： 北京市和平里北街 14 号　**邮编：** 100013
电　　话： 010-58130038（编辑室）
010-64228001（传真）
010-64211734（发行部）
网　　址： http://www.mzcbs.com
投稿信箱： gongqianlan@sina.com
印　　刷： 迪鑫印刷厂
经　　销： 各地新华书店
版　　次： 2010 年 9 月第 1 版　2010 年 9 月北京第 1 次印刷
开　　本： 787 毫米 × 1092 毫米　1/16
字　　数： 310 千字
印　　张： 18.75
定　　价： 45.00 元
ISBN 978-7-105-10792-6/G·1767（汉 824）